Erinnerungen eines Banat-Kanadiers

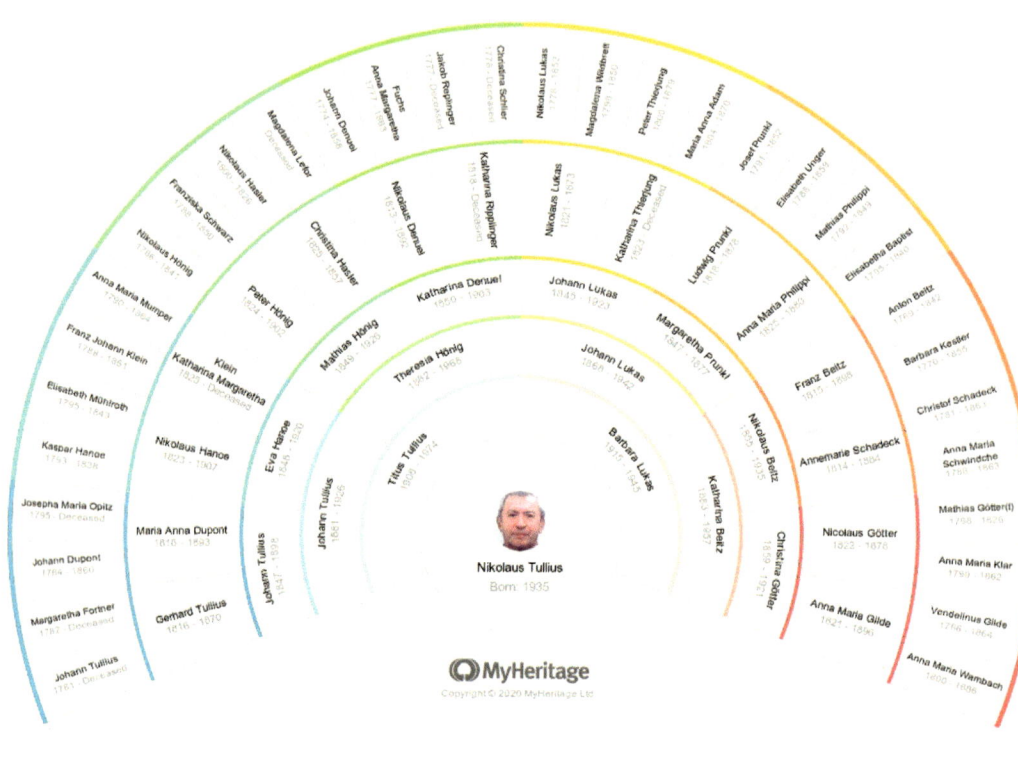

Nikolaus Tullius
Born: 1935

Generation 1 (center): Nikolaus Tullius — Born: 1935

Generation 2:
- Titus Tullius 1906 - 1974
- Barbara Lukas 1913 - 1945

Generation 3:
- Johann Tullius 1861 - 1925
- Theresia Hönig 1872 - 1966
- Johann Lukas 1864 - 1942
- Katharina Beltz 1865 - 1937

Generation 4:
- Johann Tullius 1837 - 1899
- Eva Hance 1845 - 1920
- Mathias Hönig 1846 - 1920
- Katharina Denuel 1850 - 1903
- Johann Lukas 1845 - 1923
- Nikolaus Beltz 1835 - 1902
- Christina Götter 1839 - 1921

Generation 5:
- Johann Tullius 1843 - 1892
- Nikolaus Hance 1823 - 1907
- Peter Hönig 1804 - 1882
- Christina Hester 1822 - 1897
- Nikolaus Denuel 1823 - 1864
- Katharina Röplinger 1818 - Deceased
- Nikolaus Lukas 1820 - 1873
- Katharina Theobald 1823 - Deceased
- Ludwig Prunkl 1810 - 1876
- Anna Maria Phillippi 1812 - 1890
- Franz Beltz 1815 - 1888
- Annemarie Schadeck 1814 - 1894
- Nicolaus Götter 1822 - 1876
- Anna Maria Gilde 1821 - 1890

Generation 6 (outer):
- Gerhard Tullius 1818 - 1870
- Margaretha Fortner 1787 - Deceased
- Johann Dupont 1784 - 1860
- Josepha Maria Opitz 1795 - Deceased
- Kaspar Hance 1793 - 1828
- Elisabeth Mühroth 1795 - 1843
- Franz Johann Klein 1779 - 1851
- Anna Maria Mumpel 1780 - 1864
- Nikolaus Hönig 1756 - 1841
- Franziska Schwarz 1769 - 1840
- Nikolaus Hester 1783 - 1796
- Magdalena Lefor 1774 - 1856
- Johann Denuel 1774 - 1866
- Anna Margaretha ? 1788 - ?
- Jakob Röplinger 1772 - Deceased
- Christina Schiller ? - ?
- Nikolaus Lukas 1776 - 1852
- Magdalena Westheim ? - ?
- Peter Theobald 1788 - 1875
- Maria Anna Adam 1800 - 1870
- Josef Prunkl 1791 - 1852
- Elisabeth Unger 1786 - 1837
- Mathias Philippi 1787 - 1841
- Elisabetha Baptist 1788 - 1845
- Anton Beltz 1769 - 1842
- Barbara Keßler 1776 - 1827
- Christof Schadeck 1781 - 1850
- Anna Maria Schwindche 1783 - 1863
- Mathias Götter(t) 1796 - 1876
- Anna Maria Klar 1793 - 1842
- Vendelinus Gilde 1796 - 1864
- Anna Maria Wambach 1800 - 1806

Generation 7:
- Johann Tullius 1761 - Deceased
- Maria Anna Dupont 1810 - 1893
- Katharina Margaretha 1825 - Deceased
- Klein
- Mathias Hönig 1846 - 1920

NIKOLAUS TULLIUS

Erinnerungen eines Banat-Kanadiers

Bibliografische Information der Deutschen Nationalbibliothek:
Die Deutsche Nationalbibliothek verzeichnet diese Publikation in der Deutschen
Nationalbibliografie; detaillierte bibliografische Daten sind im Internet über
dnb.dnb.de abrufbar.

© 2022 Nikolaus Tullius
Satz, Umschlaggestaltung, Herstellung und Verlag:
BoD – Books on Demand, Norderstedt
ISBN 978-3-7557-4613-3

Inhalt

Lebensausklang und Rückblick – Dr. Hans Gehl

Das ereignisreiche Leben des Autors Nikolaus Tullius wurde aus seinem autobiografischen Buch bekannt, das in drei Sprachen erschienen ist, Deutsch: »Vom Banat nach Kanada. Aus dem Leben eines Migranten« 2011, Münster; »My journey from the Banat to Canada« 2011, USA; und Rumänisch: »Din Banat în Canada. Cronica unei călătorii de-o viață«, 2013, Timişoara. Nach dem Aufstieg und Höhepunkt jedes Lebens folgt der langsame Abstieg, aber auch die Möglichkeit, aus der erreichten Höhe auf die Ereignisse seines Lebens zurückzublicken, sie einzuordnen und zu interpretieren.

– Der mittlerweile 85-jährige Diplomingenieur Nikolaus Tullius ist Ehrenbürger seines Geburtsortes, der Banater Gemeinde Alexanderhausen, heute Şandra. Die Binnensiedlung entstand 1833 auf dem Praedium Pakatz, ein Gut des Bischofs von Agram/Zagreb, Alexander Alagovich. Die ersten Bewohner des »Contractdorfes« waren Zuwanderer aus umliegenden deutschen, im 18. Jahrhundert gegründeten Kolonistendörfern. Die weiteren Vorfahren des Autors kamen aus dem Moselgebiet in Deutschland, aus Belgien und Luxemburg, Lothringen und Böhmen, ins Banat, das von 1717-1778 eine österreichische Krondomäne, danach eine ungarische Provinz und ab 1920 ein Gebiet Rumäniens war.

– Infolge der Amerika-Auswanderungen um 1900 wurde die Mutter des Autors 1915 in den USA geboren. Die Familie kehrte heim, doch die »Amerikanerin« wurde trotzdem 1945 in die Sowjetunion zur Zwangsarbeit deportiert, wo sie dreißigjährig starb. Der Vater geriet nach dem Fronteinsatz in englische Gefangenschaft und gelangte nach Kanada. Die einzige Stütze des Waisenkindes war seine Großmutter, die ihn ernährte und großzog. Trotz allen Unbills in der Nachkriegszeit im kommunistisch regierten Rumänien ließ sich Niki (wie viele Schicksalsgefährten) nicht unterkriegen, lernte gut, pendelte täglich nach Temeswar/Timişoara ins Gymnasium und besuchte danach die Elektrotechnik-Fakultät der Polytechnischen Universität, die er 1958 als Diplomingenieur absolvierte. Im November 1957 starb seine einzige Bezugsperson, die Großmutter. Nikolaus beantragte daher die Ausreise zu seinem Vater, nach Kanada und konnte tatsächlich 1961 nach Montreal ausreisen.

– Es folgten die üblichen Schwierigkeiten, die jeder Emigrant überwinden muss: Integration in eine andere Gesellschaftsordnung, eine fremde Sprache (Tullius hatte Grundkenntnisse in Englisch und Französisch), andere Sitten und Gebräuche erlernen. Dank eines eisernen Willens und hilfreicher Menschen konnte Nikolaus alle Anfangsschwierigkeiten überwinden, machte sich mit den sich mit den jüngsten enormen Fortschritten in seinem Fachgebiet vertraut und wurde Mitarbeiter der damals größten kanadischen Firma der Fernmeldeindustrie in Montreal, die ihn später zur neu gegründeten Abteilung für Forschung und Entwicklung nach Ottawa sandte. Hier fand er seinen Traumjob, heiratete und hatte zwei Söhne. Seine Arbeit betraf die neuesten Entwicklungen in der Halbleitertechnik und der Anwendung von Software in der Fernmeldetechnik. Seine mehr als 20 technischen Publikationen präsentierte er weltweit auf internationalen Tagungen und hatte so die Gelegenheit, die Welt kennenzulernen (was ihm aus Rumänien nicht möglich gewesen wäre).

– Seit seiner Pensionierung im Jahre 2000 befasst sich der Autor mit Familienforschung und mit den kulturellen Überlieferungen seiner Banater Vorfahren, die er den englischsprechenden Nachkommen der Donauschwaben in Amerika und der Welt näherbringen will, wozu ihn seine Mehrsprachigkeit und sein Interesse für Geschichte und Ethnografie entgegenkommt. Ebenfalls förderlich ist die (im Buch beschriebene) »globale Dorfstraße«, das Internet und die Portale, die eine weltweite Verbindung von Interessenten ermöglichen. Denn Interesse am Schicksal der Vorfahren besteht weltweit und es gibt auch Dokumentationsmöglichkeiten, es liegt nur an der Orientierung und am Beharrungsvermögen der Forscher, sich darin einzuarbeiten und so zu befriedigenden Erkenntnissen zu gelangen.

– Eine Besonderheit des Autors ist sein doppelter – und dennoch objektiver – Blickwinkel: auf die *»Pipatsch«*, den Klatschmohn, als Symbol der Banater Heide und die *roten Ahornblätter* in der Flagge Kanadas. Beide Welten hatten dem Autor ihr Entgegenkommen, aber auch ihre kalte Schulter gezeigt und es bedurfte eines starken Willens, um die Hürden zu überwinden und zur nächsten Lebensphase durchzustarten. Nun ist es Zeit, Rückschau zu halten und das Erlebte zu bewerten.

– Es ist Nikolaus Tullius hoch anzurechnen, dass er trotz der notwendigen Anpassung an das neue Leben in der Fremde die Grundwerte seiner Heimat mitgenommen und bewahrt hat: Fleiß. Offenheit und Verständnis für seine Mitbewohner; was ihm auch zurückgegeben wurde. Er kehrte als Rentner öfter in seine Banater Heimat, in seinen Geburtsort und in seine Schul- und Universitätstadt zurück, beobachtete die Veränderungen und versuchte diese zu verstehen und einzuordnen. Sein Geburtsort ehrte ihn als Ehrenbürger, der sein Dorf bekanntmachte und in Temeswar nahm er im Sommer 2008 am 50-jährigen Absolventreffen teil. Dabei nahm er die Veränderungen im Banat und in dessen Hauptstadt wahr, eben andere Zeiten, andere Sitten.

– Das Buch umfasst sechs hochdeutsche und siebzig Texte in der heimischen, rheinfränkisch-pfälzischen Mundart, (die der Autor noch unverfälscht beherrscht) umrahmt von gut ausgewählten, passenden Fotos. Der Kanada-Banater hält auf den mehr als 200 Seiten des Buches Rückschau auf die »Überbleibsel« seines langen und erfüllten Lebens von der Dorfstraße seiner Jugend bis zu seiner modernen Wohnung in Ottawa mit Ausblick auf den nahen Teich mit den rastenden Kanadagänsen und schließlich mit der friedlichen Perspektive, den bekannten »Vier Quadratmetern für die Familie«, im dem in der Nähe des Stadtviertels Kanata gelegenen Friedhof.

– Die hochdeutschen Texte werden als »*Stationen meines Lebens*« geführt und umfassen: Die Urheimat der Vorfahren, den Banater Heimatort Alexanderhausen/Şandra, Dorfleben, Ausreise, Einleben in die neue Welt, Weltreisen und Heimreisen ins Banat. Der Mundartteil »*Schwowisch Gschriebenes*« ist in vier Sektionen unterteilt: *Dorf uf dr Heed* beschreibt das Dorf Alexanderhausen in seiner Landschaft; *Dorflewe* umfasst das Leben und die Arbeit im Dorf, Alltägliches und Seltenes; *Was vorkumm is* umfasst Kinderspiele, Arbeiten und Tätigkeiten, Speisen; *Verschiedenes* wird ernster, mit Priefungen, Schwabenschicksal, Abschiedsglocken.

– Insgesamt ein ausgewogener, gut durchdachter und anschaulich dargestellter Band, der dem großen Ziel gerecht wird, das Wesentliche eines typisch schwäbisch-kanadischen Lebens darzustellen und zugleich der Nachwuchsgeneration als Informationsquelle mitzuteilen. Das ist Tullius auch in seinen zahlreichen, deutschen und englischen Informationstexten in Kanadischen Blättern gelungen. Bemerkenswert sind auch die häufig vertretenen, gediegenen Mundartbeiträge in der Rubrik »Mei Mottersproch« der »Banater Post« (München), wo Nikolaus Tullius inzwischen der wichtigste und zuverlässigste Schreiber ist.

– Das Leben geht weiter, bis es ein zufälliges Ende findet, aber das Wesentliche ist bereits geschehen und wird in diesem Erinnerungsbuch für die Nachwelt festgehalten.

Hans Gehl, Tübingen

Überbleibsel

Stationen meines Lebens

Einleitung

Im Jahr 2011 erschien der Roman meines Lebens, das Buch »Vom Banat nach Kanada««. Es war ein Versuch, etwas von unserer bewegten, von manchen als interessant bezeichneten, Zeit aufzuzeichnen. Die Erlebnisbeschreibung sollte in der Form des Romans etwas zur Veranschaulichung der Ereignisse beitragen, die unser kleines donauschwäbisches Völkchen hauptsächlich durch den Zweiten Weltkrieg miterleben musste. Ich versuchte, den Nachkommen der Erlebnisgeneration etwas von dem oft tragischen Schicksal der Banater Schwaben zu berichten, da es in vielen Geschichtsbüchern kaum beachtet wird. Nach dem Buch in deutscher Sprache erschien es im selben Jahr in englischer Sprache und 1913 in rumänischer Sprache. Dann erschien 2017 das Büchlein »Gschichte vun drhem« mit 38 Mundartstücken. Inzwischen sind noch etwa 30 Mundartstücke dazu gekommen, die im vorliegenden Buch zusammengefasst sind.

In diesem Aufsatz möchte ich noch einmal mein Leben überblicken, mit Einbezug meiner näheren Familie. Er ist als mein Vermächtnis an die Nachwelt gedacht. Wir erleben, dass trotz zunehmender Umweltverschmutzung, trotz chemischer Zusatzstoffe in unserer Nahrung, die meisten von uns heute länger leben als die Menschen früherer Zeiten. Das hat sicherlich mit den besseren Wohnbedingungen, der besseren Ernährung, der besseren medizinischen Betreuung und den vervollkommneten Arzneimitteln zu tun. Trotz einiger Wohlstandskrankheiten reisen wir mehr und sehen mehr von unserer schönen Welt. Durch den rasanten Fortschritt der elektronischen Technologien werden wir von wahren und nützlichen, wie auch von falschen und nutzlosen Informationen überflutet.

Woher wir kommen

Die Mehrheit unserer Vorfahren wurden von ihren Kaisern aus dem Hause Habsburg im neuerworbenen Kronland Banat angesiedelt. Das Banat gehörte zu Ungarn, bevor es in den letzten hundertfünfzig Jahren eine Provinz des Osmanischen Reiches war. Die Einwanderer aus den Gebieten des Römischen Reichs Deutscher Nation erkannten schnell, dass Pannonien anders war, als ihre angestammte Heimat. Es war auch anders als das von den Werbern versprochene Land »in dem Milch und Honig fließen«.

Viele Ansiedler mussten sich ihre Häuser selbst erbauen, bekamen aber ihre Felder in »ewiger Erbpacht« direkt von ihrem Kaiser. Das war besser als die in ihrer Heimat verlassene Hörigkeit, die Abhängigkeit von einem Gutsherrn. Im neuen Land war das Klima ungesund, es gab zu viele Sümpfe und viele Schwärme von Stechmücken. Es gab Cholera- und Typhusepidemien, so dass die neue Heimat vorerst den schlechten Ruf als Grab der Schwaben erhielt. In Temeswar entstand eine fähige und hilfsbereite deutschsprachige Verwaltung. Die überlebenden Ansiedler und ihre Nachkommen schafften sich ein annehmbares Leben und brachten es sogar zu einem gewissen Wohlstand.

Nach wenigen Jahrzehnten stellten die Habsburger das Banat 1778 unter ungarische Verwaltung. Es war das Zeitalter des Merkantilismus: Solange ihre wirtschaftlichen Interessen wahrgenommen wurden, waren die Habsburger bereit, die Last der Verwaltung an Ungarn abzugeben. Das war ein Sieg für Ungarn: Es konnte eine während der Türkenzeit verlorene Provinz wieder in seinen Staat eingliedern. Dass der aufkommende Nationalismus die Nachkommen der deutschen Ansiedler dem Magyarisierungsdruck aussetzen sollte, war den Habsburger nicht wichtig. Das Überleben der Monarchie war ihnen viel wesentlicher, sei es auch als Doppelmonarchie Österreich-Ungarn.

Nach dem Ersten Weltkrieg lag das Schicksal der Banater Schwaben in den Händen der in Versailles und Trianon versammelten Politiker, die für die Entwicklung eines Friedensplans in Europa verantwortlich waren. Sie haben die Bitten der Banater Schwaben für ein ungeteiltes Banat ignoriert. Unsere natürlich gewachsene Gemeinschaft wurde zersplittert, Familien wurden gewaltsam gespalten und die Wirtschaft litt großen Schaden. Mit der Zeit erholte sich die Wirtschaft, die Schwaben arbeiteten viel und schwer, und erreichten nochmals einen gehobenen Lebensstandard. Der Wiederaufbau wurde durch den Zweiten Weltkrieg gewaltsam unterbrochen. Die Schwaben erlebten grausame Verschleppungen, Enteignungen und den Verlust aller Rechte. Viele Banater Schwaben versuchten sich in den Westen abzusetzen. Die Verbliebenen mussten sich den neuen Umständen anpassen. Ohne Feld konnten sie nicht Bauern bleiben. Viele wurden Industriearbeiter, Jugendliche gingen in die Schulen, andere arbeiteten in staatlichen Betrieben wie Staatsfarmen und Traktorenstationen.

In den 1960er und 1970er Jahren gab es ein erstaunliches Aufblühen der rumäniendeutschen Kultur. Talente in so manchen Bereichen der Kultur und Wissenschaft kamen zur Geltung. Es sollte das letzte Erblühen des Kulturlebens der Banater Schwaben sein. Als Diktator Ceauşescu die Verwandlung der Dörfer in landwirtschaftliche Kleinstädte und die Integrierung der Nationalitäten in eine einzige sozialistische Nation anvisierte, war das Maß voll. Die Banater Deutschen saßen auf gepackten Koffern und nahmen jede Gelegenheit wahr, in die Heimat der Ahnen zurückzukehren. Man hat sie nicht ausgewiesen, doch man hat ihnen den Verbleib unmöglich gemacht.

Meine Großeltern in Amerika

Warum meine Großmutter als vierundzwanzigjährige Bauerntochter aus Neusiedel als Kellnerin in einer Herberge bei Kleinbetschkerek arbeitete, wurde nie geklärt. Dort hat sie aber meinen Großvater Johann Lukas getroffen. Er war fünfzehn Jahre älter als sie und seit zwei Jahren Witwer. Die beiden heirateten noch im selben Jahr und im folgenden Jahr wurde ihr Sohn, mein Onkel Nikolaus Lukas geboren. Die Familie wohnte in Perjamosch, wo sie Anteile einer an der Marosch gelegenen Ziegelfabrik besaß. In Alexanderhausen waren noch Erzeugnisse dieser Fabrik zu sehen: Die Ziegel waren weiß, nicht rot wie die gewöhnlichen Ziegel. Sie waren von höherer Qualität und daher auch teurer.

Wann und warum die Ziegelei zugrunde ging ist nicht mehr feststellbar. Mein Großvater beschuldigte seine Mitinhaber, packte sein Gepäck und brachte seine Familie nach Amerika. In Cincinnati lebten bereits Verwandte meiner Großmutter, daher war diese Stadt ein natürlicher Zielort. Wie so manche Banater Familien, wollten sie in einigen Jahren dort Geld verdienen und damit ins Banat zurückkehren. In Hamburg bestiegen sie das Schiff »Amerika« und erreichten New York am Weihnachtsabend des Jahres 1912. Noch Jahrzehnte später konnte Oma den überwältigenden Eindruck der Millionen Lichter von New York beschreiben.

Die Jahre vor und nach dem Ausbruch des Weltkriegs brachten guten Verdienst. Auch als Amerika in den Krieg zog, gab es in Cincinnati viel Arbeit. Oma nähte Tag und Nacht, aber Großvater fand deutlich weniger Arbeit. Seine ungarndeutschen Freunde ermutigten ihn, die Ersparnisse der Familie in ungarische Kriegsanleihen anzulegen. Gegen die Einwende meiner Großmutter, dass Ungarn den Krieg verlieren könnte, stand die Überzeugung der Freunde: »Es wird immer ein Ungarn geben.« Im Jahr 1915 wurde in Cincinnati meine Mutter Barbara Lukas geboren. Dem Kriegsende folgten schwere Zeiten für die Familie und sie beschloss ins Banat zurückzukehren.

Auf einem in dieser Zeit entstandenes Foto trägt Oma ein Kleid der zwanziger Jahre, Großvater trägt einen Querbinder, Barbara trägt ein Kleid wie eine typische fünfjährige Amerikanerin, und Nikolaus ist ein typischer zwölfjähriger Junge aus Cincinnati, Ohio.

**Großeltern Katharina (geb. Beitz) u.
Johann Lukas, New York, um 1920**

Die Reise mit einem italienischen Schiff ging von New York nach Triest. Es war eine lange und miserable, von Seekrankheit geplagte Reise. Großmutter wusste noch Jahrzehnte später von den feuerspeienden Bergen Italiens zu erzählen, ein Höhepunkt der Heimreise. Die Weiterreise mit der Eisenbahn ging über Budapest, Arad und Temeswar und passierte zwei neue, im Entstehen begriffene Grenzen.

Im Dorf fand die Familie ein kleines Haus mit Aussicht auf Hutweide und Bahnhof. Es war kaum groß genug für die vierköpfige Familie, aber man erwartete den Ertrag der ungarischen Kriegsanleihe um damit ein größeres zu kaufen. Die Scheine kamen vorläufig in die Schublade, bis Großvater einen Anwalt in Temeswar fand, der sich der Sache annahm. Wie viele rumänische Lei er für die Anleihen erhalten hat und wie viele er für seine Dienste berechnet hat, ist nicht überliefert. Sicher ist nur, dass die Familie von ihrem Anteil nicht reich geworden ist.

Im neuen Staat Rumänien

Die Tatsache, dass die rumänischen Behörden die deutsche Muttersprache als Unterrichtssprache in der Schule wieder erlaubten, brachte allgemeine Erleichterung. Bei ihrem Schulbeginn besuchte meine Mutter eine deutsche Schule. Oma war wieder zu den schwäbischen Röcken und Blusen zurückgekehrt, aber Mutter trug weiter ihre städtische Kleidung. Nachdem Mutter die Volksschule absolviert hatte, wurde eine zweite Nähmaschine angeschafft und es arbeiteten zwei Schneiderinnen im Zimmer. Die Mädchen und junge Frauen des Dorfes verlangten moderne Kleider und mit Nähen und Hausarbeit waren Großmutter und Mutter voll beschäftigt.

Kirchweih in Alexanderhausen, um 1934

Dann kam das Jahr in dem Mutter Kirchweihmädel wurde. Auf dem Kirchweihfoto steht sie in der mittleren Reihe und in der Reihe hinter ihr steht ein junger Mann der später behauptete, dass Mutter das schönste aller Kirchweihmädel war. Die beiden heirateten im folgenden Jahr, nachdem Vater seine Tischlerlehre als Meister beendet hatte. In der Schule war er ein ausgezeichneter Schüler, aber die zum Studium nötigen Mittel konnte seine Familie nicht aufbringen. In Folge setzten meine Eltern sich bereits vor meiner Geburt als Ziel: Ihr Kind sollte die Möglichkeit erhalten, alle seinen Fähigkeiten entsprechenden Schulen zu besuchen.

Mein Geburtshaus in Alexanderhausen

Im Rückblick bin ich ziemlich sicher, dass mein Geburtshaus bei der Gründung des Dorfes, also um 1833 erbaut wurde. Es hatte dicke gestampfte Mauern, aber der dreieckige Giebel war aus gebrannten Ziegeln. Die lange Vorderseite zog sich der Gasse entlang und zeigte der Welt die drei Fenster, je eines für Zimmer, Küche und Kammer. Die innere Seite hatte einen Gang mit Brustmauer. Die Speis genannte Speisekammer lag am hinteren Ende. Der Eintritt ins Haus erfolgte durch die Küche, deren Tür neben der Tür zur Speis und der Dachbodentür lag. Dem Haus gegenüber stand ein Parallelgebäude mit Sommerküche, Werkstatt, Scheune und Ställen.

Speis, Dachboden, Sommerküche, Werkstatt, wurden am Abend abgeschlossen und die Schlüssel wurden ins Haus gebracht. Die Küchentür wurde von innen verschlossen und der Schlüssel im Schloss belassen. Als wir rumänische Kolonisten im Haus aufnehmen mussten, gehörte die Kammer ihnen, zusammen mit der Sommerküche und der Werkstatt.

Das Zimmer hatte vier Fenster, eines zur Gasse, eines zum Gang und zwei an der Giebelseite zum Hof. Dieses helle, freundliche Zimmer diente den Großeltern als Schlafzimmer, aber auch die beiden Nähmaschinen standen dort und waren täglich viele Stunden lang in Betrieb. Auch festliche Mahlzeiten, oft mit Gästen, fanden dort statt, wobei die dekorative, von der Decke herabhängende Petroleumlampe ein verklärtes Licht beitrug.

Ich habe viele schöne Kindheitserinnerungen an dieses Haus, aber auch traurige Erinnerungen wie der Abschied von meinem Vater für siebzehn Jahre und der Abschied von meiner Mutter und von meiner Großmutter, beide für immer.

Heute steht das Haus nicht mehr, eine Art Villa steht an seinem Platz. Wo einst das Gärtel (der Blumengarten) war, steht ein Wirtschaftsgebäude. Der große Garten ist verwildert und mit Mais bepflanzt. Die Ereignisse der Kindheit und Jugend werden in meiner Erinnerung weiterleben, so lange bestehen wie ich selbst.

Der Plan zur Errichtung des Dorfes soll um 1930 auf dem Zeichnungstisch eines Wiener Ingenieurbüros entstanden sein. Man hatte viel Erfahrung mit dem Layout der Banater deutschen Dörfern gewonnen. Die Wiener Militärstraße zog sich von Billed gegen Lovrin durch flaches Land. Der Plan des Dorfes stellte die Kirche mitten auf diese Landstraße und umgab sie mit 16 nahezu quadratischen Wohnvierteln. Daraus ergaben sich drei parallel zur Landstraße und drei senkrecht dazu verlaufende Straßen. Die Landstraße wurde zur Hauptgasse des Dorfes. Die Nebengassen hatten Namen, die aber praktisch nicht verwendet wurden, da die Haunummern (von 1 bis nahezu 500) zur Adresse genügten. Nach dem Zweiten Weltkrieg verlief die Landstraße, als Temescher Straße bezeichnet, von Temeswar nach Tschanad.

Kindheit und Jugend im Dorf

Die Wehrmacht erschien im Jahr 1941 als »Lehrtrupp« in Rumänien. Die fröhlichen jungen Soldaten mit ihren funkelnagelneuen Fahrzeugen machten im Dorf einen großen Eindruck und nicht nur bei den Mädchen. Es war eine allgemeine Überraschung, als sie plötzlich nach Serbien abzogen und dort in die Kämpfe zur Eroberung Jugoslawiens eingesetzt wurden.

Von der gotischen Schrift, von Griffel und Schiefertafel, avancierten wir in der zweiten Klasse zu Stahlfedern, linierten Heften und zur »Deutsche Normalschrift«. Spuren dieser kursiven Schreibweise sind in meiner Handschrift erhalten geblieben. Mit der strikten Anwendung des Satzes »Fünf Minuten vor der Zeit, ist die deutsche Pünktlichkeit« hatten wir Schüler am Anfang Schwierigkeiten, aber auch dieser Satz hat in unserem Verhalten lebenslange Spuren hinterlassen. Vom »deutschen Gruß« kehrten wir bald wieder zum traditionellen »Grüß Gott« zurück. Und eine »völkische Hochzeit« war ein Unikum geblieben. Alle deutschen Familien wurden über Nacht Mitglieder der Deutschen Volksgruppe in Rumänien. Wer seinen Mitgliedsbeitrag nicht bezahlte, konnte mit Nachteilen rechnen. Diese nahmen später drastische Formen an, wie eingeschlagene Fensterscheiben und an das Haus der beim rumänischen Militär gebliebenen Männer geworfene Eier. Die meisten Dorfleute fügten sich den Verordnungen (1943 junge Männer zur Wehrmacht, u.a. Vorschriften), weil ihre Nachbarn es taten. Feste politische Überzeugungen, oder Änderung derselben, waren unter diesen Umständen äußerst selten.

Die 1943 zur rumänischen Armee einberufenen Männer wurden bei ihrem Eintreffen am Temeswarer Bahnhof in einem großen Raum versammelt und eindringlich an ihre Pflicht als deutsche Männer erinnert, in diesem Daseinskampf in den deutschen Streitkräften für Deutschland zu kämpfen. Sie wurden in Eisenbahnwagen verladen, die Wagen blieben versiegelt bis Wien. Auf dem Bahnhof Wien erlebten die Banater Männer eine erste Überraschung. Von den dort beschäftigten Arbeitern wurden sie als Kriegsverlängerer und als Volksdeutsche Affen beschimpft. Dass es im Reich Widerständler dieser Art gab, war für sie ein großer Schock. Später berichteten manche Männer von Überanstrengungen und Hungerleiden im Ausbildungslager Grafenwöhr, von Fronteinsätzen in Jugoslawien und in Russland. Der Gemeindearzt war in Verruf geraten, weil er alle Männer des Dorfes als tauglich zum Wehrdienst in der deutschen Wehrmacht zertifiziert hatte. Es dauerte nicht lange, bis regelmäßige Nachrichten über die Gefallenen das Dorf erreichten und für jeden fand ein Requiem in der Kirche stattfand.

Viele Jahre später erfuhr man, dass man den «SS-Freiwilligen» die deutsche Staatsbürgerschaft nach dem siegreichen Ende des Krieges versprochen oder in Aussicht gestellt hätte. Aus diesem Versprechen soll sich die von manchen nach 1945 erhaltene Wiedergutmachung herleiten.

Ebenfalls viele Jahre später wurde es offenbar, dass unter den höheren Anführern zweierlei Zukunftspläne kursierten. Einige hofften auf eine selbständige oder wenigstens autonome deutsche Provinz »Donauland«, andere fürchteten eine »Heim ins Reich« Aktion, wie sie die Dobrudscha- und Bessarabien-deutschen erfahren hatten. Für eine Umsiedlung hätten sich die Banater Schwaben kaum begeistern können, und sie wären sicher nicht bereit gewesen, dafür zu kämpfen und ihr Leben zu lassen.

Als mein Vater im Frühjahr 1944 nach Hause auf Urlaub kam, nahm er Mutter und mich mit dem Zug nach Temeswar, wo wir Familienfotos machten. Der Temeswarer Bahnhof war bereits bombardiert worden, der Zug hielt an, bevor wir den Bahnhof erreicht hatten, wir gingen zu Fuß in die Stadt.

Ich weiß nicht, wie mein Vater die militärische Lage beurteilte, aber er beschloss zu seiner Einheit zurückzukehren. Vor dem Abschied versprach ihm meine Mutter, jede Gelegenheit zur Flucht nach Westen zu benützen, sobald es möglich werde. Niemand wusste, wer diesen Krieg überleben wird, oder wann und wo es ein Wiedersehen geben sollte. Für meine Mutter hielt das Schicksal kein Wiedersehen bereit, meinen Vater aber sollte ich nach 17 Jahren wiedersehen.

Als die Radiogeräte zur Verwahrung ins Gemeindehaus abgeliefert werden mussten, machten sich viele Dorfleute zur Flucht bereit. Sie deckten ihre Pferdewagen mit einer Plane und bepackten sie mit Vorräten. Ungewissheit herrschte überall: Bleiben oder Flüchten? Als Gruppe oder jeder für sich? Die Volksgruppe wankte zwischen den Alternativen. An einem Septembertag kam endlich Kreisleiter Frauenhoffer ins Dorf. Er stand in seinem Wagen und sprach zu den vor dem Gemeindehaus versammelten Leuten. Das Dorf sollte planmäßig evakuiert werden. Für Leute ohne Pferd und Wagen sollten Listen angelegt werden, um die nötigen Eisenbahnwagen bereit zu stellen. Meine Mutter trug unsere Namen in die Liste ein, aber die Zeit verging und nichts geschah.

Im Dorf verbreiteten sich die Gerüchte von Gräueltaten der Sowjetsoldaten auf. Eine Einheit der ungarischen Armee kam ins Dorf, hielt sich aber nicht lange auf. Eine bedrückende Stille lag über dem von der Verwaltung verlassenem Dorf. Die Ankunft der Roten Armee stand bevor und wurde mit großer Besorgnis erwartet.

Eltern Barbara (geb. Lukas) u. Titus Tullius, Temeswar 1944

Der Krieg überrollt das Dorf

An 21. September sahen wir die ersten Soldaten der Roten Armee. Sie kamen in unseren Hof und requirierten zwei Hühner. Mutter blieb im Haus und wir atmeten erleichtert auf, als die Gassen wieder leer waren. Am nächsten Tag fielen die ersten Schüsse. Sie kamen aus der Richtung Neusiedel. Später entstand ein lautes Getöse, als Artilleriefeuer zum Lärm der Gewehre und Maschinengewehre hinzukam. Durch die Gasse kamen einige verwundete Sowjetsoldaten von ihren Stellungen beim Bahndamm zurück ins Dorf. Die Russen wurden angegriffen, aber wer war der Gegner?

Irgendwo brannte ein Haus und Panik erfasste die Menschen. Wir verbrachten die Nacht in einem Keller, die erste Nacht in meinem Leben, die ich nicht in meinem Bett schlafen konnte. Als die Schießerei etwas nachließ, ging Mutter zurück zu unserem Haus um einige wichtige Arbeiten zu besorgen. Auf dem Rückweg zum Keller wurde sie von einem Splitter verwundet. Der Krieg war in unser friedliches Dorf gekommen.

Am nächsten Tag, bei einer Feuerpause, als wir auf den Weg zu Verwandten waren, begegneten uns drei deutsche Soldaten mit einem Maschinengewehr und vielen Koffern mit Munition. Das Dorf war in deutscher Hand und die Russen hatten das Dorf verlassen.

Es sprach sich herum, dass die Soldaten Teil der Polizeidivision waren und von Griechenland kamen. Als Kind glaubte ich, dass die Deutschen nun die Russen besiegt hatten und das Leben im Dorf zur Normalität zurückkehren werde. Stattdessen verbreitete sich die Nachricht von Haus zu Haus, dass wir das Dorf verlassen mussten. Über Neusiedel erreichten wir das Dorf Bogarosch und wurden von der verwandten Familie Denuel gastfreundlich aufgenommen. Mutter kehrte jeden zweiten Tag in unser 6 Kilometer entferntes Dorf zurück. Auch in Bogarosch setzte sie unsere Namen auf eine Liste der zur Flucht bereiten Familien. Zwei mit dem Wichtigsten vollgepackte

Säcke standen für die Flucht bereit. Auch diesmal trafen die versprochenen Eisenbahnwagen nicht ein.

Nach fast zwei Wochen näherte sich die Front Bogarosch. Die Wehrmacht hatte das Dorf bereits verlassen als die Russen es stürmten. Wir verbrachten die Nacht wieder einmal im Keller. Mit großem Schrecken stellte Mutter fest, dass es keine Gelegenheit zur Flucht in den Westen mehr gab. Wir kehrten nach Alexanderhausen zurück und versuchten uns wohnlich einzurichten. Etwa ein Dutzend Häuser waren dem Feuer zum Opfer gefallen und standen nur noch als Ruinen da. Die unbewohnten Häuser der geflüchteten Dorfbewohner standen zunächst leer, bis sie von rumänischen Kolonisten besetzt wurden. Manche Kolonisten waren Rumänen, die in früheren Jahren durch das Dorf gezogen waren und ihre Äpfel verkauft hatten. Andere waren Flüchtlinge (refugiați) aus Bessarabien und der Bukowina, Gebiete die von Rumänien wieder an die Sowjetunion abgegeben wurden. Auch die letzteren wurden von der Dorfbevölkerung nicht gerade geliebt, aber viele von ihnen wurden als gelernte Leute respektiert. Die Frage, ob Vater noch lebt und wo er wohl sein mag, lastete schwer auf unseren Gemütern und bedrückte besonders meine Mutter.

Die Deportation in die Sowjetunion

An einem Wintertag verkündete der Trommler einen Befehl der Behörden: Die Männer zwischen 17 und 45 Jahren und Frauen zwischen 18 und 35 Jahren mussten sich im großen Wirtshaussaal Saal einfinden, mit Verpflegung für vierzehn Tage. Es war unklar, ob es sich um einen zweiwöchigen Arbeitsdienst oder um eine Verschleppung handelte. Durch ihre Geburt in den USA war Mutter amerikanische Staatsbürgerin und sollte somit von der Verschleppung ausgenommen sein. Als die Gendarmen ins Haus kamen, ließen sie dieses Argument aber nicht gelten. Sie verlangten einen amerikanischen Geburtsschein, den wir leider nicht hatten. Mutter versteckte sich, aber nach einigen Nächten im kalten Strohschober beschloss sie, sich zu melden. War es ihr Pflichtgefühl, dass sie sich dem vorgegaukelten vierzehntägigen Einsatz nicht entziehen wollte? Oder glaubte sie den Drohungen der Polizisten, dass sie in ihrer Abwesenheit Oma mitnehmen werden? Ihr Versteck im Strohschober war sicher kalt und unfreundlich. Wenn sie geahnt hätte, dass es sich um eine Verschleppung nach Russland handelte, hätte sie es sicher länger in ihrem Versteck ausgehalten. In dieser Zeit der allgemeinen Unsicherheit konnten momentane Entscheidungen fatale Folgen haben. Zufälle dieser Art bestimmten leider so manches Schicksal.

Oma und ich besuchten Mutter im Sammellager von Perjamosch. Dort reichten wir uns die Hände durch das Eisengitter. Unwillkürlich kam mir der Gedanke, dass ich meine Mutter zum letzten Mal sah. Ich verscheuchte den Gedanken, wurde ihn aber nie völlig los.

Am folgenden Tag machte sich Oma noch einmal zu Fuß auf den Weg nach Perjamosch, um Mutter einige Kleidungsstücke zu bringen. Auf dem Heimweg wurde sie von einem Schneegestöber überrascht. Sie rutschte aus, ihr rechter Fuß war gebrochen, und sie wurde nur kurz vor dem Erfrieren von einen mit dem Pferdewagen vorbeifahrenden Landsmann gerettet.

Im Frühjahr heilte sich der Fuß ohne ärztliche Hilfe aus, aber nicht ganz richtig. Sie hinkte durch die ihr noch verbliebenen Jahre hindurch, konnte aber ihre Nähmaschine mit dem heilen Fuß im Gang halten. Ich war mir immer bewusst, dass ich bei allem Unglück doch noch Glück hatte. Ohne Omas Hilfe kann ich mir mein eigenes Überleben überhaupt nicht vorstellen.

Das Dorf hatte sein Gefühl der Sicherheit und Geborgenheit verloren. Die vielen rumänischen Kolonisten hatten alle Rechte und wir hatten alle Rechte verloren. Nur langsam erfuhr man, welche Häuser unbewohnt waren, weil ihre Bewohner geflüchtet waren. Die Kaufläden waren geschlossen, der illegale Handel florierte. Nicht nur das

Geld, sondern auch das Menschenleben schien wertlos. Von den nach Russland Deportierten erreichte uns kein Lebenszeichen.

Endlich traf eine Rotkreuzpostkarte von meinem Vater ein. Er hatte den Krieg überlebt und befand sich in einem englischen Lager für Kriegsgefangene. Wir freuten uns, dass er überlebt hatte und erwarteten seine Entlassung und Heimkehr. Ich erinnere mich an eine Nacht, als vier Sowjetsoldaten in unserer Küche schliefen. Oma und ich schliefen im Zimmer daneben. Oma gestand später, dass sie in dieser Nacht kein Auge geschlossen hat. Die Soldaten waren aber anständige Menschen und zogen am Morgen mit ihrer Einheit in Richtung Ungarn weiter.

Einige unserer geflüchteten Dorfleute kehrten zurück und erzählen von ihrem Hungerleiden in den Lagern Österreichs und wie sie von den Sowjets zur Rückkehr beordert wurden. Sie fanden ihre Häuser von Kolonisten besetzt und mussten bei Verwandten oder Nachbarn unterkommen. Manche von ihnen beschlossen spontan, wieder in den Westen auszuwandern, sobald sich dazu eine Möglichkeit ergab.

Als man sie aus den Kriegsgefangenenlagern entlassen hatte, kehrten einige der zum deutschen Militär eingerückten Männer ins Dorf zurück, oft auf abenteuerliche Weise. Sie mussten sich verstecken, den der neuen Regierung erschienen sie als Gefahr. Sie wurden in ihrem eigenen Dorf von der Miliz gejagt, festgenommen und eingesperrt. Sie hatten keine Gesetze des Landes übertreten und sahen keinen Grund, als Verbrecher behandelt zu werden.

Die Dorfschule öffnete wieder ihre Tore. Wir waren in der dritten Klasse, mussten aber den Unterricht mit einer rumänischen Fibel beginnen. Es war erstaunlich, wie schnell wir diese Sprache erlernten. Eines der traurigsten Erlebnisse meines Lebens war die Rückkehr einiger Russland-Deportierten. Sie sahen krank aus und brachten die ersten Nachrichten von den verschleppten Landsleuten. Sie berichteten, dass auch meine Mutter eine der Verstorbenen war. Ich war unfähig diese Nachricht anzunehmen. Das konnte doch nicht wahr sein, irgendwer musste da einen Fehler gemacht haben. Oma nahm das Unglaubliche mit tiefer Trauer aber auch mit einem Gefühl für das Unvermeidliche wahr. Sie versprach mir, dass sie ihr Leben lang für mich da sein werde. Sie hat ihr Versprechen redlich eingehalten.

Nachdem die Monate verflossen waren, konnte ich mich zum Verständnis durchringen, dass es in unserer Welt keine Gerechtigkeit gab. Es gab nur die Unsinnigkeit eines unseligen Krieges und wir Menschen waren nur Spielbälle des Schicksals. Von meiner Mutter blieb uns nur ein Brief, den sie auf dem Transport nach Russland geschrieben hatte. Darin zeigt sie sich nur um uns Daheimgebliebene besorgt: »… Liebes Kind und geliebte Mutter, bleibt gesund und stark, so wie ich es bleiben will. Ich möchte euch bitten stark durchzuhalten. Achtet auf eure Gesundheit, wir wollen uns doch einst wiedersehen …«

Verändertes Dorfleben

Es kamen immer mehr rumänische Kolonisten ins Dorf. Die ersten waren in die Häuser der geflüchteten Deutschen eingezogen. Die späteren wurden ganz einfach in die Häuser der Daheimgebliebenen einquartiert. Die Behörden führten nur die Beschlüsse der Regierung durch, denn unsere Häuser waren enteignet und gehörten dem Staat. Ein Besuch der Pesaker Puszta wurde für mich der Inbegriff der Verwüstung und der menschlichen Opfer des Krieges. Ein Ehepaar war dort ums Leben gekommen und niemand wusste wer sie umgebracht hatte. Man verdächtigte die Rote Armee, aber es gab keine Zeugen. Nun waren die Gebäude zerfallen und eine kaum beschreibbare Trauer hang in der Luft.

Während die Enteignung der Häuser ohne sichtbare Gewalt oder Widerstand vor sich ging, erzeugte die Enteignung der Tiere und Produktionsmittel peinliche Konfrontationen. Die selbsternannte Enteignung-kommission konnte einfach machen was sie wollte. Ihre

Mitglieder durchstöberten die Häuser und Höfe der Deutschen, und ein jeder nahm sich, was ihm gefiel. Oma hatte die Tischlerwerkzeuge meines Vaters auf dem Dachboden versteckt. Dort waren auch mehre unfertige Särge gelagert, die mein Vater zum späteren Verkauf aufbewahrte. Als einige Mitglieder der Kommission auf den Dachboden stiegen und die Särge sahen, bekreuzigten sie sich und kamen schnell wieder herunter. Ich versteckte das Fahrrad meines Vaters zur rechten Zeit in den Kukuruzstöcken des Gartens und konnte es so vor der Enteignung retten. Eine Großmutter mit drei kleinen Mädchen, deren Mutter in Russland, und deren Vater in Deutschland war, rettete ihre Kuh indem sie sich an die Tür ihres Kuhstalls ankettete. Die rumänische Notarin des Dorfes erlaubte der alten Frau ihre Kuh zu behalten.

Vater bleibt in England

In seinen Rotes-Kreuz Briefen durfte mein Vater uns nichts vom Hungerleiden im Kriegsgefangenenlager schreiben. Darüber hinaus erhielt er im Lager die niederschmetternde Nachricht, dass meine Mutter in Russland gestorben war. Wie viele andere Banater Schwaben und auch mein Onkel Nikolaus, meldete er sich zur freiwilligen Arbeit in der englischen Landwirtschaft. Dort erholten die Männer sich schnell und erworben auch das volle Vertrauen der Einheimischen. Als sie erfuhren, dass sie in Rumänien unerwünscht waren, eingekerkert und zur Arbeit in Salzminen verurteilt wurden, entschlossen sich manche, nicht ins Banat zurück zu kehren.

Nach einigen Jahren in England entschloss sich mein Vater zur Auswanderung nach Kanada. Er versicherte uns, dass er uns von dort helfen wollte, soweit es möglich war. In diesem neuen Land wollte er eine neue Existenz gründen, in der Hoffnung, dass auch ich eines Tages daran teilnehmen würde.

Im Dorf gab es eine neue Kategorie von Bauern, die sogenannten Neun-Joch Bauern. Außer den rumänischen Zuwanderer, waren darunter auch Deutsche, die im Zweiten Weltkrieg nur in der rumänischen Armee gedient hatten. Sie waren berechtigt, fünf Hektare, also neun Joch, Feld zu besitzen und zu bearbeiten. Trotz der regelmäßig angehobenen Abgaben an den Staat, ging es ihnen besser als den Enteigneten.

In der Schule und im Alltag erlernten wir nach und nach die rumänische Sprache. Bei der Abschlussfeier am Ende jedes Schuljahres erhielt ich als ersten Preis mehrere Bücher in rumänischer Sprache. Während der Sommerferien las ich diese Bücher, zusammen mit den erreichbaren deutschen Büchern, von Schulbüchern bis zu Karl May-Romanen. Später begann der freiwillige Deutschunterricht, am späten Nachmittag, beim Licht der Petroleumlampen. Die Temeswarer Zeitung ersetzte die nicht vorhandenen deutschen Schulbücher.

Es war ein freudiges Erlebnis, als mein Freund Hilbert und ich ein mit Batterien betriebenes Radiogerät instand setzten. Stundenlang lauschten wir den von westlichen Sendern gebrachten deutschen Liedern. Sie waren Musik aus einer verbotenen Welt, eine sehr nötige Erfrischung von unserem sozialistischen Alltag. Ein riesiger Moral-Booster war das Endspiel der Fußball-Weltmeisterschaft 1954 zwischen Deutschland und Ungarn. Deutschland war nicht untergegangen, es hatte den Krieg überlebt und war in die Welt zurückgekehrt.

Im Jahr 1954 wurde ein von einem Schroter- (Maismahl-) Motor betriebener Stromgenerator das erste Elektrizitätswerk des Dorfes. Die erste Straßenbeleuchtung wurde installiert und laufend wurden Haushalte angeschlossen. Bald wurde der Generator überladen und schaltete sich dann zum Selbstschutz automatisch ab. Dafür wurden die Betreiber des kleinen Elektrizitätswerks verantwortlich gemacht und als Klassenfeinde entlarvt. So sah der Klassenkampf im Dorf aus.

Bald kamen einige der im Westen verbliebenen früheren Dorfbewohner auf Besuch. Die ersten kamen mit der Eisenbahn, später kamen sie mit ihren eigenen Autos. Sie trafen sich mit Verwandten und Bekannten und erörterten mit ihnen die Möglichkeiten zur Auswanderung. Eine Schulreform nach sowjetischem Muster ermöglichte es mir, die Elementarschule im Dorf zu vollenden. Der rumänische Direktorlehrer überzeugte Oma und mich, dass mir in der Mittelschule und auch auf der Universität meiner Wahl ein Stipendium sicher wäre. Dazu empfahl er ein rumänisches Lyzeum, auch weil der Status der deutschen Schulen zu dieser unsicher erschien.

Mein Vater war zu dieser Zeit noch in England und wollte uns von Zeit zu Zeit Geld überweisen. Da Geldsendungen zum offiziellen Wechselkurs in Lei umgewechselt wurden, erhielten wir nur etwa ein Zehntel des Kaufwertes der westlichen Währung. Das wollten wir meinem Vater nicht zumuten und blieben daher auf uns selbst gestellt. Auch die Verzollungskosten von Paketen wurden erhöht, so dass auch diese mit der Zeit unrentabel wurden. Bevor wir die Pakete einstellten, erhielt ich aber mehrere Anzüge sowie eine Armbanduhr der Marke Timex.

Wir hatten die dritte Klasse mit der rumänischen Fibel angefangen, da keiner von uns Deutschen Rumänisch sprach. Als Absolventen der Volksschule sprachen wir fließend rumänisch und beherrschten auch die Schriftsprache. Ich war auch um eine wichtige Erfahrung reicher: Bei den bevorstehenden Prüfungen war weder unsere persönliche Meinung, noch die Wahrheit wichtig, sondern nur die offiziell vorgeschriebene Antwort.

Schul- und Hochschulstudium in Sicht

Zur Aufnahmeprüfung für das Lyzeum fuhren wir mit dem Morgenzug nach Temeswar. Im großen Prüfungssaal betrachtete ich unsere Mitkandidaten. Sie erschienen mir älter, reifer, seriöser als wir Dorfjungen. Unsere Chancen, aufgenommen zu werden, schienen klein.

Als die Resultate nach zwei Wochen bekannt wurden, stellte sich diese Angst als unbegründet heraus. Wieder eine wichtige Erfahrung für mich: Wenn Andere das können, dann kann ich es auch.

Nach langem Überlegen beschloss ich, das Lyzeum als Pendler zu besuchen. Das war die billigste Alternative, die auch mein Leben am wenigsten veränderte. Sechs Tage in der Woche musste ich also um fünf Uhr aufstehen, zum Dorfbahnhof eilen, mit meist nur einem Tee zum Frühstück und einem Butterbrot als Jause. Das musste bis zum Abendessen ausreichen.

In meiner Erinnerung bestehen die Fahrten mit der Eisenbahn als bleibendes Erlebnis des schwäbischen Banats. Die Fahrgäste waren meist Banater Schwaben, Pendler wie ich, die ihre Arbeit oder Schule in Temeswar hatten. Viele waren von Neubeschenowa, Kleinbetschkerek und Billed. Je größer die Entfernung der Gemeinde von Temeswar, desto kleiner die Anzahl der Pendler. Manche Pendler kamen sogar aus Triebswetter.

In den Sommerferien setzte ich das Fahrrad meines Vaters in Betrieb. Ich musste es im Gemeindehaus anmelden, aber im Herbst meldete ich es wieder ab, um Geld zu sparen. Wir unternahmen Ausflüge nach Neusiedel, Billed und Bogarosch, im Sommer auch zum Maroschstrand bei Perjamosch. Einmal fuhren wir nach Triebswetter und kauften dort Wein. Unsere längste Reise aber ging über Temeswar und Lugosch nach Nadrag, Dort habe ich zum ersten Mal die Berge erlebt.

Jahrzehnte später, bei der Präsentation meines Lebensromans in Alexanderhausen, konnte ein Professor einfach nicht verstehen, dass ich viele Freuden der Jugend dem ultimativen Ziel der Auswanderung geopfert hatte. Immerhin haben wir gesungen: »Schön ist die Jugend, sie kommt nicht mehr«. Mein späteres Leben hat es aber vollauf bestätigt: Das Leben ist zu jeder Zeit schön, wenn es frei von Not, Bedrängnis und den Fesseln eines unerträglichen Systems ist.

An einem Junimorgen des Jahres 1951 stand mir eine Prüfung in Temeswar bevor. Auf dem Weg zum Alexanderhausener Bahnhof stand plötzlich ein rumänischer Soldat vor mir und verstellte mir den Weg zur Station. Nur mit schwerer Mühe konnte ich ihn überzeugen, dass ich ein Pendler war und in Temeswar eine Prüfung hatte. Aufgrund einer Liste wurden eine Anzahl deutscher und rumänischer Dorfleute auf Viehwagons aufgeladen. Bei vielen von ihnen kam der Verdacht auf, dass Russland ihr Ziel war, wie im Winter 1945. Das Ziel war aber diesmal die Bărăgan-Steppe, eine unwirtliche Gegend, in der Donautiefebene, hinter Bukarest. Diese Leute wurden als »unzuverlässige Elemente« aus der Grenzzone zu Tito-Jugoslawien entfernt. Die unerwartete Deportation bestärkte bei vielen Leuten die Einsicht, dass die Zukunft für sie und ihre Kinder im Banat unsicher, und die Auswanderung in den Westen der einzige Ausweg war.

Als Schüler der zehnten Klasse machte mir das Lyzeum den Antrag, mich auf die Abitur-Prüfung (dort »bacalaureat« genannt) vorzubereiten, ohne die elfte Klasse zu besuchen. Ich nahm den Antrag an und bestand im Juni die nötigen Abschlussprüfungen. Die dabei erzielten guten Resultate ersparten mir sogar die Aufnahmeprüfung beim Polytechnikum. Ich schrieb mich an der Fakultät für Elektrotechnik ein. Mein Selbstvertrauen und meine Zuversicht auf weitere gute Ergebnisse waren gewachsen. Das unabdingbar nötige Stipendium erschien nunmehr gesichert.

Oma und ich wussten, dass mein Leben als Pendler nun leider zu Ende war. Mein Stipendium sicherte mir einen Platz im Studentenheim und auch die Verpflegung in der Kantine. Im ersten Studienjahr bewohnten wir Studenten nacheinander zwei Studentenheime. Am Anfang wohnten 14 Studenten in einem Zimmer. Die Toilette funktionierte nur selten und die Dusche niemals. Und es gab Wanzen, die mit DDT behandelt wurden.

Kurz nach Weihnachten stand uns das erste Mathematik-Examen bevor. Mehrer Kollegen hatten es nicht bestanden; im Zimmer herrschte Panik. Am nächsten Tag bestand ich das Examen mit der Höchstnote. Im ersten und zweiten Studienjahr folgten weitere drei Semester der höheren Mathematik und ich bestand sie alle mit derselben Bestbewertung. Beim Abschluss des Studienjahrs hatte ich zehn Examina mit der Höchstnote bestanden. Es war die Bestätigung, dass ich das Zeug zu diesen Studien hatte, »the right stuff« wie es die ersten Astronauten später nannten. Ich sah mit erneuter Zuversicht in die Zukunft.

Nikolaus Tullius, Temeswar 1956

Während den folgenden Studienjahren wohnten wir in besseren Studentenheimen: zunächst waren wir nur vier und schließlich nur zwei in einem Zimmer. Zeitweise hatten die Zimmer Zentralheizung und funktionierende Waschbecken. Das wichtigste aber war, dass es hier keine Wanzen gab. Ich wohnte nun in Temeswar, aber ich fuhr jeden zweiten oder dritten Sonntag ins Dorf zurück. Ich freute mich immer auf die von Oma vorbereiteten guten Mahlzeiten. Am Montagmorgen kehrte ich mit dem Frühzug nach Temeswar zurück.

Im Herbst des Jahres 1956 erlebten wir die vom Volksaufstand in Ungarn ausgelöste Studentenrevolte. Sie begann mit einer Versammlung im großen Saal der Fakultät für Maschinenbau, wo viele Beschwerden offen ausgesprochen und viele regimekritische Aussagen geäußert wurden. Am nächsten Morgen stand ein Maschinengewehr in der Halle unseres Studentenheims und es wimmelte von Soldaten. Wir hatten einige Tage lang Ausganssperre, erfuhren aber, dass viele unserer Kollegen in den Militärbaracken von Kleinbetschkerek festgehalten wurden. Nachdem wir eine Erklärung unterzeichneten, dass wir das Grundgesetz und die Gesetze der Rumänischen Volksrepublik uneingeschränkt respektieren wollten, wurden die Vorlesungen wieder aufgenommen.

Als ich an einem Wochenende im Oktober wieder in Alexanderhausen weilte, ratterten die Sowjettanks auf der Szegediner Landstraße durch das Dorf. Wir wussten, dass sie auf dem Weg nach Ungarn waren, um dort den ungarischen Volksaufstand brutal niederzuschlagen.

Im Sommer stand uns ein weiteres Schlüsselerlebnis bevor. Wir Studenten leisteten sechs Wochen Militärdienst in Bukarest und durften einem Fußballspiel zwischen der Zentralmannschaft der Armee und unserer Mannschaft »Politehnica Timişoara« beiwohnen. Als wir unsere Mannschaft mit lauten Rufen anfeuerten, wie wir es von Temeswar gewöhnt waren, wurden wir von Truppen der Securitate umzingelt und aus dem Stadion ausgebootet.

Am Ende unseres Militärdienstes wurde ich mit einigen Kollegen als mustergültige Reserveoffiziere beglückwünscht. Am Anfang des neuen Schuljahres erfuhr ich, dass ich trotzdem nicht zum Unterleutnant der Reserve ernannt wurde. Ich war Sergeant geblieben, weil in meinen Akten stand, dass mein Vater im Westen lebte. Ich hatte eine Vorahnung, dass ähnliches mit meiner Stellenzuweisung passieren könnte. Hatte ich in diesem Land eine Chance für ein zufriedenstellendes Leben?

An einem trüben Tag im November 1957 erhielt ich die Nachricht, dass Oma plötzlich dieses Jammertal verlassen hatte. Es war der traurigste Tag meines bisherigen Lebens. Ich wusste, dass sie mir von ihrem Leben erzählen wollte, aber leider nie dazu gekommen war. In ihrem Leben hatte sie viel gearbeitet und viele Tränen geweint, aber ich wusste auch, dass meine Erfolge ihr viel Freude brachten.

Nach dem Begräbnis, als ich wieder im Zug nach Temeswar saß, überkam mich eine ungeheure Müdigkeit, und ich kämpfte gegen die Verzweiflung an. Das Leben nach meinem Studienabschluss hatte ich mir immer als einige schöne Jahre ohne Geldsorgen für Oma vorgestellt. Das war ein fester Eckpfeiler meines Lebensplans, aber nun hatte das Schicksal es wieder einmal anders bestimmt. Ich hatte aber versprochen, stark zu sein, und dieses Versprechen wollte ich einhalten. Ich verbrachte Weihnachten 1957 in meinem Geburtshaus. Es war leer, kalt und verlassen. Dann verkaufte das Haus meinem Onkel, ohne zu ahnen, dass auch dieser Teil der Familie in wenigen Jahren nach Deutschland auswandern würde.

Plan einer Ausreise nach Kanada

Das folgende Semester war ganz meiner Diplomarbeit gewidmet. Ich führte diese Arbeit unter Anleitung und Aufsicht des Dekans unserer Fakultät durch. Sie gelang zur vollen Zufriedenheit der bei der Staatsprüfung anwesenden Professoren. Ich erhielt die höchste Note und war damit einer von nur vier Absolventen unseres Jahrgangs die dieses Resultat erzielten.

Die Stellenzuweisung sollte nach den beim Studium erzielten Leistungen erfolgen, aber die Tatsache, dass mein Vater im Westen geblieben war, machte mir Sorgen. Außerdem war ich nie Mitglied der Partei oder der Jugendorganisation. Mein Wunschtraum wäre eine Stelle bei irgendeinem Forschungsinstitut gewesen, am besten in unserer Banater Hauptstadt Temeswar. Ich erhielt einen Arbeitsplatz als Ingenieur bei den Arader Stadtwerken zugeteilt. Die Stelle hätte einen Ingenieur mit viel praktischer Erfahrung im Transportbereich gebraucht, etwas das ich sicherlich nicht hatte. Aufstiegschancen konnte ich mir keine vorstellen.

Ich mietete in Neuarad ein Zimmer mit elektrischer Beleuchtung, aber ohne Wasserleitung. Das Wasser musste ich mit der Gießkanne von der auf der anderen Seite der Straße gelegenen Wasserleitung zapfen. Die Waschschüssel entleerte ich im Hof, wie einst in Alexanderhausen. Eine Zehnliterflasche mit Wein von Minisch zum Verkosten war fast immer vorhanden. Die Zeit verging mit westlichen Schlagern aus dem Radio, mit Gesellschaft, Wein und Gesang. Nach fünf Studentenjahren war der Nachholbedarf beträchtlich.

Alexanderhausen gehörte damals zum Rayon Großsanktnikolaus, welcher Teil der Region Arad war. Eines Morgens fuhr ich mit dem Zug von Arad nach Großsanktnikolaus, ging zur Miliz und stellte meinen Antrag zur Auswanderung nach Kanada. Meine näheren Freunde wussten, dass ich auswandern wollte, aber von den konkret unternommenen Schritten durfte niemand erfahren. Als ein Landsmann von Montréal seinen Heimatort Engelsbrunn besuchte und sich anbot, eine Mitteilung für meinen Vater mitzunehmen, schrieb ich sie mit gotischen Buchstaben und er nahm sie mit nach Kanada.

In meinem Arader Büro rief mich ein Mann an und bestellte mich zu »einem Gespräch im Zusammenhang mit meinem Ausreiseantrag«. Nach einem intensiven Verhör zu meinem Antrag, schlug er ein weiteres Treffen in derselben Wohnung vor, zu welchem ich mir einige Bemerkungen über meinen Chef notieren sollte. Bei diesem zweiten und letzten Treffen beachtete der Secutitate-Offizier den Zettel überhaupt nicht. Stattdessen musste ich schriftlich erklären, dass ich meine »Zusammenarbeit mit den Organen der Securitate« nicht an andere verraten werde, da mir ansonsten die harte Strafe der Staatsorgane der Rumänischen Volksrepublik bevorstand. Diese Erklärung hat viel dazu beigetragen, dass nahezu 25 Jahre vergehen mussten, bevor ich es wagte, Rumänien zu besuchen. Zwei Wochen danach erhielt ich von der Miliz in Temeswar das ersehnten Reisedokument. Ich bemühte mich, so schnell wie möglich auszureisen, bevor die Behörden ihren Beschluss änderten.

Ich verbrachte die letzten Weihnachten in meinem Vaterhaus, wo ich die ersten zehn Jahre meines Lebens mit meinen Eltern und Großeltern gelebt hatte. Von meiner Familie war nur noch mein Vater am Leben geblieben, und er wohnte im fernen Kanada. Nun sollte ich ihn nach fast siebzehn Jahren wiedersehen. Mit meiner sowjetischen Kamera machte ich Gruppenaufnahmen mit meinen Verwandten, Freunden und Bekannten. Ich nahm auch weitere Fotos im Dorf auf, wobei die Kirche und das Kriegerdenkmal im Mittelpunkt standen. Den Ertrag meines Hausverkaufs übergab ich Verwandten, die versprachen, dass ihre Verwandten in Philadelphia mir den Wechselwert in Dollars erstatten werden.

In Arad nahm ich Abschied von meinen Freunden und Kollegen. Ich hatte immerhin zwei schöne Jahre der Jugend dort verbracht. Meine Freunde beneideten mich, so als ob ich das große Los gezogen hätte. Wir tranken auf ein Wiedersehen im freien Westen. Bis dahin mussten noch drei Jahrzehnte vergehen.

Die Reise eines Lebens

In Bukarest holte ich die von meinem Vater vorbezahlte Flugkarte bei der Fluggesellschaft Sabena ab. Meinen Reisekoffer musste ich am Tag vor der Abreise zur Verzollung zum Flughafen bringen. Mein Ingenieurdiplom musste noch vom Unterrichtsministerium registriert und seine Ausfuhr vom Außenministerium genehmigt werden.

Am Tag des Abflugs wurde meine Abfertigung ohne körperliche Untersuchung schnell erledigt. Es schien als ob ich bereits als der Besitzer eines Reisepasses behandelt wurde. Dann saß ich im Flugzeug, die Propeller heulten auf und die Maschine erhob sich in den Morgenhimmel über Bukarest. Es war meine erste Flugreise ins Ausland. Meine so lang gehegten Träume waren im Begriff Wirklichkeit zu werden.

Wir überflogen das Banat, meine bisherige Welt, die Welt meiner Kindheit und Jugend. Dort lag das Dorf in dem ich fünfzehn Jahre lang zu Hause war. Dort lag unsere schöne Stadt Temeswar, in der ich zehn schwere und doch schöne Jahre als Schüler und Student verbracht hatte.

Ich dachte an alle Menschen, die meinen ersten fünfundzwanzig Jahren Inhalt gegeben hatten, an die noch lebenden und die bereits verstorbenen. Ein Lebensabschnitt ging zu Ende, eine Jugend nicht ohne Entbehrungen, aber trotzdem mit vielen schönen Erinnerungen. Es war Zeit mit dieser Vergangenheit abzuschließen und mich auf eine unbekannte Zukunft einzustellen. Diese Zukunft war im Dunkel verborgen, aber die Hoffnung auf ein besseres Leben in einem freien Land erschien berechtigt. Der Flug ging über Budapest und Köln-Bonn nach Brüssel. Dort verbrachte ich eine nicht eingeplante Nach in einem sehr vornehmen Hotel. Am nächsten Tag ging es von Brüssel direkt nach Montréal.

Flug über den Atlantik

Die Atmosphäre an Bord der Boeing 707 erschien mir irgendwie festlich. Die Passagiere waren festlich gekleidet, die Stewardessen jung und attraktiv. Das Essen und die Getränke waren vorzüglich. Nach etwa sieben Stunden landete die Maschine in Montréal. Ich füllte die Landungskarte in englischer Sprache aus, trug meinen Namen aber in deutscher Sprache ein. Die Zollbeamten konfiszierten ein Stück Schinken von Zuhause, da Kanada keine private Einfuhr von Esswaren erlaubte.

Auf dem Flughafen wurde ich von einer Gruppe von Landsleuten empfangen. Auch nach siebzehn Jahren konnte ich meinen Vater sofort erkennen, aber mit den anderen Landsleuten war es schwieriger. Es wurde ein langer Abend, an dem ich viele Fragen beantworten musste. Es war offensichtlich, dass die Ereignisse im Banat nach 1944 für die meisten unbegreiflich blieben.

In Kanada nimmt das Eishockeyspiel einen wichtigen Platz ein. Ich verfolgte ein Spiel im Fernsehen, das in eine wüste Rauferei ausartete. Neu waren auch die Lebensmittelgeschäfte mit ihrer Selbstbedienung und ihre niedrigen Preisen. Die Busfahrt ins Stadtzentrum, zur Sainte-Catherine Street (französisch: rue Sainte-Catherine), dauerte länger als eine Stunde. Ich bewunderte die großen Kaufhäuser mit ihren sieben oder acht Stockwerken, in denen man alles kaufen konnte, »von der Wiege bis zum Sarg«.

Kurz nach meiner Ankunft zog die Familie in ein neues Haus um, wo ich ein Zimmer in Besitz nahm. Im Möbelladen eines Banaters erstand ich ein einfaches Bett und einen Stuhl, gegen spätere Bezahlung. Bei Woolworths kaufte ich ein kleines Tischlein. Aus einer Chianti-Weinflasche entstand eine Leselampe. Nun konnte ich nach Herzenslust lesen: Zeitungen, Zeitschriften und Bücher, die meisten in deutscher oder englischer Sprache.

Beim Büro für Arbeitsvermittlung der Einwanderungsbehörde hatte ich mein erstes Interview als Arbeitssuchender, natürlich in englischer Sprache. Ich fand es irgendwie erregend, aber auch enttäuschend, dass die vorhandenen Stellen nur mit dem Auto zu erreichen waren und ich kein Auto besaß. Ich tippte eine große Anzahl von Bewerbungsschreiben und brachte sie zur Post. Wenn ich überhaupt eine Antwort erhielt, war sie in der allzu bekannten Form: »Rufen Sie uns nicht an; wir werden Sie anrufen, sobald eine Stelle verfügbar wird«.

Durch die deutschsprachige Lokalzeitung fand ich eine Stelle in einer kleinen Firma, welche Diesel-Generatoren-Aggregate herstellte. Mein Anfangsgehalt war zweihundert Dollar im Monat, wovon ich die Hälfte für Unterkunft und Verpflegung bezahlte. Nach zwei Monaten wechselte ich zur Filiale eines großen amerikanischen Ingenieurbüros, wo ich 620 Dollars im Monat verdiente, ein typisches Gehalt für junge Ingenieure. Nun konnte ich an den Kauf eines Autos denken. Im Herbst 1962 kaufte ich mein erstes Auto: Einen neuen Chevrolet Impala. Der Motor hatte acht Zylinder und verschwendete das Benzin, aber dieses war mit nur 7 Cents ein Liter sehr billig.

Zur weiteren Fortbildung und Weiterentwicklung in der englischen Sprache schrieb ich mich bei der McGill Universität zu einem Graduiertenkurs ein. Rückblickend wäre das der ideale Zeitpunkt gewesen, meinen Doktortitel in Ingenieurwissenschaften zu erwerben. Aber wer hätte einem Neuankömmling mit unbewiesener Qualifikation und Arbeitsmoral ein oder mehrere tausend Dollar dazu geliehen? Auch wurde von mir erwartet, dass ich meinen Beitrag zum Familieneinkommen leiste.

Im Rückblick könnte ich einer jungen Person vom radikalen Wechsel aus einer bekannten Umwelt in ein anderes Land, mit anderen Menschen, Sprachen und Umgangsformen, nur abraten. Die soziale Isolation, das Fehlen von altersgerechten Freunden und Bekannten beiderlei Geschlechts stellten eine Belastung dar. Bis zu meiner 'Integration' mussten fast sechs Jahre vergehen. Und doch war meine Auswanderung notwendig und gerechtfertigt, denn ich musste einem untragbaren System entkommen.

Erste Erlebnisse in Kanada

Als an einem Novembertag im Jahr 1963 Präsident Kennedy in Dallas ermordet wurde, war ich auf meinem Arbeitsplatz bei einem Ingenieurbüro, im 24. Stock des Wolkenkratzers Place Ville Marie. Die Details haben sich für immer in mein und meiner Mitarbeiter Gedächtnis eingeprägt. Im darauffolgenden Jahr nahm ich eine Stelle bei einer Firma der Fernmeldetechnik an. Meine Aufgabe lag im Bereich der Stromversorgung aller Telekommunikationsanlagen. Mein Büro lag an der Saint-Catherine Street West, nicht weit vom Place Ville Marie Komplex. Es war ein neuer Tätigkeitsbereich, der die Bereitschaft zum Erlernen neuer Dinge voraussetzte.

Mit einer befreundeten Familie erlebte ich meine erste Autofahrt von Montréal nach Kitchener, eine Stadt die bis zum Ersten Weltkrieg Berlin hieß. Dabei fuhren wir durch die Großstadt Toronto, 539 Kilometer von Montréal. Eine bessere Vorstellung von der riesigen Ausdehnung Kanadas erhielt ich bei einer Eisenbahnreise von Montréal nach Vancouver am Pazifik, einschließlich einer herrlichen Zugfahrt durch die Rocky Mountains, wo Mount Robson eine Höhe von 3954 Meter erreicht. In Vancouver wohnte ich im Hotel Vancouver, im Besitz der Firma Canadian Pacific und damals das beste Hotel der Stadt. In dieser Stadt konnte man tatsächlich am selben Tag im Pazifik baden und in den Bergen Skilaufen. In Jaspers konnte ich einen schwarzen Bären aus unmittelbarer Nähe fotografieren. Die massiven Landmassen im Norden des Landes sollte ich erst einige Jahre später erleben.

Da das Reisen im Rumänien meiner Jugend unmöglich war, machte ich jetzt von der endlich erreichten Reisefreiheit viel Gebrauch. In den ersten drei Jahren unternahm ich mehrere Reisen in die USA, nach New York und Philadelphia. Im Jahr 1964 unternahm ich meine erste Europareise. In Deutschland besuchte ich Frankfurt am Main, Ulm, Baden-Baden, die Insel Mainau, sowie den Schwarzwald, gefolgt von einigen Tagen in Wien, Rom und in der Schweiz.

Im Jahr 1967 besuchte ich Deutschland, Paris und London, drei Jahre später wieder Deutschland, die spanische Costa del Sol, mit einem Abstecher nach Marokko. Der kanadische Dollar hatte in diesen Jahren einen hohen Tauschwert, so dass die Reisen nach Europa ziemlich billig waren. Ich besuchte gerne Verwandte und Freunde, denen die Ausreise aus dem Banat bereits gelungen war.

Zur weiteren Fortbildung belegte ich mehrere Kurse an der McGill Universität. Später bewarb ich mich um einen von der Firma gesponserten Fortbildungskurs an der Queen's University in Kingston. Nach zwei Vorprüfungen wurde ich als einer der vier Kursteilnehmer von unserer Firma auserwählt und verbrachte ein Semester als postgraduierter Student bei Queen's.

Nach den glänzend bestandenen Abschlussprüfungen im Juni wurde es offensichtlich, dass ich dort mein Studium bis zum Doktorat fortsetzen konnte. Auf Anraten meines Abteilungsleiters nahm ich aber eine Versetzung zur neuen Abteilung für Forschung und Entwicklung an, die gerade in Ottawa errichtet wurde.

Die Queen's University in Kingston ist mir besonders für die Unterkunft und Verpflegung in der Residenz für Graduierte in Erinnerung geblieben. Ich wohnte in einem Einzelzimmer mit Bad, einem großen Schreibtisch und einem Telefon. Das Frühstück und das Mittagessen nahmen wir Werkstudenten mit den anderen Studenten ein, aber das Abendessen wurde uns in einem privaten Speisesaal der Graduierten-Residenz serviert. Ein Billardzimmer stand uns zur Verfügung, mit einem Kühlschrank für das Bier und die Imbisse. In einem großen Raum verfolgten wir die Nachrichten auf einem großen Farbfernseher. Es war ein großer Unterschied zu den Studenten-wohnheimen meiner Studienzeit in Temeswar!

Interessant und spannend erlebte ich die Einführung und Entwicklung der Rechner oder Computer. Bei den ersten Programmierkursen an der McGill Universität benützten wir Lochkarten. An der Queen's University und später in unseren Laboratorien in Ottawa waren wir mit dem zentralen Rechner mittels eines Fernschreibers direkt verbunden. Die Einführung der Rechner in unsere Büros und Laboratorien in Ottawa erfolgte schrittweise, über mehrere Jahre hinweg: Zuerst erhielt jede Abteilung ein Terminal, dann kam ein kleiner Apple Macintosh auf jedem Schreibtisch, schließlich hatte jeder Mitarbeiter einen leistungsstarker IBM auf seinem Schreibtisch. Zu diesem Zeitpunkt hatte ich bereits einen Heimcomputer und konnte auch von zu Hause arbeiten, mit all seinen Vor- und Nachteilen.

In den Schul- und Studentenjahren hatte man schöne und auch schwere Stunden, Tage, Wochen, oder Monate mit Kollegen erlebt und dabei Freundschaften geschlossen. Der Verlust dieser Freundschaften beim Verlassen der Heimat war oft schwer zu ertragen. Im Verlauf meiner ersten Jahre in Kanada schrieb ich viele Briefe. Mit den Jahren wurden die Intervalle zwischen den Briefen länger. Man wusste nicht, welche Briefe verloren gingen, oder welche Empfänger das Interesse am Briefwechsel verloren hatten. Es ist erfreulich, dass nach der politischen Wende von 1989 alte Freundschaften wiederbelebt und neue geschaffen wurden. Die moderne Technik, insbesondere E-Mails und das Internet, erwiesen sich dabei als äußerst hilfreich.

Auf lokaler Ebene machte ich zahlreiche neue Bekanntschaften, die sich aber nur selten zu Freundschaften entwickelten. War es das Alter oder die Umgebung? Für viele Kanadier war es zur Gewohnheit geworden, vieles auf Kredit zu kaufen, von Geräten über Möbel bis hin zu Autos. Natürlich wurden diese Darlehen verzinst. Wie die meisten unserer Landsleute konnte ich diese Kredite mit Bedacht vermeiden. Mit etwas Geduld und ein wenig Sparen konnten diese Zinsaufwendungen gespart werden.

Da ein kanadischer Dollar damals vier Deutsche Mark wert war, konnte ich mir viele wunderbare Bücher aus Deutschland bestellen. Allmählich baute ich mir eine persönliche Bibliothek mit Werken deutscher und international-bekannter Autoren auf, hauptsächlich in deutscher und englischer Sprache. Das Lesen war mir immer eine Leidenschaft und nahm viele Abende und Wochenende in Anspruch. Kinobesuche an manchen Samstagabenden mussten dazu genügen, mich mit Aspekten der lokalen Kultur vertraut zu machen. Konzerte der klassischen Musik waren ohnehin sehr selten und Opern wurden nicht aufgeführt. Die Großstadt Montréal hatte eben ein anderes Verhältnis zur Musik als das kleine Temeswar.

Als Single bei Tanzunterhaltungen fühlte ich mich mehr allein als in jeder anderen vorstellbaren Lage. Ich vermied diese Unterhaltungen wann immer es möglich war. Da die meisten jungen Mädchen in Kanada seit der Mittelschule feste Freunde hatten, nahmen nur wenige Singles an diesen Unterhaltungen teil. Die wenigen die ich traf zeigten eher Interesse an Sportswagen, Sportspersonalien, populären Sängern und Unterhaltungskünstlern. Diese waren nie Teil meines Lebens, vielleicht war ich auch zu alt, um Interesse daran zu finden. Ohne gemeinsame Interessen, können sich aber engere Beziehungen kaum entwickeln.

Die Weltausstellung Expo'67

Im Sommer des Jahres 1967 fand in Montréal die Weltausstellung »Expo 67« statt. Ich kann mir heute kaum vorstellen, dass 62 Länder, sowie alle kanadischen Provinzen und größere Städte, die Mittel zur Teilnahme aufbrachten. Es war eben das letzte gute Jahr vor einer Krise der Wirtschaft und dem Loslösung-Bestreben der Provinz Québec von Kanada. Ich kaufte mir einen permanenten Eintrittspass und verbrachte einen Großteil meiner Freizeit in den verschiedenen Pavillons und auch bei den musikalischen Darbietungen in der Konzerthalle Place-des-Arts. An einem Abend kam ich mit einem Mädchen namens Donna ins Gespräch. Wir fanden, dass wir uns ausgezeichnet verstanden. Sie war drei Jahre jünger als ich und arbeitete als Technologin im medizinischen Labor eines Krankenhauses. Auch als Expo'67 beendet war, trafen wir uns oft und langsam entwickelte sich eine wahre Freundschaft.

Die 1960er Jahre waren Jahre der Unsicherheit. Ein Krieg mit Atomwaffen schien unvermeidlich und das Ende der Welt war in Sicht. Die Doomsday Clock (Sankt-nimmerleinstag-Uhr oder Schicksalstag-Uhr) zeigte sieben bis zehn Minuten vor Mitternacht. Eine Zeit lang erschien es mir unverantwortlich, unter diesen Bedingungen die Verantwortung für Ehe und Kinder zu übernehmen. Als meine Versetzung nach Ottawa bevorstand, vereinbarten Donna und ich, unsere Beziehung für eine Weile auszusetzen.

Von Montréal nach Ottawa

Die kanadische Hauptstadt Ottawa war keine Großstadt wie Montréal, was seine Vorteile und auch Nachteile hatte. Fünf Autominuten östlich von meiner Arbeitsstelle kaufte ich eine neue Zweizimmerwohnung mit großem Balkon, im zehnten Stock eines soeben fertiggestellten Gebäudes. Eine Umzugsfirma brachte meine Habseligkeiten nach Ottawa. Zwei oder drei Wochen nach meinem Umzug lud ich Donna zum Besuch nach Ottawa ein. Es gefiel ihr hier und sie nahm meinen Vorschlag an, zu mir nach Ottawa zu ziehen.

Olivia Donna u. Nikolaus Tullius, Miami 1973

Ein Juwelier im Zentrum Ottawas erzeugte unsere Verlobungsringe und bald danach auch die Eheringe. Wir buchten eine Ferienwoche in Miami, Florida, und wurden am dortigen Standesamt getraut. Bei einem Spaziergang auf dem tropischen Lincoln Boulevard übergab ich meine Kamera einem vorübergehenden jungen Mann und er knipste das Bild unserer Heirat.

Mein neuer Arbeitsplatz war in der Tat wie ich ihn mir schon immer gewünscht hatte, der aber aufgrund der politischen Zwänge in der alten Heimat unerreichbar schien. Ich teilte das Büro mit einem älteren Kollegen und im Labor standen uns die neuesten Messgeräte zur Verfügung, Wir leisteten Pionierarbeit bei der Einführung von Halbleiterbauelementen in die Telekommunikation. Oft arbeiteten wir mit den Entwicklern der Halbleiter, um die gewünschten Eigenschaften und Verhaltensweisen der neuen Komponenten zu erzielen. Ich konnte nicht nur das an der Universität Gelernte anwenden, sondern auch ständig Neues dazu lernen.

Familienleben in Ottawa

Die etwas getrübten Beziehungen zu meinem Vater und seiner Familie in Montréal verbesserten sich, besonders nach unserer Ankündigung, dass Donna ein Kind erwartete. Wir unternahmen nun öfters Besuche in diese Stadt. In Ottawa kauften wir einen nicht weit von meiner Arbeitsstelle gelegenen kleinen Bungalow mit vier Zimmern, Küche und Badezimmer, mit grünem Hinterhof, Garten und Garage. Im Juni zogen wir in unser neues Heim und im Oktober erblickte unser Sohn Raimond das Licht der Welt. Die Gefahr der Apokalypse der Menschheit geriet in den Hintergrund, verdrängt von der Hoffnung, dass die Menschheit auch dieses Atomzeitalter überleben wird.

Nach fast zweieinhalb Jahren, im Juli 1976, wurde unser Sohn Conrad geboren. Er war noch kein Jahr alt, als ich zum Leiter einer kleinen

Entwicklungsabteilung in Montreal ernannt wurde. Wir zogen in ein Haus im Stadtteil Ville Mont-Royal, gerade bevor dem unerwarteten Sieg der separatistischen Parti Québecois bei den Provinzwahlen. Die neue Regierung erließ Sprachgesetze, die unseren Söhnen nur den Besuch französischsprachiger Schulen erlaubten. Einerseits verstand ich das Bestreben der französisch-sprechenden Kanadier, ihre Sprache und Kultur zu erhalten. Andrerseits stand mir als freiem Kanadier das Recht zu, über den Schulbesuch meiner Kinder selbst zu bestimmen. Das stellte unsere Zukunft in der Provinz Québec in Frage.

Als unser zweites Jahr in Montreal zu Ende ging, zog unsere Familie zurück nach Ottawa. Im westlich von Ottawa gelegenen Stadtteil Kanata kauften wir ein neues dreistöckiges Haus. Von dort konnte ich meinen Arbeitsplatz in zehn Minuten mit dem Auto erreichen. Im Herbst zogen wir ein und schrieben Raimond beim Kindergarten ein. Ich nahm meine Arbeit wieder auf und Donna entschied sich, Vollzeitmutter unserer beiden Jungen zu bleiben.

Das von unserer Firma entwickelte digitale Vermittlungssystem erwies sich als zuverlässig und kostengünstig. Es erzielte große Verkaufserfolge in den USA, worauf die Firma im US-Bundesstaat North Carolina eine Zweigstelle errichtete. Ein Angebot, zu der neuen Filiale zu wechseln lehnten wir ab, vor allem weil unsere Jungen in ihren kanadischen Schulen sehr gut zurechtkamen, während uns die amerikanischen Schulen unbekannt waren. Wir waren zufrieden mit dem Erreichten und wollten uns auf die Zukunft der Söhne ausrichten. In Ottawa besuchten unsere Jungen die deutsche Samstagsschule, wo sie nicht nur Lesen und Schreiben, sondern auch Lieder und Märchen, Theater und Gedichte in deutscher Sprache erlernten.

Im Mai 1974 erlag mein 66-jähriger Vater einem Herzinfarkt. Im Krieg war seine Einheit eine der letzten die von Narva nach Deutschland gelangte. Dort geriet er in englische Gefangenschaft, wo er vom Tod meiner Mutter in der Sowjetunion erfuhr. Es war ein Schlag, von dem er sich wahrscheinlich nie voll erholte. Nachdem die zweite Frau meines Vaters 1982 starb, stellte sich heraus, dass sie ihr Testament nach dem Tode meines Vaters geändert hatte und ihr Vermögen, einschließlich der von meinem Vater mir zugedachten Hälfte, ihrer Tochter hinterlassen hatte. Diese Art von Unaufrichtigkeit war dem Wesen der Banater Schwaben fremd, ich konnte mir also nicht vorstellen, dass sie es aus eigenem Willen getan hatte. Leider hat die Handlungsweise der Erben die Fortsetzung jeglicher Beziehungen zwischen ihnen und meiner eigenen Familie unmöglich gemacht.

Erste Reise in die alte Heimat

Im Jahre 1985, nach einer Abwesenheit von nahezu 25 Jahren, besuchten wir das Banat. Am Frankfurter Flughafen mieteten wir in ein Auto und fuhren über Rastatt, Ulm, Unterach am Attersee und Neusiedl am See bis Temeswar. In Rastatt trafen wir viele aus Alexanderhausen ausgewanderte Landsleute.

Mit Landsleuten, Rastatt, 1985

Früh am Nachmittag erreichten wir den Grenzübergang Nagylak/ Nădlac wo unser Auto in eine lange Warteschlange geriet, so dass wir die Grenze erst um zwei Uhr überquerten. Weil das Hotel in Nădlac geschlossen war, parkten wir unseren Mietwagen auf dem Parkplatz und verbrachten den Rest der Nacht im Auto. Dort herrschte Dunkelheit, denn das Dorf war nur von einer einzigen Neonröhre beleuchtet. Am Morgen durchquerten wir Arad und kamen noch am Vormittag in Temeswar an. Im Hotel »Continental« waren die Aufzüge nicht in Betrieb und wir mussten unsere Reisekoffer die Treppen hinauftragen. Wir schliefen den Nachmittag und die Nacht hindurch. Am nächsten Morgen besichtigten wir nur die Domkirche. Ich wollte einige Kollegen anrufen, aber ich kannte ihre Telefonnummern nicht und ein Telefonbuch war nicht vorhanden.

Am folgenden Tag fuhren wir nach Alexanderhausen. Wir besuchten den Friedhof und fanden das Grab meiner Oma als ein kleines Häuflein Staub um ein Granitkreuz mit kaum lesbarer Inschrift. Ich nahm mir fest vor, das Grab mit einer Zementplatte bedecken zu lassen. Bei einem Besuch in Alexanderhausen ließ mein Freund Hilbert das Grab meiner Oma mit einer Betondecke verschließen, so wie die meisten der umliegenden Gräber unserer ausgewanderten Landsleute auch zugedeckt waren.

Tagungen und Konferenzen

Im Jahre 1982 schrieb ich meinen ersten Beitrag für die Tagung der Sachverständigen und Forscher des Bereiches Energieversorgung in der Telekommunikation. Unter dem Namen INTELEC fand die Tagung jedes Jahr statt, abwechselnd in Nordamerika und in anderen Städten der Welt. Auf den meisten Tagungen fungierte ich als Vorsitzender einer technischen Sitzung und auf vielen konnte ich einen eigenen Beitrag präsentieren. Später vertrat ich unsere Firma auch in mehreren mit Normen befassten Ausschüssen. Insgesamt ergaben sich wunderbare Gelegenheiten, Großstädte in Kanada, USA, Europa, Japan und sogar Australien zu besuchen.

Ich bewahre viele schöne Erinnerungen an viele INTELEC Tagungen. Im Zusammenhang mit der Tagung in Florenz durfte ich Kanada auf einer Sitzung der ITU (International Telecommunications Union) für Batterie-Normen vertreten. In Kyoto wurden bei einem traditionellen japanischen Dinner 14 Gänge aufgetragen. Nach der Tagung brachte mich der Hochgeschwindigkeitszug Shinkansen nach Tokio, wo ich so manche Sehenswürdigkeiten der Riesenstadt bewundern konnte. Zur Tagung in Melbourne begleitete mich erstmals meine Frau Donna. Beim Bankett tanzten wir zu den Klängen von »Waltzing Matilda«, die inoffizielle Nationalhymne Australiens. Nach der Tagung machten wir eine Woche Ferien in Cairns, einem tropischen Urlaubsort, wo wir an Ausflügen in den Regenwald und zum Großen Barriereriff (Great Barrier Reef) teilnahmen. Später begleitete Donna mich zu allen folgenden Tagungen.

Weitere Reisen in viele nordamerikanische Städte machte ich in den neunziger Jahren als Berater bei der Entwicklung von Industrienormen zur Energieversorgung von Telekommunikations-anlagen. Die Industrienormen setzten Spannungsbereiche für Wechselstrom, Gleichstrom, Batterien, sowie elektromagnetische Störungen und Sicherheitserdung der Anlagen. Die drei- oder viertägigen Sitzungen fanden in verschiedenen Städten statt und erlaubten oft nur einen oberflächlichen Eindruck von der Stadt. Manchmal konnte man einen Samstag oder Sonntag dazu verwenden, die Stadt besser kennenzulernen. An einem freien Nachmittag besuchte ich mit Kollegen das Zentrum für Familienforschung der Mormonen. Die dort entdeckten Daten einiger meiner Vorfahren spornten mich zur Fortsetzung der Familienforschung an.

Universtäten der Söhne

Nach seinem Abitur an einem der ältesten und renommiertesten Gymnasien der Stadt Ottawa erhielt Raimond eine Zulassung zur Harvard Universität in Cambridge bei Boston. Er war einer von 13 028 Bewerbern, die einen der 1600 Studienplätze erhielten. Die Universität bot ihm ein Stipendium an, ein rückzahlbares Darlehen, sowie eine bezahlte Teilzeitstelle innerhalb der Universität. Dadurch hielt der von uns Eltern bezahlte Anteil in Grenzen. Unter seinen kanadischen Kommilitonen war der Sohn einer der reichsten Familien Kanadas und die Tochter eines Ministerpräsidenten. Als Eltern, fanden wir es äußerst erfreulich, dass die Tore Harvards für dem Sohn eines Einwanderers offen waren, und zwar ausschließlich aufgrund von Verdiensten. Nach vier Jahren Studium mit dem Haupstudienfach Geschichte absolvierte Raimond Harvard mit dem akademischen Grad eines »Bachelor of Arts« mit der Note »magna cum laude«. Seine Abschlussarbeit trug den Titel »Die Errichtung einer bürgerlichen nationalen Identität – magyarische und schwäbische Nationenschöpfer in Ungarn 1760-1848«. Unsere ganze Familie erlebte in Cambridge eine sehr eindrucksvolle Abschlussfeierlichkeit.

Raimond beschloss Jura zu studieren und erhielt nach einem dreijährigen Studium an der Georgetown University in Washington seinen Juris Doctor (Doktor der Rechtswissenschaften). Er trat in eine große Anwaltskanzlei in San Francisco ein. Später zog er nach Südkalifornien um, wo er seine Arbeit als Rechtsanwalt im Großraum Los Angeles fortsetzte.

Unserer jüngerer Sohn Conrad hatte sein Abitur an einem in unserem Stadtteil gelegenen Gymnasium gemacht. Er erhielt Angebote mit Stipendien von der University of Waterloo, Queen's University in Kingston und Carleton University in Ottawa. Er entschied sich für Carleton, deren Fakultät für Informatik einen guten Ruf hatte. Er wohnte weiterhin mit uns in seinem Elternhaus und musste täglich eine stundenlange Busfahrt zur Universität auf sich nehmen. Sein Stipendium wurde in jedem der vier Jahren des Studiums erneuert, so dass er die finanzielle Unterstützung der Eltern kaum in Anspruch nahm. Im Jahr 1999 absolvierte er mit dem akademischen Grad »Bachelor of Science« in den Fächern Informatik und Mathematik. Er erhielt eine sehr gut bezahlte Stelle in der Entwicklung von Software bei einer lokalen High-Tech Firma. Zwei Jahre später, als viele Technologie-Unternehmen untergingen, verlor er seinen Arbeitsplatz und musste fortan eine Krankenpension in Anspruch nehmen.

Conrad, Donna, Raimond u. Nikolaus Tullius, Harvard 1996

Die vor dem Zweiten Weltkrieg eingewanderten Schwaben Montreals wohnten am Anfang im Stadtkern. Später ermöglichte ihnen das Zeitalter des Autos, Eigenhäuser in den neuen Vorstädten zu beziehen. Unsere nach dem Zweiten Weltkrieg eingewanderte Landsleute konnten sich früh Autos kaufen und Häuser in noch weiter entfernten

Stadtvierteln zu beziehen. Die Menschen trafen sich oft nur bei Begräbnissen und bei Weihnachts- oder Sylvesterfeiern. Vom Ableben der Landsleute in Kanada und auch in Europa erfuhr ich oft sehr spät. Mein Onkel und Taufpate Nikolaus Lukas starb im Jahr 2001, zwei Jahre nach dem Tode seiner Ehefrau Katharina.

Noch einmal ins Banat

Im Juni 2008 reisten wir noch einmal nach Temeswar, um an einem Treffen zum fünfzigsten Jahrestag der Absolvierung des Polytechnikums (Technische Universität »Politehnica Timişoara«) teilzunehmen. Die Stadt erschien mir vertraut und doch irgendwie fremd. Die Lloydzeile, von der Oper bis zur orthodoxen Kathedrale, war voller Menschen und Tauben. Es schien mir, dass die Menschen nicht mehr auf dem Korso hin und her spazierten, sondern auf den Bänken der Parkanlagen saßen, und ein Bier oder einen Kaffee tranken. Es war gut zu sehen, dass auch das Restaurant Lloyd seinen Betrieb wieder aufgenommen hatte. In unserer ehrwürdigen Domkirche fand die Messe meist in ungarischer oder rumänischer Sprache statt. Das Lloydgebäude beherbergte auch das Rektorat des Polytechnikums, wo der offizielle Teil unseres Treffens in einem herrlichen Saal stattfand. Nachher fuhren wir mit einem Reisebus nach Rekasch, wo uns ein sehr gutes Mittagessen erwartete. Einer der servierten Weine trug den Namen »Schwabenwein«.

Am folgenden Tag wanderten wir durch die Temeswarer Josefstadt. Ich machte Aufnahmen von meinen einstigen Studentenheimen, eines gegenüber der Josefstädter Kirche, das andere vor dem Nordbahnhof, heute ein unauffälliges zwei-Sterne-Hotel. Wir besuchten den Josefstädter Wochenmarkt, der heute in Hallen stattfindet Im altehrwürdigen Hunyadi-Schloss besuchten wir das »Banater Museum« und betrachteten unter anderem eine Kopie der Erklärung von Alba

Julia, bezüglich des Anschlusses von Siebenbürgen und dem Banat an Großrumänien. Wir fuhren an vielen »Zigeunerpalästen« vorbei zum Jagdwald, wo wir das Museum des Dorfes besuchten.

Zum Abschluss des Tages konnten wir einer Aufführung des »Zigeunerbarons« von Franz Lehár in der Staatsoper beiwohnen. Wie viele Opernaufführungen hatte ich in diesem schönen Saal gesehen, wie oft die Fledermaus am Neujahrsabend!

Am folgenden Tag unternahmen wir eine Autofahrt nach Alexanderhausen. Die Szegediner Landstraße war nun asphaltiert, aber an beiden Seiten standen oft noch die Maulbeerbäume. Kaum hatten wir das Dorf Billed hinter uns, erwuchsen vor uns die vertrauten zwei Türme Kirche meines Geburtsdorfes. Im Dorf war alles grün, die Bäume, die Sträucher, das Gras. Die einstigen Gräben, die Kaulen, der sich um das Dorf herum windende Eisenbahndamm, alles erschien eingeebnet. Von den zwei Reihen Maulbeerbäumen auf jeder Seite der Gassen standen nur noch Reste.

Auf dem Friedhof gegen Neusiedel stand das Grab meiner Oma nicht mehr auf seinem Platz. Man hatte unseren Grabstein, wie andere verlassene Gräber, in die letzte Reihe gegen Neusiedel verschoben. Das Grab war von einer Zementplatte bedeckt, hatte aber nur die Hälfte seiner einstigen Breite. Wo immer die sterblichen Überreste meiner Großmutter Katharina Lukas zur Erde zurückgekehrt sind, ihr Name wird so lange weiterleben, wie ich und die von mir geschriebenen Worte. Auch wenn einst die Gräber unseres schwäbischen Kirchhofs verfallen sind, wird ihr Andenken weiterleben.

Mein Geburtshaus steht nicht mehr. Der Garten ist mit Mais bebaut. Von unseren vielen Obstbäumen war keine Spur übriggeblieben. Die Kirche war verschlossen und sah höchst reparaturbedürftig aus. Die Schule wurde vergrößert und sieht gut aus. Das Haus der Familien Vogel/Albert wurde zur »Pension Schwabenhaus« gestaltet. Gute Essen, sowie Biere und Weine aus dem In- und Ausland sind dort vorhanden.

In Lenauheim besuchten wir das Geburtshaus des Dichters Nikolaus Lenau, das Lenau-Museum und das Heimatmuseum. Im letzteren waren Räume als Küche, Zimmer, Kammer und Speis eingerichtet, mit Möbeln, Teppichen, Decken, Kissen, Wandbehängen, Geschirr, Bestecken, Bildern, sowie Spinnrädern und anderen Gegenständen aus dem Banater Haushalt von einst. In den Nikolaus Lenau gewidmeten Räumen gab es frühe Ausgaben seiner Bücher, Übersetzungen seiner Gedichte, Fotos und Dokumente. An den Wänden hingen Zitate des Dichters, in deutscher und rumänischer Sprache. Sein Leben hat Lenau schon früh aus dem Banat geführt, aber so manche seiner Gedichte spiegeln jene Melancholie wider, die im Gemüt der Banater Schwaben in aller Welt weiterlebt.

Zwei Tage später brachte uns das Flugzeug wieder nach Ottawa zurück. Meine Gedanken aber weilten noch lange Zeit im Banat. Die Großväter mussten einst ihre Kartoffel mit Pferdewagen auf den Temeswarer Markt bringen. Die Väter brauchten ihre für den Export bestimmten Kartoffeln nur noch zum Bahnhof zu bringen. Meine Generation schließlich waren die Pendler, welche mit dem Morgenzug in die Stadt fuhren und mit dem Abendzug in ihr Dorf zurückkehrten. Heute regiert das Auto und es lässt das Banat klein erscheinen. Es ist aber erfreulich, dass seine Grenzen offen sind und das ganze Banat zu einer Reise einlädt.

Lebensabend

Langsam stellt sich der Herbst des Lebens ein, die physischen Kräfte lassen allmählich nach, doch die geistigen Fähigkeiten bleiben noch weitgehend erhalten. Es ist offensichtlich, dass ich den größten Teil des Lebens hinter mir habe. Das Leben ist vorüber gegangen wie ein Traum, oder wie eine Serie von Träumen. Viele davon waren schön und oft sogar herrlich, aber manche waren auch Albträume. Viele Reisen wurden unternommen und werden in der Erinnerung weiterleben. Viele andere werden im Reich der Wünsche verbleiben. So manche Bücher werden ungelesen bleiben, viele herrliche Musik wird ungehört bleiben.

Wir Menschen wissen, dass unsere Zeit auf dieser Welt beschränkt ist Wir sollten so leben, als ob jeder Tag unser letzter wäre; wir sollten aber auch so leben, als ob unsere Zeit auf dieser Erde unbegrenzt wäre. Die Menschen entwickelten ihre Fähigkeit zu lernen, es entstanden Wissenschaft und Technik, Kunst und Kultur. Blütezeiten der Zivilisation entstanden und vergingen an manchen Stellen unserer Erde, um an anderen wieder zu entstehen. Jede Entwicklung hatte positive, aber leider oft auch negative Folgen. Dieser Dualismus reicht von der Entdeckung des Feuers bis zur modernen Nukleartechnik. Ein Tabu gegen das höchste Verbrechen, das Auslöschen des Lebens eines Mitglieds unserer eigenen Spezies, ist leider nie entstanden.

Nur der Geist, manche nennen ihn Gott, vermag Ewigkeiten zu überdauern. Dieser Geist wohnt auch im Menschen und gibt ihm die Fähigkeit zu denken und zu wollen, also die Vernunft. Wie könnte Gott alles erschaffen, um es nach kurzer Dauer wieder zu vernichten? Daher besteht die Verheißung eines ewigen Geistes, der den Tod nicht kennt. Allein und mit Nichts kommt der Mensch in diese Welt; allein und mit Nichts verlässt er sie wieder. Zwischen diesen Endpunkten verläuft sein Leben. Auf der Skala des Atoms sind hundert Jahre eine lange Zeit; auf der kosmischen Skala sind sie vernachlässigbar klein. Da in unserer unmittelbaren Umgebung Dimensionen einer menschlichen Skala vorherrschen, erscheint eine Lebensdauer von hundert Jahre passend.

Die Physik hat bewiesen, dass Energie und Materie Aspekte derselben Realität sind und ineinander umgewandelt werden können. Sie hat ebenfalls bewiesen, dass sich weder Energie noch Materie in Geist umwandeln lässt. Es erscheint offensichtlich, dass der Geist zuerst da war, dass er ewig und unzerstörbar ist. Als vierdimensionales Wesen, mag der Mensch die Erhaltung seines Geistes im Ewigen nicht voll verstehen, aber die Vernunft gebietet ihm, daran zu glauben.

Reise ins Banat 2008 – So vertraut und doch schon so fremd

Tief in der Erinnerung lebt ein friedliches Dorf auf der Banater Heide weiter. Dort konnte man sich als Kind geborgen fühlen, inmitten der Eltern, Großeltern, Verwandten und Nachbarn. Die Sommer waren unendlich lang und die Winter hatten ihre schönen Tage. Irgendwann erfuhr man, dass es irgendwo in der Welt einen Krieg gab. Und dann überstürzten sich die Ereignisse: Der Vater zog in den Krieg; die Rote Armee überrannte das Dorf; die Mutter wurde auf unbegreifliche Weise nach Russland verschleppt. Plötzlich waren die rumänischen Kolonisten da und der Unterricht begann auch wieder, aber in einer anderen Sprache.

Nun ist es Frühling 2008, wir sind (nach 50 Jahren) wieder in Temeswar, und der Kollege lädt uns zu einer Reise nach Șandra/Alexanderhausen ein. Um neun Uhr ist sein Peugeot aufgetankt, unsere beiden Frauen sind bereit und wir fahren los. Ich erkenne den Platz, wo die Arader Straße und die Torontaler Straße zusammentreffen. In der ersten Hälfte der 1950er Jahren war hier das große Depot der Sowjetpanzer. Im Oktober 1956 brachen die Tanks von hier nach Budapest auf, entlang derselben Szegediner Landstraße, auf welcher wir nun mit fast 100 Stundenkilometern dahinbrausen.

Nachdem wir einige Privatbetriebe passiert haben, liegt die Landstraße vor uns, eingerahmt von Bäumen, wie in der Erinnerung, nur dass die Straße heute asphaltiert ist. Wir lassen das einstige Neubeschenowa rechts liegen und fahren durch Kleinbetschkerek. Rechts auf den Feldern eine Überraschung: eine große Schafherde mit einem rumänischen Hirten. Sie kommen aus den Bergen in die Ebene, so wie sie es vor sechzig Jahren taten. Der Kollege bemerkt dazu, dass die EU dagegen ist, aber uralte Verhaltensweisen lassen sich nur schwer verändern.

Es scheint nur Minuten zu dauern und schon sind wir in Billed. Ich versuche meine Erregung zu unterdrücken, denn das nächste Dorf ist Alexanderhausen. Die zwei Kirchtürme erwachsen aus dem Grün der Heide. Aus der Ferne wirken sie so freundlich wie immer, als ob sich hier nichts geändert hätte. Aber alles ist hier grün, die Bäume, die Sträucher, das Gras, welches jedes ungepflasterte Stückchen Erde bedeckt. Die einstigen Gräben sind eingeebnet und das Gras wächst darüber hinweg. Die Kaulen sind meist verflacht oder verschwunden; eine Hochwasser-Gefahr scheint es nicht mehr zu geben. Von den zwei Reihen Maulbeerbäumen auf jeder Seite der Gassen sieht man nur selten einige Reste. Die Bäume wurden spätestens dann beseitigt, als der Befehl von oben kam, Gemüsegärten vor den Häusern anzulegen. Schließlich sollten die 20 Klafter (etwa 38 m) breiten Gassen doch zur sozialistischen Ernährung beitragen!

Der erste Weg führt zum Friedhof gegen Neusiedel/Uihei, wo sich unser Grab befindet, das Grab, welches ich oft mit meiner Großmutter besuchte und wo auch sie endlich ihre ewige Ruhe gefunden hat. Wie so viele Gräber ist es teilweise von einer Zementplatte bedeckt, denn wer sollte schon Blumen darauf pflanzen! Es gibt neue Gräber mit rumänischen Namen, der Friedhof wird also langsam übernommen, nach welchen Regeln, weiß man nicht. Die Kapelle liegt im Schatten; sie wird wohl noch eine Weile als Ruine fortbestehen.

Auf der *Hutweide* genannten Wiese an der südlichen Ecke des Dorfes gibt es Hühner und Krähen, wie Anno dazumal, als sie noch unser bevorzugter Sommerspielplatz war. Aber die Überfuhr über die Bahnstrecke ist verschwunden, zusammen mit der Bahnbrücke, welche im Grabensystem einst eine wichtige Rolle spielte. Vom Gras verdeckte Verflachung herrscht auch hier und man kann nur hoffen, dass das Hochwasser endgültig der Vergangenheit angehört.

Wir biegen auf «unsere Gasse» ein und stellen das Auto auf der Straßenseite gegenüber meinem Geburtshausplatz ab. Wo unser Haus einst stand, steht ein halbfertiges Gebäude, aus einer Art Ziegelsteinen errichtet. Die rumänische Nachbarin weiß nur, dass es einem Rumänen aus Amerika gehören soll. Der Garten ist – soweit man sehen kann – mit Mais bebaut. Manche Schwabenhäuser bestehen weiter, sind bewohnt und werden im Stand gehalten; andere scheinen unbewohnt und vernachlässigt zu sein. Und so manche sind vom Erdboden verschwunden.

Wir fahren bis zur Kirche und stellen den Wagen ab. Die Kirchentür ist verschlossen und außerdem höchst reparaturbedürftig. Die Schule wurde vergrößert und sieht gut aus. Das einstige Große Wirtshaus erscheint in einem schlechten Zustand. Wir gehen zur «Pension Schwabenhaus» welche im einstigen Albert-Haus entstanden ist. Hier könnte man glauben, plötzlich irgendwo im Westen zu sein. Die Gästezimmer sind tadellos eingerichtet; das Restaurant sieht freundlich aus, es gibt einen «multifunktionellen» Saal für 150 Personen. Museumsgegenstände wie schwäbische Uhren, Mörser und landwirtschafliche Geräte sind überall ausgestellt. Biere und Weine aus dem In- und Ausland werden serviert; die Preise (in Euro) sind eher mit denen im Westen vergleichbar.

Leider können wir nicht zum Mittagessen bleiben, denn wir wollen noch das Museum in Lenauheim besichtigen. Man sagt uns, dass der kürzere Weg über Neusiedel und Bogarosch für Autos kaum befahrbar sei. Wir fahren also auf der Szegediner Landstraße weiter bis Lowrin, dann über andere Landstraßen nach Gottlob, Grabatz und schließlich nach Lenauheim. Vor einem Dorf taucht eine Kaul auf, mit wenig Wasser und vielen Gänsen.

Wir fahren die Hauptgasse von Lenauheim entlang und sind kaum an der Kirche vorbei, als das Museum auf der rechten Seite auftaucht. Das Geburtshaus des Dichters, einst für eine k. und k. Behörde erbaut, sieht gut aus. Die Leiterin spricht rumänisch und deutsch; sie kennt den Lebenslauf des Dichters und auch die Geschichte der Banater Schwaben. Im Saal der Kirchweihpuppen gibt es Pärchen in der Kirchweihtracht der bekannten Banater Dörfer. Zu ihren Erläuterungen hat die Leiterin Banater Blasmusik eingeschaltet; richtige «Kerweih-stimmung« kommt auf. Die als Küche, Zimmer, Kammer und Speis eingerichteten Räume enthalten reichlich Möbel, Teppiche, Decken, Kissen, Wandbehänge, Geschirr, Bestecke, Bilder, sowie Spinnräder und andere Gegenstände aus dem Haushalt und der Wirtschaft. Sogar Kleidungsstücke der älteren Generationen hängen am »Zapfenbrett«. Wir sind alle zufrieden mit der gewonnenen Übersicht, für einige von uns war es eine kurze Einführung in die Geschichte der Donauschwa-ben, für mich eine wehmütige Erinnerung.

In den Lenau gewidmeten Räumen sehen wir frühe Ausgaben seiner Bücher, Übersetzungen seiner Gedichte, Fotos und Dokumente. An den Wänden hängen Zitate des Dichters, zweisprachig (deutsch und rumänisch). Der anfängliche Enthusiasmus des Dichters für Amerika und seine spätere Enttäuschung erwecken zweideutige Gefühle in ei-nem Reisenden von drüben: Ein Himmel auf Erden ist leider nirgends zu finden. Sein Leben hat Lenau schon früh aus dem Banat geführt, aber so manche seiner Gedichte spiegeln jene Melancholie wider, die im Gemüt der Banater Schwaben immer ihren Widerhall finden wird, solange sie auf dieser Erde leben.

Wir verabschieden uns von Lenau und von Lenauheim und erreichen bei Gertianosch die Landstraße Hatzfed – Temeswar. Wir erreichen Sackelhausen und wieder säumen Industriebauten die Landstraße. Es sieht aus, als ob das Dorf im Begriff wäre, eine Vorstadt Temeswars zu werden. Noch bevor der Nachmittag zu Ende geht, sind wir wieder in Temeswar.

Die Großväter führten ihre Kartoffel noch mit Pferdewagen auf den Temeswarer Markt und mussten dabei oft in der Herberge der Tschoka-Pußta übernachten. Die Väter mussten ihre für den Export bestimmten Kartoffel nur noch zum Bahnhof Alexanderhausen brin-gen. Meine Generation schließlich waren die Pendler, welche mit dem Morgenzug in die Stadt fuhren und mit dem Abendzug in ihr Dorf zurückkehrten. Für uns gab es keinen Bus, keine Autos, höchstens noch das Fahrrad. Heute regiert das Auto und es hat das Banat klein gemacht. Mit ihm kann man in einem Tag durch das ganze ehemalige, ungeteilte Banat fahren. Der wichtigste Fortschritt aber besteht darin, dass nach all den Jahren, die Grenzen endlich wieder offen sind.

Zuhause angelangt, lassen sich einige Fragen nicht verdrängen: Ist es vorteilhafter, in der Gegenwart zu leben und das Banat, so gut es eben geht, zu vergessen? Oder sollte man, so oft es möglich ist, eine Reise dorthin unternehmen? Eine definitive Antwort auf diese Frage habe ich leider noch nicht gefunden. Eine gewisse Befriedigung bringt der Gedanke, dass wenigstens unsere Ahnen ein ewiges Anrecht auf ein Stückchen Heimat haben, nämlich auf zwei Quadratmeter Erde in unseren einst so schönen Friedhöfen im Banat.

Reise ins Banat 2008 – Temeswar/Timişoara

Die Frühlingssonne strahlt vom Himmel als unsere Maschine auf dem Flugplatz Timişoara/Temeswar landet und zwischen Maschinen von Carpatair und Air Moldova zum Stehen kommt. Mein Temeswarer Kollege, der uns auf dem Flugplatz erwartet, freut sich, dass es in diesem Jahr endlich wieder einen »Frühling wie früher« gibt, mit angenehmen Temperaturen und häufigem Regen. Die Autofahrt in die Stadt dauert länger als erwartet, da die Straße voller Autos ist, von alten Dacias bis zu funkelnagelneuen BMWs. Die Straßen waren eben einstmals für Pferdewagen angelegt worden; die meisten sind heute asphaltiert, bleiben aber weiterhin nur zweispurig.

Die im hellen Sonnenschein liegende Stadt erscheint vertraut und doch irgendwie fremd, was nach fünfzig Jahren Abwesenheit sicher kein Wunder ist. Die große Fußgängerzone im Zentrum, von der Oper bis zur orthodoxen Kathedrale, ist voller Menschen und Tauben. Die Leute spazieren also nicht wie einst auf dem (damals als Korso bekannten) Trottoir hin und her, sondern sie sitzen meistens auf den Bänken, in den Gartenanlagen, bei einem Bier oder Kaffee in den Freilichtcafés und Restaurants. Das Lloyd, einstmals das beste Restaurant der Stadt, ist wieder da, und unter dem Namen »Timisoreana« scheint auch das Palace-Restaurant wieder da zu sein. Sogar das Café Violeta ist wieder da und serviert Torten, Mehlspeisen, Kaffee, und Bier.

Der Domplatz ist größtenteils für Autos gesperrt, mit Ausnahme der Straße bei der serbischen Kathedrale, wo sehr viele Autos abgestellt sind. Übrigens sind beide Seiten fast aller Nebenstraßen voller geparkten Autos, teilweise auf dem Gehsteig stehend. Die Polizei scheint es hinzunehmen, da es öffentliche Garagen kaum gibt. Der Gottesdienst in unserer Domkirche findet gerade in rumänischer Sprache statt; die Bekanntmachungen sind rumänisch und ungarisch. Das entspricht wohl der gegenwärtigen Zusammensetzung der Bevölkerung. Manche der historischen Bauten welche den Domplatz umringen, wurden erneuert und sehen herrlich aus; während gleich nebenan andere noch auf ihre Erneuerung warten.

Im Stadtzentrum gibt es Wechselstuben auf Schritt und Tritt, sowie eine große Anzahl von Banken, manche mit auch im Westen bekannten Namen (wie etwa Raiffeisen). Leider wollte keine der Wechselstuben meine Reiseschecks einwechseln. Gottseidank hatte ich etwas Bargeld (in USA-Dollars) und konnte es in rumänische Währung umtauschen. Am Montag ging es dann zur Bank, und siehe da, nach Einsicht meines Reisepasses, Niederschrift meiner kanadischen Adresse, Unterzeichnung von drei Formularen (jedes in Duplikat) und Abzug von zwei Prozent Gebühren, bekam ich endlich meine Lei.

Das Rektoratsgebäude des Polytechnikums ist in sehr gutem Zustand und der offizielle Teil unseres Treffens findet in einem neuen Prunksaal statt. Am Nachmittag fahren alle Teilnehmer mit dem Reisebus nach Rekasch, wo uns ein sehr gutes Essen erwartet, begleitet von mehreren Sorten des »Schwabenweins«. Während der Besichtigung der Anlagen und Weinkeller, werden die Schwaben als Begründer des Weinbaus in Rekasch gelobt.

Am folgenden Tag wandern wir durch die Josefstadt, auf den Spuren meiner dort verbrachten Schul- und Universitätsjahren. Die Statue der Maria ist verhangen; sie wird gerade renoviert. Mein erstes Studentenheim, gegenüber der Josefstädter Kirche, ist tatsächlich ein prächtiges Patrizierhaus. In meinem Gedächtnis sehe ich immer noch unser Zimmer, mit seinen vierzehn Betten für uns vierzehn Studenten des ersten Jahres, und mit den vielen Wanzen, welche mich vor allen Kollegen bevorzugten. Die Dusche funktionierte nie, aber wir durften die Duschen des Studentenheims der Fakultät für Mechanik benützen welches sich natürlich in der Elisabethstadt befand.

Der Josefstädter Markt findet nicht mehr unter freiem Himmel, sondern in Hallen statt. Paprika, Tomaten und Gurken sind immer noch besser als wir sie anderswo gefunden haben, aber es sind keine

Schwäbinnen, die sie verkaufen. Irgendwo sitzt eine Gruppe von Zigeunerinnen, mit Kindern; daneben stehen zwei Polizisten. Wir fragen nicht um was es da geht.

Das nächste Ziel ist der Nordbahnhof. Der Neubau wirkt etwas fremd, da ich ihn noch nie gesehen habe. Der alte Bahnhof war jahrelang mein tägliches Hauptziel und der Knotenpunkt während meiner Pendlertagen. Wie viele »Cenad« Züge ich hier wohl erreicht und wie viele ich versäumt habe! Neben dem Bahnhof steht ein unauffälliges zwei-Sterne Hotel. Im Jahre 1956 war es unser Studentenheim und wer dort wohnte, wird den 31. Oktober 1956 nie vergessen. Am Vortag hatte in der Kantine der Mechanik-Fakultät die Sitzung der Studenten und »Vertreter der Partei und Regierung« stattgefunden, bei welcher die Letzteren ausgepfiffen wurden und die Studenten nachher in die Militärbaracken Kleinbetschkereks überführt wurden. An jenem Morgen fanden wir Studenten unten in der Halle des Studentenheims ein mit Munition versehenes, zum schießen bereites Maschinengewehr, mitten in einem Gewimmel von Soldaten. Wir standen unter Ausgangsverbot und beschlossen spontan einen Hungerstreik. Nach zwei Tagen war der Spuk vorüber, die Professoren nahmen ihre Vorträge wieder auf, aber einige Studenten fehlten, diejenigen nämlich, welche sich bei der berüchtigten Sitzung hervorgetan hatten.

Teile des «Banater Museums« im Hunyadi-Schloss sind ebenfalls wegen Reparaturen geschlossen. Die Abteilung «1919 bis 1944« ist geöffnet und enthält interessante Dokumente der Zeitgeschichte. Sogar die Deklaration von Alba Iulia gibt es hier, aber ihre konkreten Folgen für die Rumänien-Deutschen werden nicht weiter berücksichtigt.

Wir fahren zum Jagdwald, vorbei an vielen «Zigeuner-Palästen«, wie der Kollege sie nennt. Das sind tatsächlich prunkvolle Bauten und sie scheinen unbewohnt zu sein. Ihre Eigentümer sollen angeblich irgendwo im Westen sein, in Italien oder Spanien, wo sie irgendwie ihr Geld verdienen. Im Jagdwald besuchen wir das Museum des Dorfes, in welchem es auch ein »deutsches Bauernhaus« gibt. Dieses macht einen guten Eindruck, mit seinen neuen Dachrinnen, aber ich vermisse leider den «Gang«, welcher in den Dörfern der Banater Heide so gut wie nie fehlen durfte.

Dank der Bemühungen meines Temeswarer Kollegen konnten wir uns eine Aufführung des »Zigeunerbarons« in der Staatsoper ansehen und anhören. Der von vielen Opernaufführungen immer noch in meiner Erinnerung fest verankerte Saal ist auch weiterhin klein aber fein, und die Musik von Johann Strauß ist lieblich wie immer. Den Dialog hat man 'aktualisiert', so dass der Schweinezüchter mit einem verstümmelten Rumänisch, vermischt mit vielen ungarischen Ausdrücken, aufwartet, und sogar Temeswar erwähnt. Es ist gut, dass niemand sich daran stößt, auch die sicher anwesenden ungarisch-sprechenden Temeswarer nicht.

Dieses Ereignis, sowie die vielen Gespräche mit Kollegen welche Temeswar nie verlassen haben, weisen darauf hin, dass man der Geschichte der Stadt und auch des Banats, aufgeschlossener gegenübersteht als früher. Das Gebiet war eben unter verschiedenen Fremdverwaltungen bis 1920, so denkt man, aber ein Kerker der Nationen war es nicht. Wenn man schon von einem Kerker sprechen muss, dann erfüllte die Zeit unter Gheorghiu-Dej und Ceausescu diese Definition viel eher als alle vorangegangenen Verwaltungen. Man versteht das einstige friedliche Zusammenwohnen der verschiedenen Nationalitäten des Banats eher als frühes Beispiel für das Europa der Zukunft.

Am Dienstag unternehmen wir eine Autofahrt nach Alexanderhausen und nach Lenauheim; Bericht davon liegt bei.

Weiter auf der globalen Dorfstraße

Die »Banater Post« hatte bereits am 10. Dezember 1996 über Das Internet und die Banater Schwaben berichtet. In der Banater Post vom 5. April 2015 erschien unter der Überschrift »Das Internetportal DVHH bietet eine Fülle an Themen und Informationen über das Banat«, mein Beitrag Auf der globalen Dorfstraße unterwegs.

Inzwischen hat sich einiges geändert. Auch in den englisch-sprachigen Ländern haben neue Mitglieder der jüngeren Generation das Alter erreicht, in dem sie Interesse für ihre Vorfahren, deren Heimat, Traditionen und Lebensformen zeigen. Dieses Interesse beginnt oft mit Familienforschung und viele müssen mit Bedauern feststellen, dass sie die Lebensgeschichte der Eltern oder Großeltern nicht ausführlich hinterfragt und aufgezeichnet haben. Für diese Hinterfragung ist es leider meist zu spät, weil die Menschen der Erlebnisgeneration zu alt oder nicht mehr am Leben sind.

Als nächsten Schritt versuchen die interessierten Personen, sich Dokumente wie die Familienbücher, Ortsmonografien und andere Heimatbücher der Geburtsorte ihrer Vorfahren zu beschaffen. Dabei erfahren sie, dass die meisten dieser Bücher längst vergriffen sind, und sie können von Glück reden, wenn CDs noch erhältlich sind. In manchen Fällen sind die Verfasser der relevanten Bücher nicht mehr über das Internet erreichbar. Oft gibt es Probleme der Verständigung, weil die Jungen leider nur wenig oder gar kein Deutsch sprechen. Manche haben mit on-line Übersetzungsprogrammen Erfolg gehabt, andere erhalten auch auf übersetzte E-Mails keine Antwort.

So manche Informationen werden weiterhin durch Internetportale wie die »Banat List« www.banaters.com und »Donauschwaben Villages Helping Hands« www.dvhh.org ausgetauscht. Neben Fragen der Familienforschung werden dort auch eine Vielzahl von aktuellen und historischen Themen behandelt und mannigfaltige Informationen, Hinweise und Erfahrungen werden ausgetauscht.

Die Adressen der zu diesen Portalen gehörenden Diskussionslisten haben sich geändert und sie sind jetzt wie folgt erreichbar: main@donauschwaben-villages.groups.io für »Donauschwaben Villages Helping Hands« und everybody@banat.groups.io die »Banat List«. Auf David Dreyer's »Ship Extraction Database of the Banat« (Schiffsextraktionsdatenbank des Banats) finden sie wichtige Informationen über die Banater aus verschiedenen Orten, die auf Schiffen nach Amerika aufgebrochen sind.

Es ist eine Tatsache, dass die Menschen des 21. Jahrhunderts oft neue Lebensansätze und neue Herausforderungen haben, darunter auch die vom neuen Covid Virus auferlegten. Für sie ist es oft schwer, sich das Leben und die Leiden der Älteren auch nur vorzustellen, viel schwerer noch, sie gar mit zu empfinden.

Dann erscheint es wie ein Glücksfall, wenn im Internet ein Landsmann, ein Nachbar oder gar ein Verwandter gefunden wird, der Kenntnisse über Personen und Orte besitzt und bereit ist, sie auszutauschen. Auch hier könnte die Sprachbarriere durch Online-Sprachübersetzerprogramme überwunden oder wenigstens gemildert werden.

Ein Interesse an unserer donauschwäbischen Geschichte ist in den herkömmlichen Geschichtsbüchern, insbesondere in den englischsprachigen Ländern, auch weiterhin kaum festzustellen. Dadurch werden die von Heimatortgemeinschaften und auch von einzelnen Personen betriebenen Internet Portale immer wichtiger für den Erhalt einer elementaren Verbindung zwischen den weltweit verstreuten Landsleuten. Während manche dieser Internet Portale weiterhin gut im Stand gehalten und sogar kontinuierlich verbessert werden, erscheinen andere vernachlässigt und manche wurden ganz aufgegeben.

Ein neueres Hilfsmittel für Menschen, die sich für die Herkunft ihrer Ahnen, so wie für weiter entfernte Verwandte in ihrem Stammbaum interessieren, sind die DNA-Tests. Die DNA (Desoxyribonukleinsäure) ist das Erbmaterial des Menschen und fast aller anderen Organismen. Genetische Abstammungstests oder genetische Genealogie bieten Menschen, die sich für Familiengeschichte (Genealogie) interessieren, eine Möglichkeit, über das hinauszugehen, was sie von Verwandten oder aus historischen Unterlagen erfahren können. DNA-Tests können Aufschluss darüber geben, woher die Vorfahren einer Person stammen könnten und welche Beziehungen zwischen Familien bestehen. Je enger zwei Personen, Familien oder Bevölkerungsgruppen miteinander verwandt sind, desto mehr DNA-Muster haben sie in der Regel gemeinsam.

Da wir jeweils die Hälfte unserer Chromosomen von jedem der beiden Eltern erben, dient die DNA als molekulares Werkzeug zur Rückverfolgung unserer Vorfahren. Die Ergebnisse dieser Tests geben Aufschluss über die wichtigsten geografischen Gebiete, aus denen eine Familie stammt. Diese Ergebnisse werden auf der Grundlage von genetischen Variationen berechnet, die bei Menschen aus bestimmten Regionen der Welt häufiger vorkommen als in anderen. Sie enthalten Informationen über Personen, die wahrscheinlich miteinander verwandt sind, was durch Ähnlichkeiten in den DNA-Sequenzen belegt wird.

Die Ergebnisse sind durch die Anzahl und Vielfalt der getesteten Personen begrenzt. Je mehr Personen aus einer Gruppe oder einer Region getestet werden, desto wahrscheinlicher ist der Befund einer genetischen Verbindung, die auf Verwandtschaft hinweist.

Während einige Testpersonen durch DNA-Tests unerwartete oder mehrdeutige Informationen über ihre Herkunft erhalten haben, haben andere nützliche Informationen über ihre Vorfahren gefunden oder sind mit nahen oder entfernten Cousinen in Verbindung getreten.

In manchen Regionen der Welt hat die Beliebtheit von DNA-Tests in den letzten Jahren stark zugenommen. Wenn die Testmethoden kontinuierlich verbessert werden und die Benutzerzahl weiterwächst, können DNA-Tests viel zur Familienforschung beitragen und das Wissen über Verwandte aus Gegenwart und Vergangenheit erweitern.

Kreuzfahrt durch Tahiti

Nach Reisen in die Karibik und nach Hawaii, galt unser Interesse jetzt Tahiti, von Reisenden als Herz und Seele des Südpazifiks bezeichnet. Tahiti liegt im südlichen Teil des Pazifischen Ozeans, genau so weit südlich des Äquators wie Hawaii nördlich dieser Linie, und ist ungefähr gleichweit von Kalifornien und Australien entfernt. Tahiti ist die größte Insel in Französisch-Polynesien, ein Übersee-Territorium der Französischen Republik. Die offiziellen Sprachen sind Französisch und Tahitianisch.

Man nennt den Archipel auch Gesellschaftsinseln, französisch Îles de la Société. Er erstreckt sich über eine Länge von 725 km und ist in zwei Inselgruppen unterteilt, die Îles du Vent (Inseln über dem Wind) und die Îles Sous le Vent (Inseln unter dem Wind). Die Inselgruppe besteht aus 118 Vulkan- und Koralleninseln und Atollen, einschließlich Tahiti. Mit herrlichem Klima, schwarzen Sandstränden, Lagunen, Wasserfällen und zwei erloschenen Vulkanen ist es ein beliebtes Urlaubsziel. Es wurde bereits im 18. Jahrhundert von Captain James Cook erkundet und auch oft vom französischen Künstler Paul Gauguin gemalt.

Tahiti erhält durchschnittlich acht Sonnenstunden pro Tag mit Temperaturen zwischen 24°C und 30°C. Die Wassertemperatur liegt zwischen 23°C und 26°C. Tahiti hat keine Hurrikansaison, aber die Stürme können gelegentlich nach einem außergewöhnlichen Wettermuster auftreten. Auf Tahiti gibt es keine Schlangen oder giftige Spinnen, nur Mücken und sehr nervige kleine Sandflöhe. Die Haie in Bora Bora sind nicht aggressiv, und sogar die Stachelrochen lassen sich von den Touristen umarmen (und füttern).

Tahiti war uns als teures Reiseziel bekannt. Überwasserbungalows sind die Ikone der französisch-polynesischen Erfahrung, aber mit Preisen ab etwa 400 USD pro Nacht in der Nebensaison sind sie kaum eine brieftaschenfreundliche Option. Eine Kreuzfahrt, mit Hin- und

Rückfahrt von Papeete, der Hauptstadt von Tahiti und Französisch-Polynesien, schien uns erschwinglich und umfasste mehrere tropische Inseln. Wir konnten mit Freude feststellten, dass das tahitianische Alphabet nur 13 Buchstaben enthält: die Vokale a, e, i, o, u und die Konsonanten f, h, m, n, p, r, t und v. Alle Buchstaben werden voll ausgesprochen, also Pape-ete, nicht Papehte; daher wird es manchmal auch Pape'ete geschrieben. Das tahitianische Rechtschreibsystem unter Verwendung des lateinischen Alphabets, wurde von John Davis, einem walisischen Historiker und Linguisten, um 1805 entwickelt.

Der Flug von Los Angeles nach Papeete dauerte gute acht Stunden. Unser Flugzeug landete am frühen Nachmittag auf dem Faa'a genannten internationalen Flughafen von Papeete. Tahitianische Mädchen legten uns Blumenketten (»Leis«) um den Hals, begleiteten uns zum Bus und brachten uns zum Schiff. Auf Englisch hieß das Schiff »Tahitian Princess«, auf tahitianisch »Hina tei po te marama« – Hina Göttin des Lichts. Es hatte Kabinen für 680 Gäste und eine Besatzung von 373.

In *Papeete* haben wir gerade noch Zeit den großen Marché de Papeete-Markt zu besuchen und dort ein Bier zu trinken. Dann mussten wir zurück an Bord und pünktlich um fünf Uhr verließ das Schiff Papeete. Das Abendessen war um 6 Uhr im Hauptspeisesaal; wir teilten den Tisch mit drei amerikanischen Paaren. Zwei Paare waren jünger als wir, eines ist ungefähr in unserem Alter.

Die Legende besagt, dass *Huahine* in zwei Inseln geteilt wurde, als Hiro, der große polynesische Krieger und Gott der Diebe, die Insel mit seinem mächtigen Kanu durchpflügte. Bekannt als »Die Garteninsel« für ihr üppiges Blattwerk und ihre grünen tropischen Landschaften, ist die Insel auch mit einer Fülle von langen, weißen Stränden und palmengesäumten Motus (Riffinseln aus Korallenbruch und Sand) gesegnet. Fischerei und Landwirtschaft, einschließlich Vanille, Kaffee, Taro, Brotfrucht, Mango, Papaya und Bananen, sind das Lebenselixier der Inselwirtschaft.

Auf einer Rundreise besuchten wir einige Maraen (Tempelanlagen für Gottesdienste, Opfer oder andere Zeremonien) und auch eine Vanille-Farm. Dabei verpassten wir leider die Gelegenheit, ein Päckchen reiner Vanille zu kaufen. An Bord hatten wir die Möglichkeit, köstliches Gebäck zu probieren, das mit lokaler Vanille hergestellt wurde. Wir blieben von 8:00 Uhr bis 17:00 Uhr auf Huahine. An Bord gab es an diesem Abend die ‚Captain's Welcome Party'und die empfohlene Kleiderordnung war formell.

Nach einem Tag auf See kamen wir in **Rarotonga** auf den Cookinseln an. Diese sind ein selbstverwaltetes Inselland in freier Assoziation mit Neuseeland. Die Amtssprachen sind Rarotonganisch und Englisch. Die Inseln liegen praktisch in der Mitte des polynesischen Dreiecks, mit dem Königreich Tonga und den Samoas im Westen und Französisch-Polynesien im Osten. Rarotonga, von den Einheimischen liebevoll »Raro« genannt, ist die Hauptstadt der Cookinseln und hat etwa zehntausend Einwohner. Die Insel ist bergig und mit Dschungel bedeckt, mit üppigen Farnen, Schlingpflanzen und Bäumen. Umgeben von einem schützenden Korallenriff, sind die türkisfarbenen Lagunen ebenso verlockend wie die von Kokospalmen gesäumten weißen Sandstrände.

Der Hafen war nicht groß genug für unser Schiff, ein kleineres Boot brachte uns an Land. Der Einfluss Neuseelands machte sich bemerkbar: Wir hatten die Gelegenheit, die beste Kiwifrucht unseres Lebens zu probieren, nicht vergleichbar mit der zu Hause im Laden erhältlichen übergroßen Stachelbeere.

Wir verbrachten einen weiteren Tag auf See, was uns die Möglichkeit gibt, einen interessanten Vortrag über Wellen zu besuchen. Wellen werden durch den Wind verursacht, der über die Oberfläche des Ozeans weht, und können bis zu 34 m hoch sein, aber normalerweise sind sie viel kleiner. Tsunamis, fälschlicherweise als Flutwellen bezeichnet, werden durch Erdbeben oder den Ausbruch von unterseeischen Vulkanen verursacht. Sie bewegen sich mit sehr hoher Geschwindigkeit, etwa 750 km/h. Im Ozean richten sie wenig Schaden an, da ihre Höhe in der Regel weniger als 10 m beträgt, aber in flachem Wasser steigt ihre Höhe auf etwa 30 m oder mehr, und sie können Schäden verursachen, wenn sie auf eine Küste treffen.

Wir kamen früh in **Raiatea** an, der zweitgrößten Insel in Französisch-Polynesien, die aber nur geringfügig besiedelt ist. Vergangene und heutige Polynesier betrachten sie als die heiligste der Gesellschaftsinseln. Stammesversammlungen und Zeremonien wurden im Marae Taputapuatea abgehalten und zogen Teilnehmer aus den verschiedenen Königreichen Polynesiens an. Zu einer Zeit wurden hier sogar Menschenopfer dargebracht.

Ich hatte die Gelegenheit mir ein ein tahitisches Hemd zu kaufen, passend für den ‚Tahitianischen Abend' an Bord und für so manche spätere Reise. Der Kauf wurde auf Französisch abgewickelt und wir bewunderten das schöne Französisch der Tahitianer. Am Nachmittag kam eine Gruppe Tahitianer an Bord und führte eine wunderbare Auswahl ihrer melodischen Lieder und anmutigen Tänze auf.

Unser Schiff legte früh von Raiatea ab, um eine wunderschöne Rundfahrt um die Insel **Tahaa** zu unternehmen. Sie liegt in der gleichen Lagune wie Raiatea und ist von dem gleichen schützenden Riff umgeben. Kleine Perlenfarmen liegen im warmen, klaren Wasser vor Tahaa. Wir sind auf dem Weg nach Bora Bora.

Bora Bora, mit einer Fläche von nur 70 Quadratkilometer und einer Bevölkerung von etwa 4000 Einwohnern, wird von manchen Reisenden als die schönste Insel der Welt bezeichnet. Die Insel ist fast vollständig von einem Barriere-Riff umgeben. Was Bora Bora so schön macht, ist die Kombination aus sandgesäumten Motus, die sich entlang des äußeren Riffs befinden, der vielfarbigen Lagune und dem basaltischen Grabstein-förmigen Mount Otemana, der über all dem thront. Das Wasser der Lagune reicht in seiner Farbe von tiefem Amethyst bis zu hellem Türkis. Die Strände und die Überwasser-Bungalows sind atemberaubend.

Während des Zweiten Weltkriegs nutzte die U.S. Navy die Insel als Stützpunkt, mit etwa 6000 amerikanische Soldaten und Matrosen. Sie bauten die Landebahn Motu Mute und platzierten Sieben-Zoll-Geschütze auf den Hügeln über Vaitape, dem Hauptort an der Westküste. Wir besichtigten die Geschützstellungen und stellten fest, dass alle Geschütze auf den Pass, den einzigen Zugang durch das Riff in die Lagune, gerichtet waren. Die japanische Flotte tauchte nie auf, so dass Bora Bora während des Zweiten Weltkriegs nie zum Kampfplatz wurde.

Am nächsten Morgen näherte sich unser Schiff *Moorea*. Der Name bedeutet »gelbe Eidechse«. Mit Bergen, die aus der Lagune ragen, schönen Stränden, tollem Tauchen, interessanten Marae und einem angenehm gemächlichen Lebensrhythmus ist die Insel das zweitbeliebteste Reiseziel in Französisch-Polynesien. Einheimische Häuptlinge (wie Pomare II. im Jahr 1819) wurden zu mächtigen Königen, indem sie Zugang zu europäischen Waffen und Unterstützung erhielten, ihre Macht konsolidierten und missionarische Berater und von Missionaren entworfene Gesetzbücher akzeptierten.

Kopra und Vanille waren in der Vergangenheit wichtige Anbauprodukte, und heute ist Moorea das Zentrum des Ananasanbaus in Französisch-Polynesien. Kopra dient zur Gewinnung von Kokosöl und Kokosölkuchen. In den 1860er Jahren wurde es in Nordeuropa als Speisefettquelle eingeführt. Wir verbrachten einen Tag auf einer ‚Motu-Insel‘ mit Märchenstrand, Delikatessengrill und Schwimmen mit sehr großen Stachelrochen.

Zurück in *Papeete* hatten wir kaum Zeit für einen Spaziergang an den Markthallen der Stadt. Tahitiperlen werden als die unverzichtbaren Souvenirs für jeden Besucher bezeichnet. Die uns verbliebenen Mittel reichten gerade aus, um eine Kette schwarzer Tahiti-Perlen für Donna zu kaufen. Dabei bewunderten wir wieder das schöne Französisch der Tahitianer.

Dann war es Zeit unsere Koffer zu packen. Nochmals legte man uns

»Leis« um den Hals und der Bus brachte uns zum Flughafen Faaʻa. Diesmal checkten wir uns bei Tahiti Nui ein, einer hervorragenden tahitianischen Fluggesellschaft. Die Stewardessen waren alle junge Tahitianerinnen, sehr hübsch in ihren Uniformen und sehr aufmerksam gegenüber den Gästen. Der Flug nach Los Angeles war viel angenehmer und schien viel kürzer als unser Flug nach Tahiti.

Am Ende unserer zweiten Kreuzfahrt angekommen, bestätigte sich unsere Meinung: Eine Kreuzfahrt ist eine der besten Möglichkeiten, bequem und sicher zu reisen, in einer angenehmen Umgebung, in der man das Erlebnis mit kompatiblen Mitreisenden genießen kann, ohne das Hotelzimmer zu wechseln! Au revoir, Tahiti!

Donna u. Nikolaus Tullius, 2000

Wege im Leben

Nach ihrer Enteignung, nach Deportationen und anderen Schikanen wurden für die Banater Schwaben, wie auch für andere Rumäniendeutschen, die Schulen wichtig. Für ihre Kinder wurde es zum Gebot der Stunde, Schulen zu besuchen soweit diese ihnen erreichbar waren. Und da Ingenieure der Elektrotechnik gesuchte Fachkräfte waren, fanden manche den Weg zur Fakultät für Elektrotechnik des Temeswarer Polytechnikums.

Unter den 133 Kandidaten, die 1953 zum Anfangsjahr (Jahr eins von fünf) dieser Fakultät zugelassen wurden, waren rund 12 Banater Schwaben und Siebenbürger Sachsen.

Vom gesamten Jahrgang erhielten 57 durch die Staatsprüfung im Jahre 1958 ihr Ingenieur-Diplom, weitere 23 folgten im Jahre 1959 oder später. Es war ein typisches Resultat: 60 Prozent der Kandidaten erreichten ihr Ziel. Von ihnen erhielten vier Personen die höchstmögliche Note bei der Staatsprüfung, darunter der Unterzeichnete.

Zum 60. Jubiläum hat Kollege Alexandru Nichici ein Buch herausgegeben, in dem er allen Kollegen die Gelegenheit bot, ihr Leben und ihre Laufbahn schriftlich fest zu halten. So entstand das Buch**, eine ausführliche und hochinteressante Spiegelung der zweiten Hälfte des 20. Jahrhunderts im Banat und in Rumänien.

Ingenieure dieses und der folgenden Jahrgänge haben erheblich zur Elektrifizierung der Banater Dörfer beigetragen, manche als Mitarbeiter der Behörde für Elektrifizierung in Hatzfeld/Jimbolia. Andere wanderten aus und bewiesen ihre exzellenten beruflichen und menschlichen Eigenschaften in anderen Ländern.

Zum sechzigsten Jahrestag unseres Abschlusses der Universität »Politehnica« findet am 18. Mai dieses Jahres in Temeswar ein Treffen statt. Sollte der eine oder andere Kollege diese Notiz lesen, dann sollte er zur Kenntnis nehmen, dass er wie alle noch lebenden Kollegen zu diesem Treffen herzlich eingeladen ist.

[Dipl.-Ing. Nikolaus Tullius (nach einem Beitrag in der Banater Post vom 5. April 2018)]

***

** Auszug aus »Drumuri în viață« (Wege im Leben), Editura Politehnica, Timişoara, 2018 (geschrieben als rumänischer Text und ins Deutsche übersetzt von Nikolaus Tullius):

Ist der Ingenieur ein Intellektueller?

».... Die Kategorie »authentischer Intellektueller« ist mir neu. Im Wörterbuch steht der Begriff für echt, wahr, unverfälscht, bona fide. In der Praxis kann man unter dem Begriff »Intellektuelle« Menschen zusammenfassen, die im Allgemeinen über eine gewisse Bildung verfügen und ein tiefes Interesse an Ideen jenseits von »Brot und Butter« haben. An der Spitze dieser Kategorie stünden natürlich die Philosophen, Dichter, Komponisten, Wissenschaftler usw., die den größten Beitrag zum geistigen Erbe der Menschheit geleistet haben. Aber waren sie die einzigen »authentische Intellektuellen«?

Wir wissen, dass viele von ihnen kein glückliches oder gar ausgeglichenes Leben hatten. Einige Beobachter haben festgestellt, dass es zwischen Intelligenz und Wahnsinn eine sehr kurze Strecke gibt. Seit den Alten Griechen war ein Ideal der Philosophie schon immer ein ausgeglichenes Leben, ein Leben in Harmonie mit dem Universalen, das Streben nach einem Ideal namens »Glück« (Nirvana für Hindus). Ich denke, wenn wir es geschafft haben, uns diesem Ideal ein wenig zu nähern, können wir sagen, dass wir ein gutes Leben geführt haben.

Die Annahme, dass ein »echter Intellektueller« erst nach mindestens drei Generationen von Vorfahren entstehen kann, die durch »geistige

Arbeit« ihren Lebensunterhalt verdienten, wird dadurch widerlegt, dass es im Laufe der Geschichte viele anerkannte Genies gab, deren Eltern keineswegs Intellektuelle waren.

Es ist sicher wahr, dass wir nicht nur als Einzelne denken müssen, da wir hier eine unschätzbare Unterstützung haben, nämlich die Meisterwerke der Genies vergangener Jahrhunderte. Ich muss gestehen, dass ich Zweifel an der Vertreibung aus dem Paradies und dem ewigen Tod habe. Diese Annahmen erinnern mich zu sehr an den Pessimismus von Schopenhauer, Eminescu, Lenau und anderen. Wenn die erstaunlichen Leistungen des menschlichen Intellekts etwas bedeuten, können sie nicht einfach im Nichts verschwinden, wenn das Individuum diese Welt verlässt. Und wenn es eine Skala gibt, um die Verdienste und Unzulänglichkeiten der Menschen in ihrem irdischen Leben zu messen, müsste sie genauer sein, als wir es uns vorstellen können. Vielleicht genügen unsere Fähigkeiten als vierdimensionale Wesen nicht, um diese Gesetze zu verstehen?

Ich glaube nicht, dass wir beweisen müssen, dass wir »außergewöhnlicher« sind als andere Kollegen, oder dass wir auf das Urteil »irdischer Götter« angewiesen sind. Auch ohne auf Sartre zu bauen, kann jeder von uns behaupten, eine einzigartige Persönlichkeit in dem ihm bekannten Universum zu sein. Zur Erinnerung jedes Einzelnen an die wichtigen Ereignisse, die wir miterlebt haben, können wir feststellen, dass wir diese Zeit intensiv erlebt haben und dass es normal, dass die Erlebnisse auf verschiedene Art aufgenommen wurden. Darüber hinaus ist es bewiesen, dass das Gedächtnis fehleranfällig ist.

Es macht wenig Sinn, die Qualität, den Intelligenzquotienten oder die Vermögenskomponente zu beurteilen, die zur Entwicklung eines jeden von uns beigetragen haben. Das Vorhandensein eines intelligenten und wohlwollenden Mentors ist leider ein seltenes Phänomen, daher können wir annehmen, dass nur sehr wenige von uns davon profitiert haben....

Abschließend möchte ich den Kollegen voll und ganz zustimmen, die den Ansatz vorgeschlagen haben: Wir wollen uns an alles erinnern, das uns vereint, und nicht an das, was uns in Verlegenheit bringen könnte, mit Respekt für die Lehrer und Professoren, die uns für das Leben vorbereitet haben, mit stillem Gedenken an unsere Kollegen, die vor uns diese Welt verlassen haben.«

***

Schwowisch Gschriebenes

Dorf uf dr Heed

Die alti Wiener Stroß

Manchi han se die Wiener Stroß genennt, anri aach die Szegediner Landstroß. Sie hat vun Temeschwar aus dorch so manchi schwowischi Derfer gfiehrt, wie Billed, Lowrin, Semiklosch, Tschanad un aach Schandrhaas. Die Stroß war vill älter wie Schandrhaas, awr im 1833, wie des Dorf ufgebaut is gin, is se im Dorf ganz eenfach die Hauptgass gin. Wann se mol vum Dorf drauß war, hat mer se nor noch »die Landstroß« genennt.

Die »Damm«, wie se im Dorf aach genennt is gin, war gschottert, sie war also mit eener dicke Schicht Tschottre geplaschtert. Uf alle zwaa Seite vun der Damm ware Grawe; die Leit wu in der Hauptgass gewohnt han, sin dorch Iwerfuhre mit ihre Wään vun dr Damm in ihre Hoff gfahr. Die Kerch hat mitte uf der Damm gstann, wu se aach heit noch steht, un alli Fahrzeiche misse noch immer um se rumfahre.

Ich han die Grawe noch in beschter Erinnerung, weil se im Winter mit so glattichem Eis zugedeckt ware. Uf'm Schulwech hat mer dort so schen schleife kenne, un so manche Bakansche sin dort abgenutzt gin. Bei 'me Besuch im Johr 2008 war vun dene Grawe nix mehr zu gsiehn, un die Stroß war nimmi hecher wie die Gass. 'S is doch kaum zu glaawe, dass die ganzi Banater Heed sich so vrflacht hat?

Wann die Stroß un Hauptgass vrzähle kennt, dann kennte so manchi Erinnerunge zum Vorschein kumme, guti un schlechti. Do sin so manchi Kerweiphaare druf oddr driwwer marschiert, so manchi Rekrute noh dr Assentierung, so manche Taafe un so manche Leichte.

Do han die Kulesse de Bischof zur Firmung gebrung, un Prozessione sin zu de Dorfkreize gang.

Un so manches Militär is do driwwer gezoo. Schun im Revolutionsjohr 1848 sin kaiserliche Truppe dorchs Dorf kumm, awr aach Revolutionäre. Alli zwaa han im Dorf Nahrunsmittel for Mensche un Tiere vrlangt un han se am End aach kriet, ob se jetz gezahlt han, odr ob se die Sache eenfach requiriert han.

Im 1942 is die Wehrmacht mit unendlich lange Reihe vun funklnagelneie LKWs dorchgfahr. Manchi drvun han sich sogar phaar Täch im Dorf ufghal, bis se uf Serbien in de Kriech gezoo sin, in de Einsatz, wie se gsaat han. Im Herbscht 1944 war pletzlich ungarisches Militär im Dorf un hat sei Kanone in dene Grawe newer dr Damm in Stellung gebrung. Die Soldate un die Kanone sin so pletzlich abgezoo wie se aach ingezoo ware.

Die Roti Armee is iwr de Hottar ins Dorf kumm, awr wie de Kriech rum war, sin ihre Soldate efter uf dr Stroß geger Temeschwar gezoo. An 'me schene Frihjohrstach han mer in dr Schul schieße gheert, wie die Russe mit Ross un Waan in Richtung Temeschwar dorchgezoo sin. Zwischn de Ween sin ungrische Gfangene marschiert. Die Leit han's de Gfangene angsiehn, dass se Hunger un Dorscht ghat han, sin in ihre Häiser gang un han Wasser un Brot gebrung. Die Gfangene ware awr net erlaubt etwas anzuhole. Eener vun de Gfangene, wu versucht hat, Wasser zu trinke, is zammgschoss gin. De Tote han se dann uf a Waan gelegt un weiter gezoo. Wie mer aus der Schul kumm sin, han mer uns de Blutlake mitte uf dr Damm angschaut, vor de Häiser vun de Familje Henzel un dr Familje Hof.

A schlimme Unfall is aach in dere Zeit vorkum, eigentlich newer der Landstroß geger Lowrin. Weil die Schandrhaaser Miehl net im Betrib war, han Leit a Paar Säck Frucht mit 'me Wägelche sich zu dr Miehl in Lowrin uf de Wech gemacht. Pletzlich sin russische LKWs uf dr Landstroß ufgetaucht. Weil de Grawe newer dr Stroß zimmlich flach un breet war, sin die Leit mit ihre Wägelche in Grawe ausgewaicht. Ens vun dene

Laschtautos is vun dr Stroß runner un hat die Leit iwrfahr. So han widr Kinner ihre Eltre vrlor, schun vor dr Vrschleppung uf Russland.

Die Vrschleppung uf Russland bleibt for so manchi vun uns die traurichschte Erinnerung. Wer des erlebt hat, wie unsr Leit ausgetrieb sin gin, vun dem Saal in dr Hauptgass, dorch die Wiener Stroß, geger Perjamosch, der werd's nie vrgesse kenne. Des ware unser Eltre, unser Brieder un unser Schwestre. Hunnertzwaaunsibzich sin ausgezoo, vierundreißich drvun sin nimmi zuruck kumm. Leider war aach mei Mutter unner de vierundreißich.

Im Oktober 1953 ware lange Kolonne vun Sowjettanks uf dere Landstroß vun Temeschwar in Richtung Ungarn unnerwegs. Mer hat nor mit großer Trauer feschtstelle misse, dass die Tanks, wann se mol Budapest erreiche, die ungarischi Revolution niedermache were. A Tach später is des aach passiert.

Aach heit noch fiehrt die Landstroß vun Temeschwar dorch Billed un Schandrhaas, dorch Lowrin un Semiklosch, bis Tschanad un sogar widr iwr die ungarischi Grenz gegr Szeged. In Temeschwar heescht se Torontaler Stroß (Calea Torontalului) un fangt dort an, wu in the verzicher un fufzicher Johre die ville Sowjetpanzer abgstellt ware.

Die Autofahrer sin froh, dass die Landtroß heit asphaltiert is. Unner dem Asphalt leije awr noch immer die Tschottre, un unner dene sin aach so manchi Erlebnisse begrab, guti un schlechti, frohi un aach traurichi. So is mol des Lewe, do dran kann niemand was änre.

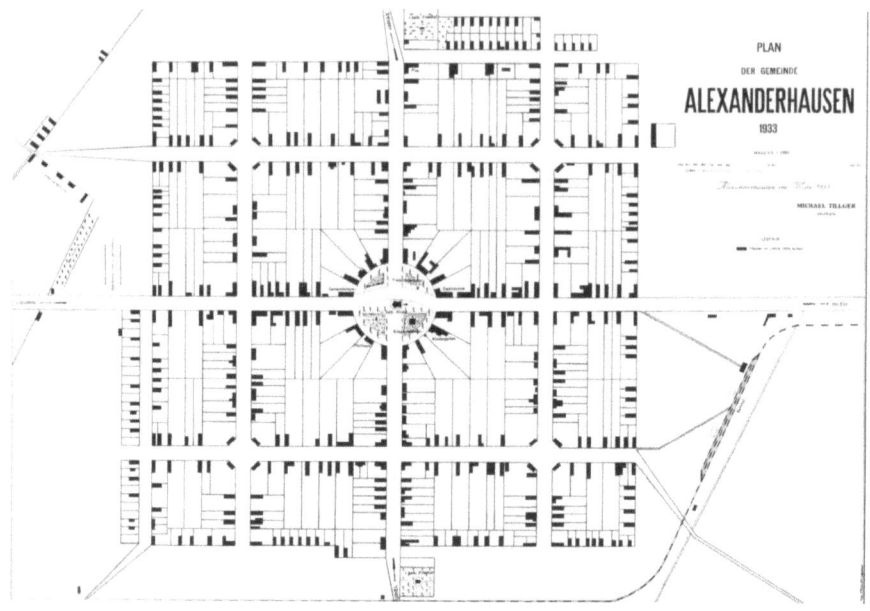

Dorfplan von Alexanderhausen

Pakatz

Wann ich heit an Pakatz denk, dann falle mer die Schilflieder vun unsrem große Dichter Nikolaus Lenau in: »…Niederhangen hier die Weiden/In den Teich, so still, so tief…« Des war de eenziche Platz in dr Umgebung, wu die Weide, de Binse, des Rohr immer so gstann hat, dass mer die Stimmung wirklich hat kenne fiehle. Erscht vill später han ich mehr vun dr langi Geschichte vun Pakatz gheert. Also, schen dr Reih noh.

's Praedium Pakatz (ungarish Pakacz) war e Stick vun dr Banater Heed, wu schun uf alte Landkarte ingetraa war. For uns hat des Stick Erd zwische Lowrin un Billed gelee, wu die Wiener Stroß, aach Szegediner Landstroß genennt, dorchgfiehrt hat. Iwr des Praedium werd bericht, dass dort serwische odr kroatische Händler Rinder un Pherd gezicht han, wu se dann bis Wien vrkaaft han. Mer kann sich vor-stelle, dass manchi aach vrschenkt sin gin, for a guti Freindschaft zu erhalle. Awr die Zeit bleibt net stehn, un die Herrschaft in Wien hat des Praedium an die Bischofe vun Agram iwrgin, weil se dere Gieter dort im Siedn for e Miltärgrenz gebraucht han.

In de schwowische Derfer um Pakatz rum ware villi Baure wu gere die schwarzi Erd angebaut hätte, un de Bischof hat endlich ingsiehn, dass mer aus dem Feld mehr hätt kenne rausschlaan wie nor Viech uf die Weed treiwe. Un so is im Johr 1833 die Gmeinde Schandrhaas entstann. Die Inwohner sin alli aus annre Banater Derfer kumm.

Alti Leit han noch vrzählt, dass dort in Pakatz vor langer Zeit mol e großes Wertshaus oddr e Herberch gstann hat. Wann die Baure vum Mark hemgfahr sin, dann sin se bei dem Wertshaus ingekehrt, han et-was getrunk, villeicht aach etwas ggess, un villeicht aach Kegle gschei-welt. Manchmol hat mer sogar a Meisterschaft um e Preis ausgschpilt, un de Preis hat angeblich etwas mit dr Kellnerin zu tun ghat. Wer kann sich verwunre, dass manchi Leit aach domols schun iwr de Strick gschlaa han!

Zu meiner Zeit hat 's in Pakatz e Puszta gin, mit große Wertschafts-gebeide un Heiser for die Knechte wu im Summer dort gewohnt han. Gegr die Landstroß zu hat sich e zimmlich großes Wasser hingstreckt, wu bei uns 's Wassrloch genennt is gin. Des is nie ausgetrukelt un sei Ufre ware voll mit Binse, Rohr un Weidebeem. Wann mer uf dr Stroß vorbeigfahr is, hat mer immer die Ente gsiehn: die greeßere Wildente un die klennere schwarze Tauchente. 's war immer intressant for de Tauchente zu zuschaue, wie se im Wasser unergetaucht un wuanerscht widr ruff kumm sin.

Gegr's End vum Schuljohr hat unser Klass efter e Ausflug uf Pa-katz gmacht. Mir sin uf dr Landstroß bis dorthin marschiert un han unser Esse un Wasserflasch mitgschleppt. Bei dem Wassrloch han mer

Schlange gsiehn un eenmol sogar gfang. Ins Wassr is awr kenner gang, weil kaum jemand schwimme han kenne. Der Ausflug war immer e frehliches End vum Schuljohr..

Noh'm Kriech sin de Adam un ich mol uf Pakatz gang un han beim Wassrloch ganz vill Rohrfahne abgschnit. Drhem hat uns dann jemand gezeicht, wie mer aus dene Rohrfahne Bese macht. Do hat mer nor brauche a korze odr lange Stiel anbringe un hat e wirklich gute Staabbese ghat. Der is nor zum Abstawe im Haus gbrauchtt gin. Des war noh'm Kriech un die Gebeide vum Puszta han zu dere Zeit 'm Staat gheert. Sie ware leer un sin vrfall, ke Mensch war zu gsiehn, un mer hat so e unheimliches Gfiehl kriet.

Im 1960er Johr, am Tach vor Weihnachte, han ich Pakatz 's letschtemol gsiehn. Ich sin vun Arad iwr Perjamosch hem uf Schandrhaas gfahr, also sin ich in Satu Nou (Neidorf) ausgstie, un uf dr Bahstreck gegr Schandrhaas marschiert. Ich kann net saan, was mich so traurich gstimmt hat, wu ich doch mei Pass for Kanada schun in dr Tasch ghat han. Villeicht war's des triebi Wettr, oddr de ville Kukruz wu noch net gebroch war, oddr villeicht de Gedanke, dass e wichiches Kapitl in meim Lewe sei End erreicht hat. Widr mol han sich mei Gedanke um des Dorf gedreht, wu doch mei enzichi Heimat war, un widr sin ich uf Lenau zuruckkumm:

»...Weinend muss mein Blick sich senken,
Durch die tiefe Seele geht
Mir ein süßes Deingedenken,
Wie ein stilles Nachtgebet!....«

Die Kerch im Rondell

Am Anfang vun de 1800er Johre is ufm Prädium Pakatz, des wu zwischn Billed un Lowrin gelee hat, meischtens Gras gewachst un mer hat dort Rinder un Pherd gezicht. Des Land hat dr Herrschaft gheert, des ware die Bischoffe vun Agram, 's heitichi Zagreb. Weil uf dere schwarzi Erd alles gut gewachs is, hat mer dort im Johr 1833 a neijes Dorf angeleet, un weil nor ungarische Name erlaubt ware, un de Bischof Alexander gheescht hat, is des Dorf Sandorháza genennt gin, uf schwowisch also Schandrhaas. Die Herrschaft hat in Billed ihre Kaschtell ghat, mit me Präfekt, me Gfängnis un mit kroatische Pandure, wu die Dorfleit net grad mit Reschpekt behandelt hann. Erscht noh dr Revolution vun 1848 hann die Schandrhaaser ihre Feld vum Bischof abkaafe kenne, for e Preis wu for vill Leit zu hoch war.

Ens muss mer dem Bischof awr losse: Er hat dr Gmeinde a scheni Kerch baue gelosst. Wie mer vum Dorfplan un uf so manche Bilder gsiehn kann, steht die Kerch frei im Mittedorf, hat zwaa Turme, un die Landstroß muss e Boo um die Kerch mache. Dass die Kerch im Barock Stil gebaut is, des gsieht mer uf de erschte Blick. Die Turme stehn uf me gemauerte viereckiche Fundament wu Teel vum Kercheschiff is. Uf dem gemauerte Teel steht e Art Habkugl, un uf dr Halbkugl sin mehreri Pheiler angebrung, wu e konischi Spitz mitm Kreiz owwedruf traan. Die Halbkugl und die Spitz solle am Anfang angeblich mit holzene Platte abgedeckt ware, die sin awr später mit galvanisiertem Blech ersetzt gin. Iwr de Uhre, ich menn die Zifferbläter, kann mer e kleene Deckl ufschiewe un naus schaue. Des is the hechschte Punkt im Dorf vun wu mer die Umgebung betrachte kann.

Zwische de Turme in etwa halwer Heh steht e großes Bischoffs-wappn, ganz aus Eise hergstellt.

Etwas heecher, wu de gemauerte Teel zu dr Halbkugl iwwergeht, sin die Uhre ingebaut. Des sin eigentlich nor Zifferbläter, acht Stick drvun, awr wie die betrieb werre, is wirklich intressant.

Weil die Kerch frei im Mittedorf steht, hat mer se ingezeimt mitnr Art Eisezaun, wu zwische gemauerte Pheiler installiert is. In dem Eisezaun sin drei Tirle: ens vor dr Hauptir, ens vor dr Sakrischteitir, un ens gegniwwer vun er Sakrischteitir. Weil die Tirle immer uf ware, is mer dorch des Sakrischteitirle, hinne ums Kercheschiff, dann dorchs gegniwwer gelegeni Tirl, iwr die Damm, zum Rondeller Brunne Wassr hole gang. Vun dr Sakrischteitir hat e geplascherte Fußwech dorchs Sakrischteitirle un dorchs Rondell direkt zum Pharrehaus gfihrt. Wann de Pharre am Suntach vor dr Mess iwr de Wech in die Kerch gang is, hat er sich sicher noch sei Predich iwwerleje kenne.

Wann mir Buwe frieh zu dr Maiandacht kumm sin, war de Platz um die Kerch rum, zwische dr Kerch un dem Eisezaun, ganz gut for Rawre un Schandare spile. Do hat mer gut rumlaafe kenne, un die »Häeiser« ware ingebaut un eenfach zu erkenne.

Finf Tihre hann ins Inneri gfiehrt: vore war die Hauptir, dann ware zwaa Seitetire, a Sakrischteitier wu de Pharre, de Messner un die Messdiener benutzt hann, un uf dr anri Seit noch a Tir wu dr Sakrischteitir grad gegniwwer war, un in a selten benutzti Kammer gfiert hat. In dr Sakrischtei un aach in dere Kammer ware Treppe zu me kleene Balkon, wu mer Käwich genennt hat. Vun dort hat mer direkt uf de Altar gsiehn, die Kanzl hat mer awr garnet gsiehn, awr die Orgl hat aach dort gut geklung.

Die Kerch is im Zweite Weltkriech beschädicht un nohher dorch e greeßeri Reparatur widr instand gsetzt gin. Mir Buwe ware do immer drbei, un an me schene Mittach, wie die Arweiter alli mittachesse gang sin, is es uns gelung ganz owwe vun dr Halbkugl in die Spitz zu krawwle. Des war iwrhaupt net erlaubt, weil's doch gfährlich war. For mich bleibt 's awr e unvergessenes Erlebnis, weil ich iwrzeiht war, dass ich vun dort owwe in dr Spitz die Berche gsiehn hann. Ich war domols so zehn oddr elf Johr alt, un hann mer die Berche so wie große Laabschuwwre vorgstellt. Des ware die erschte Berche wu ich gsiehn hann, un die ware ganz weit wech. 'S hat noch etlichi Johre gedauert, bis ich wirklichi Berche gsiehn hann.

Vun 2016 an, werd die Kerch in dr Nacht mit moderne LED Lichter beleicht, Des hann ich leider nor uf me Bild gsiehn kenne, dort schaut 's awr wirklich gut aus.

Ich meht noch erwehne, was mich drzu gebrung hat, die Kerch zu beschreiwe: Heitzrtaa kann mer eenfach net wisse, was länger stehn bleiwe werd: die Kerch im Rondell, oddr ihre Beschreiwung in 'me Buch oddr im Internet?

R.-K. Kirche von Alexanderhausen

In dr Kerch

In dere Kerch sin ich getaaft gin un sin zum erschtemol beichte un zur Kommunion gang. Die Firmung hat de Bischof drauß im Rondell abghal. Ich wer jetz versuche, 's Inneri vun dr Kerch zu beschreiwe, so wie's in meiner Erinnerung weiterlebt.

Wann mer dorch die Haupttiehr ingetret is, war links 's heilichi Grab, wu nor in der Karwuch ufgschperrt is gin. Rechts um e Pheile rumm ware die breete runde Treppe wu ufs Chor gfiert han. Gradaus ware zuerscht e ingebautes Weihwassrgfäs links un e anres rechts, dann ware e Reih Bänk links un e anri Reih rechts. In dr Mitte vor de zwaa Reihe Bänk hat e große Luschter mit ville Kerze vum Plafon runner ghong.

Links un rechts ware die zwaa Seite-Altare. Vor dene war vun de Bänk bis ans Eise e große Stehplatz. Zwischn dem Seitealtar uf dr Linksi Seit, vorm Eise, war unne 's Taafbecke un owwe die Kanzl. De Pharre hat vun dr Sakrischtei aus e Gang »dorch die Mauer« ghat, wu ne vun dr Sakrischtei direkt uf die Kanzl gfiert hat Dieselwi Treppe sin weitr bis zu me kleene Balkon gang, wu mer de Käwich gennent hat. De Plafon vun dr Kerch war rund odr bessr gsaat halbrund un mit gemolte heiliche Bilder verziert.

'S Eise war e Gitter wu mer sich zu dr Kommunion hingekniet hat. Ganz vore war de Altar, e Seitetir zu dr Sakrischtei un eeni zu dr unbenutzti Kammer. An dr Seit vun dr Sakrischtei war de Himmel (Baldachin) an dr Mauer ufgstellt. Unrm Himmel war a Thron wu selten benutzt is gin. Uf dr anri Seit war de Beichtstuhl. De Altar war vore in dr Mitte, zwische zwaa bemolte Finschtre. Vorm Altar hat's ewichi Licht vum hoche Plafon runner ghong, ganz genau im Mittlpunkt vum Dorf.

Wan mer die Treppe nuff zum Chor gang is, war links a zugschperrti Tir wu in die Turme gfiehrt hat. Dann is mer hinner die Orgl kumm, a helle Platz mit me große halbrunde Finschter. Rechts un links ware dann die zwaa Hälfte vum Chor, wu sich and dr Mauer entlang hingezo han, jede mit ihrem eiserne Gitter. Im mittlere Teel war die großi Orgl un vor dr Orgel e Platz for de Kantor un die Singmädle.

Wan mer vun hinner dr Orgl net uf de linkse Chor abgedreht hat, is mer in a kleene Raum direkt unr em linkse Turm kumm. Dort han vier Stricke runnerghong, jedr vun eener Glock. An eener Seit war e Finschter un uf dr anri Seit war hinner e Brettrmaur de Blosbalch for die Orgl. E gutes Stick Stang hat aus dr Brettrwand rausgstann in e Art Kischt. Dort hat de Orgeldricker gstann un hat mit eem Fuß immer uf die Stang getret, so dass sich dr Blosbalch mit Luft gfillt hat. Nor so hat de Kantorlehre sei Orgl spile kenne. Die Orgl hat e außrgwehnliche gute Klang ghat, was sogar Spezialiste heit noch erwähne.

Als kleene Buwe han mer in dr Mess rechts vore am Eise gstann un die kleene Mädle han links gstann. Wie mer schun Messdiener ware, han mer derfe ufm Käwich stehn. Spätr han mer links ufm Chor gstann, ganz in dr Näh vun dr Kanzl. Uf dr rechtsi Seit vun dem halbrunde Chor han die Männer gstann, mehr an Weihnachte un wenicher an me gweenliche Suntach. Die Weiwr han derfe in de Bänk sitze. Manchi vun ihne han ihre feschte Platz ghat, wie die Katitza, wu die Vorbeterin war un in dr erschti Bank rechts gsitzt hat.

Ich erinner mich an e Suntach wu de Messner net do war un ich han mit alli vier Glocke zsammleite misse, eeni noh dr anri, die große han jo weitergeklung wann mer de Strick freigelosst hat. Des hat sich schun mehr wie 's Sterme angheert, nor gut dass niemand gmennt hat es brennt irgendwu. Vun dr Kanzl han ich so manchi scheeni Predich gheert. An me Missionstach hat e Gascht gepredicht un hat

drbei so manches gsaat, was mer in dere Zeit net hat saan derfe. Erscht villi Johre spätr han ich erfahr, dass er doch in me kommunistische Gfängnis ingschperrt is gin.

Mir Alte wu dort getaaft sin gin, wu dort Messdiener ware, wu dort geratscht han und die Maiandacht un die Mette erlebt han, werre die Kerch immer im Gedächtnis ufbewahre.

Taufschein Nikolaus Tullius

Die Kerchuhr

Die gweenlich zugschperrti Tir uf eener Seit hinner dr Orgl hat zu de Turme gfiehrt. Wann mer do ruffgstieh is, is mer zuerscht uf a große Platz zwische de Turme kumm, uf drselwi Heh wie de Plafon vum Kercheschiff. Vun dort hat mer dann kenne in de linkse Turm steije, wu die vier Glocke ware, oder in de rechtse Turm, wu die Kerchuhr war.

Zuerscht hat mer die Zwaa Gwichter gsiehn: zwaa große eiserne Kugle hann an Stricke runner ghong. Die Kugle ware mit Sand gfillt un ihre Stricke hann ins Uhrheisl gfiehrt. Dann war de Partikl (Pendel) wu hin unher gang is. Die eigentlichi Uhr war in me kleene Heisl installiert, des wu aach zugschperrt war. Nor de Messner un de Vetter Franz, unser Uhremacher, hann Schlissle drzu ghat. Eenmol in dr Wuch hat de Messner die Uhr misse ufziehe. Die Dreh for des war greeßer wie die Drehe vun me Kukruzriwwler oder vun eener Windmihl.

Wann mer in des Uhrheisl ingetret is, war's wie wann mer in a riesichi Zimmeruhr ingschtie wär. Die mächtich große Zahnrädder ware alli aus Eise gemacht, jedes enzelni mit dr Hand. Wie mer die Uhr schneller oddr langsamer gehn gmacht hat, des hat nor de Vettr Franz gewißt.

Was awr noch inressanter war, war wie mer die richtichi Zeit zu dene acht Zifferblätter, vieri an jedm Turm, iwrtraa hat. Die zwaa Zifferblätter wu zwische de Turme nor wenichi Meter vunenaner wech ware, hat kaum jemand vun unne so richtich gsien kenne, sie ware awr ingebaut, weger der Perfektion. Owwe aus dem Uhrheisl hat e vertikale Eisestang in die Heh gfiehrt, wu am End e Zahnradd ghat hat. Uf dr Heh vun de vier Zifferblätter hat des vier Zahnrädde betrieb, jedes is zu eem Zifferplatt gang.

Unne aus dem Uhrheisl is a vertikale Eisestang runner gang, die hat uf dem große Platz zwische de Turme e horizontali Stang betrieb, wu widr a vertikali Stang betrieb hat, wu bis zu dr Heh vun de vier

Zifferblätter vum linkse Turm gstie is un se betrieb hat, mit drselwi Iwrsetzung wie im rechtse Turm.

Dann hat die Kercheuhr misse die Viertlstunde schlaan, mit me Hammer an e mittleri Glock, un die Stunde mit me Hammer an die großi Glock. Drzu hat mer ke Zahnräddr gbraucht, awr widr Eisestange wu die Kommandos vun der Uhr im rechte Turm, zu de Glocke in linkse Turm iwrtraan hann.

Die ganzi komplizierti Mechanik hat zu meiner Zeit immer gut funktioniert. 'S is awr vrständlich, wann des heit net mehr so funktioniert un aach schwer zu reparire wär. Heit kennt jedes Zifferblatt sei eigeni elektrischi Uhr hann, un mer misst die acht Uhre dann synchronisiere, dass se immer alli die selwi Zeit zeiche. Oddr noch besser, jedi Uhr kennt sich automatisch iwr Radiowelle immer uf die genaui Zeit instelle. E solchi moderni Anordnung wär net nor meeglich, sie wär aach mechanisch vill eenfacher, awr die ganzi romantischi Mechanik wär dann verlor. Mir Alte sin awr froh, dass mer die alte Zeite mitgmacht hann, weil ihre Technik uns heit so romantisch scheint.

Unser Kriegerdenkmal

Unser Schandrhaaser Kriegerdenkmal hat's ganzi siedlichi Viertl vum Rondell inghol, also zwischn dr Hauptgass un dr Gass geger Ujhel. 's war also im Mittedorf un nor e paar Schritte vun dr Kerch gelee. Des war wie e Park, mit 'me hoche Drohtzaun runderum, mit drei Tihrle un drei Weche mit Tannebeem an ihre Seite. Die Weche ware mit Kisslsteen bedeckt un hann vun de Tihrle zum Monument gfihrt. Dort hat uf 'me vier Meter hoche Sockl e bronzeni Statue gstann vun 'me Krieger, wu grad im Kampf umkumm is un sei Schwert un Schild falle losst. Des Monument steht aach heit noch uf seim Platz.

Uf dr Vorderseit vum Sockl war »Unseren Helden 1914-1918« ingraviert un uf der Hinnerseit »Den für die Vaterscholle Gefallenen errichtet von der Heimat und den amerikanischen Landsleuten«. An de zwaa Seite ware die Name vun de 62 Gfallene ingraviert. Wie des Denkmal 1933 ingeweiht is gin, ware hunnerti Gäscht vun de Nochberschderfer un vun Temeschwar ingelaad. Unter ihne war Kaspar Muth, de Obmann vun dr Volksgemeinschaft der Banater Schwaben, wu jo aus unsrer Nochberschgemeinde Lovrin gstammt hat.

Die Feschtpredich un Segnung hat de Dechantpharre Gehl ghal, 's Hochamt hat de Domherr Wegling aus Temeschwar zelebriert, Kapläne vun de Nochberschderfer hann assistiert. Dann hat unser Pharre e Ansprach ghal, unser Richter hat's Denkmal for die Gemeinde iwrhol un de erschte Kranz niedrgeleet. Des hat alles in dr »Temesvarer Zeitung« gstann. Net erwehnt is dort, wie unvergesslich em Maticza-Pharre sei Red war. Er hat vun dem schreckliche Weltkriech geredt un am End dene Politiker ins Gwisse geruf: »Nie, nie wieder Krieg!« Die wu dort ware, hann sich noch johrelang an des erinnert: Do is ke Au trucke geblieb. Un doch is widr e große Kriech kumm.

Ich erinner mich, wie mer als Erschtklässer bei 'ner Heldentachfeier am Kriegerdenkmal drbei ware. Mir hann um des großi rundi Stick Erd gstann, wu um die Statue rum schen hergericht war. De Pharre, villeicht aach de Kantorlehrer, hat die Name vun de Gfallene dr Reih noh vorgelest, un noh jedem Name hat eene vun un Schiler e Ros in die Erd gstoch un gsaat: »Er ruhe in Frieden«. De Kerchechor hat Lieder gsung un die Blechmusik hat »Ich hatt' einen Kameraden« gspilt.

Johre später, wie mer Ratschebuwe ware, so um 1948-1949 rum, hann mer ausm Kriegerdenkmal Tanneäscht ghol un drmit newer dr Kerch e Feier gmacht. Des war frieh an 'me kalte Morjet, un manchi vun uns hann aach noch die Mumps ghat.

In eem Johr is vore im Kriegerdenkmal e großes Loch gegrabt gin. Dort hat mer die gfallene Rotarmiste aus der Umgebung vun Schandrhaas vun ville Gräwer ausgegrabt, zammgetraa un begrab. Net lang drnoh hat mer se alli widr ausgegrabt un in Semiklosch begrab, wu se hoffentlich aach heit noch ruhe. Bei uns hann die Leit drzu gement: »Die werre ihre Knoche am jingschte Tach nimmi zamm finne«.

Kriegerdenkmal von Alexanderhausen

Heit stehn ke Tannebeem im Kriegerdenkmal, e niedriche Zaun steht awr noch un 's Gras wachst bis zum Monument. Die Leit wu heit in Schandrhaas lewe, halle 's Kriegerdenkmal awr in Ehre un leje an ihre Feiertäch aach mol e Kranz vor em niedr. Awr do fehlt doch etwas! Do misste noch 118 Name stehn: 62 Gfallene in dr rumänischi un deitschi Armee, 34 in dr USSR-Deportation, 5 in dr Bărăgan-Deportation, un 17 Ziviltote vun dr Front im Herbscht 1944 in unsrem Dorf.

Des sin unser Helde ausm Zweite Weltkriech, die hann aach ihre Lewe gelosst for des Dorf, wu doch for uns alli die enzichi Heimat war. Die Owere fange de Kriech an und die klene Leit sterwe im Kriech, in dr weiti Welt un sogar im eigene Dorf.

Mit dr Eisebahn

Wer erinnert sich noch an die alte Zeite, wu die Bahn 's wichtichschti Vrkehrsmittl war? Schun im Johr 1894 is die Linie Temeschwar-Tschanad in Betrieb gsetzt gin un Schandrhaas hat sei eigeni Station kriet. Soweit wie ich mich erinnre kann, hat mer dann immer morjets in die Stadt fahre, un oweds zuruck kumme kenne. Der Zug hat so siwwe bis zehn Waggone un e Dampflokomotiv ghat. Gleich noh Mittach hat mer aach vun Temeschwar zuruck kumme kenne, mit'me Motorzug wu nor zwaa oddr drei Waggone ghat hat. De Motorzug is dann gegr Owed zuruck uf Temeschwar gfahr. Die Laschtzig sin unreglmäßich verkehrt, hann awr bei uns Krumbiere, Maschtschwein, un was mer sunscht hat kenne exportiere, ufgelad.

Die Lokomotive hann an de Seite Metallplattn ghat wu ihre heechschti Gwindichkeit angin hat: 60 km/h. Weil de Personezug awr in Billed, Betschkerek un Bschenwa stehn gebliebe is, hat er sei Hechschtgwindichkeit kaum erreiche kenne. 's hat also e guti Stund gedauert, vun Schandrhaas uf Temeschwar fahre.

Greßeri Gruppe wu mit dem Zug gfahr sin, ware in dere Zeit, also in de 1940er un 1950er Johre, die Arweiter, die Schiler un die Fratschlweiwer. Die meischte ware vun Billed, Betschkerek, Bschenwa un Schandrhaas, awr 's ware aach immer Leit vun Lowrin, Tribbswetter, Semiklosch, un Tschanad wu in Temeschwar zu tun ghat hann.

Gleich nohm Kriech ware die Zig oft iwrfillt, die Leit hann uf de Treppe gstann un hann sich an de Stangen anghal, wu 'ne nor beim Insteie hann selle helfe. Manchi hann sogar ufm Dach vun de Waggone gelee. Die Karte wu vrkaaft sin gin hat niemand gezeehlt un bei de iwrfillte Wagons is de Kartezwicker oft net dorchkumm. So sin manchi Leit aach umsunscht gfahr. In Schandrhaas hat mer meischtens noch a Sitzplatz uf de holzene Bänk kriet. In Billed, Betschkerek, Bschenwa war oft nor noch Stehplatz, awr die Fahrt bis in die Stadt war jo aach kerzer.

Die Arweiter un Schiler wu jede Taa hin un her gfahr sin hann Monatskarte ghat un hann net misse jede Taa e Kart lese. Im Frihjohr un im Summer war des tägliche Hin- un Herfahre am schenschte. Morjets un oweds war's noch hell, die Luft war warm un mer hat sogar die Finschtre im Waggon ufmache kenne. Im Winter war in de Waggone oft dicki Luft, iwrhaupt wann manchi Fahrgescht geraacht hann. Die meischti vun de Arweiter un Schiler im Morjetszug hann sich oft aach ausgschloof, im Sitze un manchmol aach im Stehn. Am Montachmorjet war des so gut wie immer de Fall.

Im Owedszug is oft gsung gin. Do ware die Billeder Mädle un Buwe am beschte, wann se so zsammgsitzt hann un die alte un neie deitsche Lieder gsung hann. Ich hann mich oft gwunnert, wu hann se nor die neie Schlager glernt? Manchi Leit misse noch Radios ghat hann, un misse die westliche Sender ingschalt hann, die wu jo eigntlich verbott ware!

Dr Bahnhoff war mol sehr wichtich

Die Schine sin vun Billed aus newe dr Landstroß vrlaaf. Vor Schandrhaas hann se sich gegr links abgeboo, so dass se ums Dorf rum vrlaaf sin. Dort wu se links abgeboo sin, ware aach die Wechsle wu de Zug in eeni vun drei paralleli Gleise dirigiert hann. Newe dene drei Gleise hat die Station, also des Stationsgebeide gstann.

Des war e stockhoches Gebeide, owe hat the Stationschef mit seiner Familie gwohnt (wann er eeni ghat hat) un unne war die Kanzlei un de Wartesaal. 's war also genau so wie die anre Bahnstatione in de Banater Derfer. Wann mer awr e Moment iwrleet, was sich do in hunnert Johr alles zugetraa hat, dann is es for villi doch e wichtiche Erinnerungsplatz.

Zu eener Zeit war de täglichi Betrieb mit Fratschlweiwer un Leit wu in dr Stadt etwas zu tun ghat hann, also meischtens etwas vrkaafe oddr etwas inkaafe. Nohm Kriech sin die Arweiter jede Tach morjets in ihre Arweit gfahr un oweds widr zuruck kumm. Domols hat in Temeschwar nor e feschti Anstellung kriet, wer e Wohnung nohweise hat kenne. Beim Wohnungsamt hat awr nor e Wohnung zugewies kriet, wer e feschti Anstellung nohweise hat kenne. Des nennt mer heit eine »no-win-situation« (wann halt alli verliere).

De Wartesaal in unsrem Bahnhoff war klen un 's eenzichi Licht is vun dr Kanzlei kumm, dorch des Finschter wu aach de Schalter war also wu mer gezahlt hat un die Fahrkart kriet hat. Dr Stationschef hat des nor korz bevor de Zug kumm is ufgemacht, un im Zug hat mer ke Karte lese kenne.

Dann ware die Dorfleit wu in dr Stadt arweit hann un mir Schiler wu in Temeschwar in eeni vun de ville Schule gang sin. Die Arweiter un Schiler hann wenichschtens Monatskarte ghat un hann ke täglichi Karte lese misse. Wann se im Wagon e Sitzplatz kriet hann, hann se sich oft hingsitzt un hann weitergschlof.

Eemol im Johr sin die Rekrute vun dr Assentierung hemkumm un sin am Bahnhoff mit dr Musich abghol gin. Im 1943 sin die erschte

‚refugiaţi' vun Bessarabien im Dorf ankumm. De Briefträger odr de Postmeister hat jede Owed sei Sack mit Briefe am Bahnhoff abghol.

Schun immer hann junge Männer wu ingerickt sin, am Bahnhoff Abschid ghol vun ihre Vrwandte un Freind. Im Kriech hann die Abschide immr vill Träne gekoscht, weil mer net gewisst hat ob se for immer sin – un se ware oft for immer.

Wie traurich de Abschid for die Leit war, wu uf de Baragan vrschleppt sin gin, kann mer sich heit kaum noch vorstelle. Die Wagone hann zuerscht ufm Abstellgleis gstann, mer hat net gewisst for was se dort ware, bis des Militär die Leit zamm getrieb hat, mit dem bissl Hab un Gut wu se hann derfe mithole. Die uf Russland Vrtriebene hat mer jo uf Perjamosch getrieb un dort inwagoniert, awr die wu des Glick ghat hann zu iwrlewe un zuruck zu kumme, hann am Bahnhoff widr ihre Dorf betreet.

Was se an dem Bahnhoff erlebt hann, were villi Schandrhaaser nie vergesse kenne, wu immer 's Lewe se hingfiehrt hat. Des Gebeide werd uns im Gedächtniss bleiwe so lang wie mer lewe, e Denkmal vun vill Freid un ville Träne!

Noh dr Wende vun 1989 is 's Auto aach im Banat Kenich gin, wie im Westen. Die Leit sin jetzt ufs Auto umgstie und die Bahn hat sich net mehr rentiert. Die Zig un die Schine sin nimmi instand ghal gin un die Stationsgebeide leidr aach net. Die Schandrhaaser Station is zuerscht in e Haltestelle umgewandelt gin un unlängscht schnell un billich in e Wohnhaus! Wer hat schun geahnt, dass dort so e Wohnungsnot herrscht?!

Die Schandrhaaser Dorfbrunne

's is kaum zu glawe, wie villi Brune in so'me Schwowedorf ware. Bei uns in Schandrhaas hat so zimmlich jedes Haus sei Brunne ghat, meischtens a Schwenglbrunne. Die ware net sehr tief, runderumm mit Ziglsteen odr Zimentrohre ingfasst. Am Schwengl hat a holzeni Stang ghong, mit 'me Eemer am End. Mit dere Stang hat mer de leere Eemer zimmlich leicht runner losse, un 'ne dann voll Wasser ruff ziehe kenne.

Newe dem Brunne hat oft a Trooch odr a Fass gstann, wu mer hat kenne 's Viech tränke odr aach sich im Fass bade. De Brunne war meischtens mit'me holzene Rahme umgfasst, so dass Mensche un Viech net ningfall sin. Manchi Leit hann de Schwengel mit'ner Roll ersetzt, dann hat mer an 'me Rad so groß wie e Waansrad gdreht, um de Eemer ruff odr runner zu losse. Anri hann de Brunne zugeleet un a Pump druffgsetzt, der war dann eenfacher zu bediene, awr mr hat ke Milone un aach ke Rakiflasch mehr inkiehle kenne.

Manchi Leit hann druff bstann, dass ihre Brunne gutes Wasser ghat hat. Des hat mer awr wirklich net behaupte kenne, weil des Wasser iwrall hart war. Mer hat drmit Supp koche kenne, sogar Tee odr Kaffee, mer hat's sogar trinke kenne, awr for die Wäsch hat mer Reenwasser gebraucht. Jedes Haus hat for dess sei Reenbrunne ghat, der war awr nor e gemauertes Loch in der Erd, wu mer 's Reenwasser vun eener Dachrinn ufghob hat.

Besseres Trinkwasser hat mer vun de Pumpbrunne ghol. In dr Mitte vun jedm Dorfviertl, dort wu sich die Newetsgasse gekreizt hann un mit de schrächgstellte Häiser so e Achteck gebild hann, hat e Pumpbrunne gstan. Im Schulhoff hann mer aach e Pumpbrunne ghat; vun dem kann ich saan, dass 's Wasser net gut gschmeckt hat, weil de Brunne jo net tief war.

's beschti Wasser im Dorf hat mer vum Rondeller Brunne hole misse. Der hat newer dr Kerch gstann, uf dr anri Seit vun dr Landstroß. Er is im 1920er Johr gebohrt gin un war hunnert Meter tief (nor gut dass se net uf Erdeel gstoß sin!). Des Wassr hat mir un anri besser gschmeckt wie 's Leitungswasser in Temeschwar. Die Pump war so hoch, dass mr owwe a Rohr angebrung hat, wu die Feierwehr hat kenne drunner fahre un ihre Wasserween odr Zisterne fille.

De Rondeller Brunne is aach Busselbrunne genennt gin, weil's efter vorkumm is, dass sich dort am Owed zufällich Mädle un Buwe getroff hann – was dann passiert is, gell, des wees jo a jeder.

Heit hat's Dorf aach Wasserleitung un de Busselbrunne steht nimmer uf seim Platz. Un außerdem hann die Gasse elektrischi Beleichtung. Des is so de Fortschritt. Mir Alte denke awr manchmol an drhemm, an die alti Zeit, un an die alti Brunne zuruck. Am schenschte hat des villeichr unsr Landsmann Hans Wolfram Hockl gsaat: »Wie die Johr so schnell vergehn, / die mei Kruch ball fille, / Eemol norr mecht ich dort stehn / Un mei Dorscht noch stille«.

Die Schandrhaaser Dampfmiehl

De Vettr Domnik war e Rossmiller wu im Johr 1904 vun Oschtre uf Schandrhaas kumm is. Ufm Dorfplan vun dr Ansidlung sin zwaa Rossmiehle zu gsiehn: eeni am Dorfend gegr Uihel, un eeni am Dorfend gegr Warjasch. Im Johr 1904 is die Rossmiehl gegr Warjasch ufgeleest gin, awr de Vettr Domnik hat die Rossmiehl gegr Uihel noch bis zum Erschte Weltkriech betrieb.

Weil 's Dorf awr e Miehl gebraucht hat, is im letschte Haus an dr Gass gegr Uihel a neimodischi Miehl gebaut gin. Mer hat se a Dampfmiehl genennt, awr in de verzicher Johre is se mit me Dieselmotor (technisch eigentlich e Halbdiesel- odr Hubkolbenverbrennungs-motor) betrieb gin. Der Motor war so intressant, dass ich vrsuche will ne zu beschreiwe.

's Miehle-Gebeide war stockhoch, es enzichte stockhoche Gebeide im Dorf, außerm Bahn-hofgebeide.

Es hat sei eigene Strom for sei elektrischi Beleichtung erzeicht. Gegr die Hutwed war e haushoches Auspuffrohr gstann, manchi hann des e Raafang genennt. Wann de Motor gelaaf is, hat der Auspuff e weit heerbares Puff-Puff-Puff ... gemacht. Der Motor hat sei eigeni Wasserkiehlung ghat un mir Kinner hann bal rausgfunn, dass des warmi Wasser iwr e etwa hunnert Meter langes, ingegrabtes Rohr in die Klemenskaul gfloss is. Des war e zimmlich flachi Kaul, wu oft ganz ausgetruklt war.

De Motor war e wirkliches Wunner. Er hat nor eene Zylinder ghat, awr der war groß un horizontal montiert. Dann hat er 's greschti Schwungrad ghat wu ich je gsiehn hann, greeßer wie e Mann. Er hat sei eigeni Elektrizität erzeicht, wie gsaat, un er hat sei eigenes Kiehlwasser gepumpt. Außrdem hat er e Stahlzylinder mit Pressluft gfillt, un des is zum Anlaafe ufbewahrt gin. Wann die Pressluft irgendwie verlor gang is, hat e Mann in des Schwungrad insteie kenne for des umdrehe un de Motor in Bewegung bringe. Des war awr gfährlich, un es is gsaat gin, dass e Mann drbei umkumm is, weil er net schnell genuch aussteie hat kenne, wann de Motor angelaaf is.

De Motor hat in're eigeni Kammer gstann, hinne gegn die Kaul. Die Kammer hat e Glastihr ghat un mir Buwe hann langi Zeit dort gstann un unser Gsichter an des Glas gepresst, for de Motor un sei Drumundran gsiehn. Gleich newer dr Tir war die elektrischi Schalttafl mit mehreri elektrische Biere un Messuhre, wu die Volt un die Amper angezeicht hann. For mich war die ganzi Installation so intressant, dass ich heit noch driwwer spekuliere kann, ob des vielleicht dran Schuld war, dass ich spätr finf Johre lang bein Polytechnikum Elektrotechnik studiert hann.

Die Leit hann ihre Säck Frucht in die Miehl gebrung un hann ihre Mehl un die Kleie in separate Säck hemgfiehrt. Mitm Mehl hat mer die große Leeb Weißbrot gebackt, weil niemand schwarzes odr braunes Brot gess hat. Die Kleie hann die Schwein griet, drum ware se aach so gsund un dick. Vun de Weizekeime hat mer domols noch nix gwisst.

De Vettr Domnik hat immer druf bstann, dass die Miehlsteen vun dr Rossmiehl bessres Mehr erzeicht hann wie die Dampfmiehl. An des muss ich oft denke. Mir kaafe heit manch-mol e Leeb Brot, was aus Mehl geback is gwor, wu mit Miehlsteen gemahle is gin. Des Brot schmeckt wirklich gut un koscht aach mehr. Vielleicht hat de Vettr Domnik doch recht ghat?

De Miller Dominik Simone hat em Konschitzky Walther noch 1970 iwr sei Beruf verzehlt. Des kann mer im Buch »Dem Alter die Ehr« (Bukarest 1982, S. 344-345) nohlese.

»Jetz sin ich enunneinzich Johr alt. Unser Familie werd immer ‚internationaler‘: Ich sin aus Selesch, mei Weib wor aus Wiseschdia, mei Sohn, de Jakob, is in Schandrhaas gebor, sei Weib is aus Klenbetschkerek, un mei Enkelskind, de Werner, hat sich vorichi Woch mit em Mädl aus Guttebrunn verheirat. Un jetz hoff ich, dass mit dem junge Ehepaar, wann unser Rossmillersgschicht in der Familie aa schun abgeriss is, wenichschtens de Spitzname ‚Miller‘, dee wu mir Simones alli noch traan, so gschwind net aussterwe werd.«

Die Kaule vun Schandrhaas

Unlängscht hann mehreri Schandrhaaser iwr die Kaule wu mer im Dorf ghat hann geredd. Wievilli ware des, wu hann se gelee, wie hann se gheescht un bestehe se heit noch? Im ältere Teel (Nikolaus Hans Hockl, 1933) vum Hunnertjohrbuch (Alexanderhausen – Werden und vergehen einer Banater Heidegemeinde, München 1987) were finf Kaule uf dr quadradischi Hutwed ufgezählt: 1. Hanfkaul; 2. Kleemannskaul; 3. Sandkaul; 4. Schteenkaul; un 5. Wambachkaul. Des war also die Lage um 1933 rum.

Schaue mer se uns also dr Reih noh an. Die Hanfkaul hann ich gut gekennt weil se zum Territorium gekehrt hat, wu mer uns als Buwe im Summer oft rumgetrieb hann. Dort hann mer sogar gebad, wann 's Wasser aach net grad gut gschmeckt hat. Die Kaul hat an me Grawe gelee, wu vun dr Bahnsbruck zum Kreiz an der Uiheler Stroß gang is. Der Grawe war aach die Grenz zwischn Hutwed un Feld. Gegr die Mitte vun de verzicher Johre hat niemand mehr Hanf angebaut, awr die Kaul is spätr wahrscheinlich ausgetruckelt weil de Wasserstand iwrall nidricher war. Ich glaab net, dass se spätr ufgfillt is gin, oddr dass der Teel Hutwed umgeackert is gin (villeicht »um die sozialistischi Agrarproduktion zu erheeje«?). Vun sowas hann ich aach bei Google Maps un sunschtwu im Internet ke Spur gfun.

Die Kleemanskaul war sicher die wu mer zu meiner Zeit »Milanskaul« genennt, weil der Milan sei Schmittwerkstadt newe dran ghat hat. Dort sin mer im Winter schleife gang un aach mit selwergmachte Schlittschuh un a Phol mit me Nagel am End stundelang iwr 's Eis gfahr. Die Kaul hat uf dr Hutwed gegr Lowrin gelee, ganz in dr Näh vun dere Reih Heiser wu dort gstan hat. Ens von dene Heiser muss irgendwann 's Kleemanshaus gwen sin, wu dere Kaul domols wahrscheinlich de Name gin hat.

Die Sandkaul hat uf dr Hutwed gegr Warjasch gelee, e gutes Stick vum Dorf weg. Des war die greeschti un tiefschti Kaul, wu mer sogar in ganz truckene Summre noch e bissl Wassr gfun hat. Außrdem war ihre Wasser sauwerer wie in de anre Kaule, weil de Bottm wirklich sandich war. Des war wahrscheinlich de eenziche Platz im Dorf, wu mer hat kenne Sand hole.

Vun dr »Schteenkaul« heescht's im Hunnertjohrbuch, dass mer dort Kootzigle gschlaa hat. Wahrscheinlich hat mer vun dort – un vun anre Kaule – aach Grund (Erde) hemgfiehrt for die Heiser stampe. Die Kaul hat aach uf dr Hutwed gegr Warjasch gelee, net weit weg vun dr Sandkaul. Mir hann se Grundkaul genennt.

's bleibt uns noch die Wambachkaul zu erkläre un des is net eenfach. Wann mer bei https://www.google.com/maps/place/Şandra,+Romania nohschaut, were drei Kaule gezeicht: Die Kleemanskaul (Milanskaul), die wahrscheinlichi Wambachskaul, un die großi Sandkaul. Die Hanfkaul erscheint noch als e ausgetruckelti Vertiefung, awr vun der Steenkaul (oddr Grundkaul) is nix zu gsiehn.

's wär sicher interessant, des ganzi vor Ort zu inschpiziere, awr des muss ich schun jingere Leit iwrlosse, wann se noch dran intressiert sin.

Die Elektrifizierung in Schandrhaas

Des is kaum zu glaawe, awr in de verzicher un am Anfang vun de fufzicher Johre hat unser Dorf noch ke Elektrizität ghat. Wann de Mond net gscheint hat, ware die Gasse am Owed dunkl un es war unmeeglich die Leit wu langscht gang sin zu kenne. Wann se Deitsche ware hät mer jo selle Gutnowed saan, awr oft hat mer des erscht nohher feschtstelle kenne, un manchmol iwwerhaupt net. Wann awr e Bu e Mädl hemgfiert hat, war's besser wann mer se net gekennt hat, dann hat wenichschtens 's Dorfradio nix zu vermelle ghat.

Im Haus hann die Eel-Lichter gebrennt, so lang wie mer Petroleum ghat hat – manchmol hat mer der Kooperativa Ajer vrkaafe misse, dass mer Petroleum kriet hat. Ich erinnr mich noch, dass ich mol e Fettlicht benutzt hann for e Buch lese. Des hat net vill Licht gmacht un hat drbei aach noch gstunk.

Erscht im Johr 1954 is de erschte elektrische Strom ingfiehrt gin, erzeicht vum Vettr Juri seinm Schroter. De Vettr Juri war eene vun de Männer wu im Erschte Weltkriech in dr esterreichi Armee odr in dr Honved gedient hann, un vun dort in russischi Gfangnschaft gerot ware. Im Uralgebiet hann se die Oktobrrevolution erlebt: Sie ware dann frei un sin mit ihre vorheriche Bewacher uf Bärejacht gang. Wie se dann hem kumm sin, hann se a guti Meinung vun dere Revolution un vum Kommunismus mitgebrung. Sie hann dran geglaabt, dass des System Gleichheit un Briederlichkeit bringe werd. Un sie ware aach iwwerzeit, dass des System in die ganzi Welt un aach zu uns kumme werd.

Im 1954 hat de Vettr Juri vun irgendwu a Generator ufgetrieb, hat ne mitm Motor vun seim Schroter betrieb, un de erzeichte Strom an die inzwischn ufgebauti Gassebeleichtung geliwert. Des war schen un gut, awr vill Leit hann aach ihre Heiser wille angschloss hann un sin aach angschloss gin. Die Zeit is kumm, wu de Vettr Juri die Leit im Gmeindehaus hat misse vrständiche, dass sei Generator am End vun seiner Leischtung war un ke weiteri Anschlisse verkrafte hat kenne. Die Fiehrung hat des awr net heere wille un hat weiter Vrbraucher angschloss.

's is dann kumm wies hat kumme misse. Wann de Generator iwrlaad war, har er sich iwrhitzt un hat sich eenfach abgschalt. Wann er sich dann abgekiehlt hat, hat mer ne widr inschale kenne. Die Leit sin angewies gin, Strom zu spare un nor eeni Bier inzuschale. Drzu hat die Bässl Nani gemennt: »Ich zahl doch for finf Biere, dann kann ich se aach alli inschale«. Un anri Leit hann sich desselwi gedenkt un aach drnoo ghandlt.

E Zeitung vun Temeschwar hat de Zustand so beschrieb: »Wann's em Vettr Juri infallt, dann schalt er de Werktätiche eenfach de Strom aus«. Weil des awr Unsinn war, hat's de Vettr Juri vill geärchert. Er hat sei Beschtes getun, um dem Dorf Elektrizität zu liwre, awr gegr e iwwerlaschtete Generator is noch ke Kraut gewachst. Außrdem war er doch so etwas wie a Sozialist oddr sogar e Kommunist, lang bevor die Dorf-Bosse gebore ware. Vor dr Enteignung hat er awr de Schroter ghat, un aach e Dreschmaschin, e Traktor, un aach noch Feld. For die Partei war er also e Chiabur, odr e Kulak, e Ausbeiter, un iwr so eene hat mer alles schreiwe derfe, weil des zum Klassekampf drzu gheert hat.

In de sechzicher Johre is die Gemeinde dann doch ans Hochspannungsnetz angschloss gin. Die Bässl Nani hat jetz so villi Biere inschale kenne wie se will, awr mit 'me klene Unnerschied: In ihrem Gang war e Stromzähler ufmontiert, un sie hat for ihre Stromverbrauch richtig zahle misse.

De Vettr Matz un sei Garte

For mich war er domols de Quintus Vettr Matz un is es aa bis heit (im Juni 2019) geblieb. Awr eigntlich hat er Mathias Gehl gheescht. Er war schun in Schandrhaas uf die Welt kumm, awr sei Vattr war vun Tschaddat, dem spätere Lenauheim, in unser Dorf ingwanert. Mir ware ach ganz nächst vrwandt: Sei Weib, die Bässl Kathi, war meim Lukas Großvattr sei Schwester. In de verzicher Johre hann mei Oma un ich de Vettr Matz un die Bässl Kathi oft bsucht.

Sie hann in me große Haus gwohnt, mit'me große Keller un mit'me große Garte. Wie ich so nein odr zehn Johr alt war, hat mer de Vettr Matz mich mol dorch sei Garte gfiehrt und hat mer alles erklärt. Des hat mehreri Stunde gedauert, awr die sin wie im Flug vrgand. Ich wer jetz vrsuche, des ganz korz beschreiwe.

Zuerscht ware mol die ville Blume in alle meegliche Farwe. Die Rose hann in wunnerschen Farwe gebliht: rot, weiß, geel, rosarot un lila. De Duft war wie im Paradies. De Vetter Matz hat mer erklärt wie er die veredlt hat un so ganz neije Arte uf die Welt gebrung hat.

De Gemiesegarte war aach wunnerschen, mit Bohne un Erbse, Grienzeich, Gelriewe un Paschkenat, Paradeis un Paprika, Zeller, Rettich un Maaks. Des war awr der Bässl Kathi ihre Domän un die war mit meiner Oma im Haus geblieb.

Die Obstbeem ware iwerall im Garte verteelt un an dene hat de Vettr Matz sei Freid ghat. Villi drvun ware vun ihm veredlt gin. E wirklich große un prächtiche Aprikosebaam war eigntlich e veredelte Ringlottebaam. Do ware allerhand Äpplbeem: große un klene, frihe un spote. Do ware Quetsche un Prunje an de Beem un die schene Aprikosebeem un Pherschingebeem. Die Streicher mit Himbeere, Agrassle un Riwissle hann ihe eigene Teel vum Garte ghat. Die Erdbeeresteck ware newr em Fußwech dorch de mitte Garte angeleet un ware voll rote Erdbeere.

E gute Teel vum Garte war mit Rewesteck bsetzt, mit alle meegliche Trauwesorte: weissi un roti un rosaroti, for esse, for inleeje un for Wein mache. De Vettr Matz hat die ville Trauwesorte ufgezehlt: Riesling, Kadarka, Muskateller, Silvaner, Traminer, un wie se schun alli gheescht hann. Dann hann mer mehreri vrkoscht; mir hann die Zackelweiße am beschte gschmeckt. De Vettr Matz war stolz uf sei veredlte Trauwesteck, wu er aach in zwaa Weingarte vrpflanzt hat: eene im Hottar bei dr Sandkaul un eene im Feld gegr Lowrin. Er hat awr zugin, dass unser Feld net so gut for Weingärte war, wie in Tribbswetter odr Marjafeld, awr e gute Hauswein hat er jedes Johr in de Keller stelle kenne.

Am End sin mer zu de Bienesteck kumm. Ich hann e Hutt mit 'me Netz iwr de Kopp gstilbt kriet, awr de Vetter Matz hat nor sei gwenliche Hutt ufm Kopp ghat: Er hat gsaat, sei Biene kenne ihne un steche ihne net. Un die hann ne aach wirklich in Ruh glosst. Er hat so um die hunnert Biehnevelker ghat, di ware in eener ganzi Reih vun Biehnesteck unnergebrung.

Vun eem Bienestock hat er so e Honichwabe rausghol, die Zelle in dem Wachs ware mit Honich gfillt un die Biene hann sich net leicht verschieche losse. Wie mer uns verabschid hann, hat die Bässl Kati meiner Oma immer e Glas Honich mitgin. Do ware meischtens aach Honichwabe drin, die ware for mich. Des Wachs, ohne de Honich, hann mer beim nächschte Bsuch widr zuruck gebrung.

In dr Schul hat mer uns in dere Zeit vill vun dem Mitschurin vorgetraa, awr vun seinm Werk hann mer im Dorf nix gsiehn. Net nor for mich war de Quintus Vettr Matz unser eigene Mitschurin un mir ware froh, dass mer 'ne im Dorf ghat hann.

Bei dr Enteignung hann se aach alles vrlor un dann noch Koloniste ins Haus kriet. De Vettr Matz hat noch bis 1952 gelebt, un die Bässl Kati bis 1955. Vun ihre Rose hann villi noch etliche Johre bei uns vorm Haus iwrlebt. Die ware rot, weiß, geel, rosarot un lila un aach e schenes Andenke an de Vettr Matz.

Unser Obstbeem im Garte

Jedesmol wann ich Obst inkaaf, denk ich an die Obstbeen vun drhem, vun unsrem Garte. Mir hann eigentlich zwaa Garte ghat: 'S Gärtl vore an dr Gass un de Garte wu hinner dr Scheier angfang hat. Im Gärtl ware villerlei Blumme, awr aach e Bierebaam, zwaa Aprikosebeem un ganz am End, schun bald in dr Scheier, hat e Nussbaam gstann. Ganz am Gassezaun war e Majereeslebaam, un dem ganze Nochberschhaus entlang ware villi Himbeeresteck.

De Garte war greeßer un hat uns dorch die schlechte Zeite gholf, wu jo sunscht net vill zu esse do war. Mer hat also alles im Garte ghat, was mer dorchs Johr in dr Kich gebraucht hat. Do ware Zwiwwle un Knowl, Zalat un Spinat, Bohne un Erbse, Grienzeich, Gelriewe, Paschkenat, vrschiedene Sorte Paprika un Paradeis, Kochkukruz un Patschkukruz, Kraut, Kolrawe, villeicht Karfiol, Kreiter wie Bohnektreitl, Phefferminz, un was sunscht noch. Kapper is vun selwer gewachst, de hat mer net anbaue brauche.

Dorch de mitte Garte war e Garteweech, der hat de Garte in zwaa geteelt. Newer dem Garteweech ware Erdbeeresteck. Die sin vun selwer gwachst un hann immer scheni Erdbeere getraa. Wann mer 's Gartetiehrl uf gmacht hat un uf de Garteweech kumm is, dann war links a Margaretaäpplbaam. Die Äppl sin frieh zeitich gin, awr ehrlich gsaat, ich hann angfang se zu esse wie se noch grien ware. Die zeitiche Äppl sin runner gfall, awr dann hann se mer net mehr gschmeckt. In manche Johre war der Baam so voll mit Äppl, dass mer hat Stitze unner die Äschter stelle misse, sunscht wäre se abgebroch.

Uf dr rechtsi Seit war e Quetschebaam, zimmlich groß un zimmlich alt. Der hat gute, awr meischtens net ville Quetsche ghat. Uf dr linksi Seit geger em Nochber sei Garte hann drei Prunjebeem gstann. Die Quetsche hann feschtes Fleisch ghat, wu net am Keere gstoch hat. Die Prunje hann wajcheres Fleisch ghat, un es is net leicht vum Keere losskumm. Die Quetsche hann mer besser gschmeckt un ware aach besser zum inleje for de Winter. Die meischte Prunje hann mer ingemaascht for Raki brenne.

Am anre End vum Garte hann a Äpplbaam, a Kerschebaam, un noch a Quetschebaam gstan. De Äpplbaam hat ganz klene Äppl getraa, wu gegr de Herbscht zeitich ware. Die hann net vum beschte gschmeckt, hann sich awr gut for de Winter ufghob. De Kerschebaam war zimmlich hoch, hat awr e nidriche Zwacke ghat, wu ich gere dringsitzt hann. De Quetschebaam hat meischtens net vill Quetsche getraa; die hann ich fascht so schnell gess wie se zeitich sin gin.

Uf dr rechtsi Seit vum Garte hann unser beschti Obstbeem gstan: drei Saurkerschebeem. Die ware net groß, mer hat die Kersche ohne Leeter erreiche kenne. Die Saurkersche sin zimmlich spot zeitich gin, awr do ware genuch for esse, Kerschekuche backe, un inleje. Sogar Kerschesooß is gemacht gin, un oft sin noch Sauerkersche ins Maasch kumm, for Rakibrenne.

Drhem uf Besuch – 1985

Sechsunzwanzich Johre war ich vum Banat weg gwen, wie mer in dr Familje beschloss hann, 's Banat zu bsuche. Dass des so lang gedauert hat, hat mit 'me Traam zu tun ghat, deselwe Traam, wu so manchi Auswannerer aus dr sozialistischi Republik aach ghat hann: Ich sin widr drhem un alles is gut; dann gin ich pletzlich vrhaft un ingfiehrt. Ich kann net vrstehn: Wie sin ich dorthin kumm, wu ich mir doch fescht vorghol hann, for wegbleiwe? Ich wach dann sehr vrsteert un ufgeregt uf. Mer hat halt zuvill erlebt un wees doch, dass mer dere Justiz enfach net traue kann.

Im Johr 1985 war's soweit: Ich hann wille meiner Familje Eiropa, mei Verwannte un mei Geburtsort zeiche. Die Verwannte ware schun meischt in Deitschland un Esterreich, mir hann also in Frankfurt e Auto gemiet un sin dorch Deitschland, Esterreich un Ungarn bis Temeschwar gfahr.

In Rastatt hann mer mei Cousin ufgsucht un aach mehreri Landsleit getroff. Mir hann uns die Stadt un die herrlichi Umgebung vun Rastatt un Baden Baden angschaut un hann sogar etwas vum Schwarzwald gsiehn. An die guti Schwarzwälder Kerschetortn werre mer uns immer gere erinnre. Dann sin mer bis Unterach am Attersee weitergfahr, wu zwaa anre Cousine gewohnt hann. Mir hann uns die scheni Gegend vum Attersee un um Salzburg angschaut. Enem Cousin sei Frau hat uns mit ausgezeichnete Kaiserschmorre un Zalat aus ihrem Garte traktiert. De geraachte Aal vum Attersee hat uns aach sehr gut gschmeckt.

In 'me Hotel in Neusiedl am See sin mer iwr Nacht geblieb un am näckschte Taa dorch Ungarn bis an die rumänischi Grenz gfahr. Dort hann langi Reihe vun Autos gstann. Bei dr rumänischi Verzollung hann mer 's ganzi Auto auslade misse un des hat lang gedauert. Gegr een Uhr sin mer in Nadlac ankumm. Des Dorf war mit 'me enziche Neonlicht vor'm Gemeindehaus beleicht. 's Hotel war zugsperrt un weil mer in dere Dunklheit net hann wille weiterfahre, sin mer ufm Parkplatz vorm Hotel iwr Nacht geblieb. Unser nein un zwelf Johr alte Buwe hann zum erschtemol in ihrem Lewe e Nacht im Auto vrbrung. Am Morjet, wie's hell is gin, sin mer dorch Arad gfahr un noch vor Mittach in Temeschwar ankumm. Im Hotel »Continental«
hann die zwaa Lifts (Fahtstihl) grad net funkioniert; mir hann unsre Kupfre selwer iwr die Treppe in de dritte Stock schleppe misse. Im Zimmer war's heiß, mir hann also die Finschtre ufgriss un uns in die Better geleet un bis zum näckschte Morjet gschlof.

Am Morjet sin mer runner ins Restaurant frihsticke gang. Weil iwrhaupt ke Frichtesaft do war, hann mer vier Flasche Busiasch-Mineralwasser bstellt. Des war in Bierflasche un in eener Flasch sin ganz kleni Papierstickle gschwumm. Ich hätt gere e Schulkulegr angeruf, hann awr e Telefonbuch war net zu finne. An dem Tach hann mer die Domkerch bsucht un sin bis zum Freiheitsplatz kumm. Dann ware die Kinner mied un hungrich, mir sin also zuruck ins Hotel for zu

Mittach esse. Am Nohmittach sin ich alleen bis zum Korso gang. Des war gar net so wie ich mich dran erinnert hann. In dr »Alimentara« um de Ecke vum Lloyd ware die Regale voll Flasche mit unbekannte Mineralwasserflasche. 's eenzichi Essbare, was ich hann kenne kaafe, war e Packung mit Keks. Oft hann mich fremdi Leit gfroot, ob ich Deitschmark oddr Dollar in Lei umtausche mecht. Temeschwar war so bekannt un doch so annerscht wie in meiner Studentezeit. Irgendwie hat mich die ganzi Stadt an e tirkische Basar erinnert.

Am näckschte Tach sin mer ins Auto un uf Schandrhaas gfahr. Noh e Rundfahrt dorchs Dorf sin mer bei meiner Tant un Cousine inge- kehrt. Spätr sin mer alli iwr die Gass niwr uf de Kerchhof gang. 's Grab vun meiner Oma und meinem Ota war normehr e paar Fauschte Erd newr'm Kreiz. Die Tant ihe Familjegrab war imstand ghal, awr des Grab vun meine Großeltre, wu ganz in dr Näh war, iwrhaupt net beriehrt. Ich hann jo mei Tant vun frieher gekennt, awr des hat mich doch traurich gemacht.

Am näckschte Morjet sin mer widr gegr Ungarn gfahr. Vor dr Grenz hann ich die noch iwrische Benzin-Kupons 'me Rumäner gin. Der hätt vill liewer Deitschmark oddr Dollars ghat. In Ungarn hann mer bei 'me Restaurant in 're Windmihl anghal. Dort hann mer alli frischi Semml un gute Kaffee kriet, un die Kinner ihre Frichtesaft. Am Noh- mittach sin mer in Budapester »Forum« Hotel ankumm. Des Hotel war newr der Donau gelee un vun unsrem Zimmer hann mer e Aus- sicht uf die Kettebruck ghat. 's Hotelpersonal ware alli jungi Leit in Uniform, wu sich unbedingt de Gäscht zu Dienschte mache un drbei aach ihre Englisch praktiziere hann wille. 's Esse im Hotel war fan- tastisch. Die Gänselewer war wie im Paradies, aach wann se for unsre 'amerikanische Maa' zu fettich ware. Mir sin mit' me Taxi zu unsre Verwandte gfahr. Die sowjetischi Kasern in dr Näh vun ihre Wohnung hat niemand gsteert. Nohm Esse hann unsre Verwandte druf bstann, for uns mit dr U-Bahn zu unsrem Hotel bringe. Mir hann se ins Hotel ingelaad, hann awr verstann, dass se des hann misse ablehne.

Mir sin dann bis Ulm weitergfahr, wu mer widr paar Täch bei 'me Cousin geblieb sin. Mir ware noch jung genuch for die ville Treppe zum hechste Kercheturm vum Minster nufsteije. Dann hann mer die Altstatt bsucht, 's Schwowe-Monument am Donau-Ufer un 's Donauschwäbische Zentralmuseum. Mir erinnre uns noch immer gere an des guti Esse: die Werscht wie drhem, de gute Kaffe un die frische Semml, jede Taa vum Bäckr abghol. In dr Näh vun Frankfurt sin mer noch eenmol iwr Nachr geblieb. Dann hann mer unser gemietete Mercedes widr abgin, sin in de große Flieger ingstie un iwr de große Teich zuruck bis Montreal gfloo. Die Strapaze un klene Schwierichkeite hann mer schnell vrgess, awr die schene Erinnerunge bleiwe.

Drhem uf Besuch – 2008

Die Zeite änre sich un de Kommunismus hat 1989 aach in Rumänien e End kriet. Im 2008 ware's fufzich Johr vun unsrem Abschluss am Polytechnikum un ich sin zu dere Feier ingelad gin. Mei Frau un ich sin also iwr Minchen direkt uf Temeschwar gfloo. Beim »Aeroport Timişoara« is die Vrzollung wirklich schnell un heeflich vrlaaf. Mei Kumrad vun Studentezeite hat uns in sei Auto ingelad un 's hat net lang gedauert bis mer im Hotel Timişoara ankumm sin.

Am näckschte Taach hann die Absolvente sich vor'm Rektorat (also vor'm Lloydgebeide) getroof un sin dann ins Senatssaal avansiert, wu des ,Gaudeamus igitur' aus alle Lautsprecher kumm is. 's Klasseregister is ufgeruft gin un jedr hat mit »hier« (odr »prezent«) geantwort. Die wu nimmer uf dere Welt ware, sin mit eener Gedenkminut geehrt gin. Dann ware noch mehreri Ansprache un unser Dekan (jetz Akademiemitglied) hat die formali Vorlesung ghal – iwr die Geschichte vun dr Mathematik.

Mir sin dann in de Bus ingstie un zu dr Rekascher Weinkellerei gfahr, wu e reichliches Esse mit mehreri Weine (aach e »Schwabenwein«) serviert is gin. Am Owed war widr e Zsammkunft programmiert, im einschtiche Studentinneheim um de Ecke vum Korso. Noh dem reichliche Mittachesse in Rekasch hat niemand große Appetit ghat.

Am näckschte Morjet hann mer 's historischi Gebeide der »Cantina«' bsucht, dort wu unser Studenteaufstand vun 1956 angfang hat. Vun dort sin mer ins neiji Gebeide vun dr Elektrotechnischi Fakultät gezoo, wu mer e Rundgang, e Ansprach vum heitiche Dekan, un e allgemeini Diskussion ghat hann. Bei me gemeinsame Mittachesse drauß ufm Korso vorem Lloyd Restaurant, hann mer uns vunenander vrabschied, vun de meischte leider uf's Nimmerwiedersehn. Des war e angemessene Abschied vun de Mensche, mit dene wu mer e schweres und doch schenes Stick vun unserer Jugend vrbrung hann, unvergesslich for alli wu drbei ware.

Am näckschte Tach hat mei Kumrad uns noch uf Schandrhaas gfiehrt, wu mer de Kerchhoff un 's Platz wu unser Haus mol gstann hat, bsucht hann. Awr des wär e anri Gschicht.

Mir hann noch e Taach in Temeschwar vrbrung, hann 's Museum vum Banat un de Jachtwald bsucht. Dann sin mer widr iwr Minchen uf Kanada gfloo. Die Strapaze hann mer aach desmal schnell vrgess un die schene Erinnerunge bleiwe wie immer.

Dorflewe

Wie der Hutt uf die Kerch kumm is

Des war noch in de gute alte Zeite, villeicht an dr Kerweih, odr an e groß Hochzeit. De Vettr Michl vun Schanndrhaas hat wieder Gäscht ghat, vun ,me anre Dorf. Sie ware in de Kerch und sin dernoh im *Rundell* (Rondell, ,runder Dorfplatz') rumspaziert, for sich des anschaue.

Am Owed, nohm Nachtesse, hann de Vettr Michl un sei Gascht, de Vettr Hans un sei Leit, noch in dr Kuchl gsitzt un a paar Gläser Wein getrunk. Noh saat dr Vetter Hans: «Du, Mischko, for was is der Hutt dort owwe uf eirer Kerch, uf dem Gstell zwische de zwaa Turme? Do muß doch a Gschicht drhinner steche?»

De Vetter Michel, wu jo schun immer gere Gschichte vrzählt hat, hat'm zugstimmt: Jo, sicher, do strecht e scheni Gschicht drhinner, un die werr ich dir jetz vrzähle. Wie du jo weescht, is Schandrhaas erscht im tausendachthunnertdreiundreißiger Johr gebaut gin. Die Leit sin aus dr Umgebung eingwannert, also vun Billed un Bugarisch, vun Grawatz un Tribbswettr, sogar vun Lenauheim, des wu domols jo noch Tschaddad gheescht hat. Sie hann sich misse ihre Heiser selwer baue un hann des aach gschafft, weil die ganz Vrwandtschaft mitghol hat. Wie se mit dem Baue fertich ware un ingezoo sin, hann se aach e Kerch hann wille; gell, was is schun a schwowisches Dorf ohne Kerch?

Ihre Kerch hann se natierlich ins Rundell baue wille, awr sie sin sich net eenich gin, in welches Viertl vum Rundell. De Richter un sei Gschworene hann drum e Sitzung im Gmeindehaus abghall, dass sie es Platz for die Kerch bestimme. Sie sin sich awr aach desmol net eenich gin. Geger Owed sin se ins Großwertshaus gang, for etwas esse un aach trinke. Wie se später ausm Wertshaus rauskumm sin, ware se in guter Stimmung. De Richter hat sei Hutt runnerghol un hat gsaat: «Leit, ich werf jetz mei Hutt in die Luft, un wu er runnerfallt, dort will unsr Hergott sei Kerch hingebaut hann«. Der Hutt is is Mitte uf die Landstroß gfall, gnau dort, wu sich die Hauptgass un die Uj-hel-Warjasch-Gass mit dr Hauptgass iwerkreize. Zuerscht hann die Gschworene gemennt, dass mer die Kerch doch net mitte uf die Stroß baue kann, weil des doch die Temeschwar-Szegediner Landstroß war. Awwer de Richter hat se iwerzeiht, und die Kerch is so gebaut gin, dass die Landstroß e Umwech um die Kerch mache muss.

Weil awwer em Richter sei Hutt des war, wu des Platz vun dr Kerch bstimmt hat, hann die Leit beschloss, dass dr Hutt dort owe, zwische dene zwaa Turme, sei Platz finne soll.

Em Vetter Hans hat die Gschicht gut gfall, un sie sin schlofe gang. Am nächschte Morjet, wie er grad ingspannt hat, saat ihm de Vetter Michl: «Hans, du hascht doch die Gschicht mit dem Hutt net ernscht ghol? In Wirklichkeit is des Gstell mitm Hutt jo 's Wappm vun uns-rer domoliche Herrschaft, des war dr Alexander vun Alagowitsch, de Bischof vun Agram. Der großi Hutt is jo e Bischofshutt, un die acht Quaschtle uf jeder Seit bedeite, dass er sogar e wichticher Bischof war. Die Mitra un de Bischofsstab sin die kerchliche Kennzeiche. Un des weiße Wappm hat etwas mit seiner nowle Familje zu tun.«

Ich hann die Gschicht vum Vetter Michl ufgschrieb un meecht noch saan, dass die Sunn in dem Wappn im Oschte ufgeht un de Halbmond im Weschte unnergeht, wie uf dem donauschwäbische Wappn (also die Tirkezeit is rum un Esterreich herrscht). Un die Kraa (Krähe) mit dem Ring in dr Schnawwl, heßt uf lateinisch *Corvus*. Es wär meglich, dass unsrem Bischof sei Familje vun de Corviner in de Adelstand erhob is si gin. Des kennt jo so sin.

Dreschmaschine, Dampfmaschine un Traktore

Des war an me ganz stille Tach, im Summer, so Phaar Johre vorm Kriech. Es ganzi Dorf hat in me tiefe Schloof gelee; ke Ascht hat sich geriert un ke Blatt. Uf emol hat mer vun der Kreizgass a ganz ungwehnliches tsch-tsch-tsch… gheert. Mer hat gmennt eene vun dene Drache aus de Märche wär do die Gass ruff kumm. Die Nochberschleit wu net ufm Feld ware, also meischtens Kinner un alti Leit, sin alli raus kumm, um nohzuschaue, was for a Viech do um die Ecke gegrawwelt kummt.

Was kumm is war die Soziale-Dresch: vore a mächtichi Dampfmaschin – manchi Leit hann des a Dampfkessl genennt, un der hat de Dreschkaschte un de Elewator hinner sich her gezoo. Bei Dinjersch is es Tor ufgemacht gin un die Dreschleit hann zuerscht de Elewator hinne in die Scheier gschob. Dann is de Dreschkaschte dran kumm; de hann se newe de große Fruchtschuwwer gstellt. Zuletscht is dann die Dampfmaschin in de Hoff gfahr un is vore, gleich beim Unnergebeid stehn gebliebe. A wirklich lange Rieme is vun me große Rad an der Seit vun der Dampfmaschin bis zu me klene Rad am Dreschkaschte gspannt gin. De Elevator war etwas schief dergege gstellt, so dass de neie Stroh uf de alte Strohschuwwer owwe druff kum is.

Am nächschte Tach hann mir Kinner dann dem Dresche zugschaut. Vore im Hoff hat dr Maschinist de Dampfkessel mit vill Stroh gfietert, um Dampf zu mache. Ufm Fruchtschuwwer hann zwaa Männer mit Gawwle gstann; die hann die Garwe an e dritte Mann gereicht, wu neewer dem Inlosser gstan hat un die Seele mit me Messer ufgschnitt hat. De Inlosser hat wie die wichtichschti Person ausgschaut, wie er so mitte ufm Dreschkaschte gstan hat, mit seine große Aueglässer. Er hat jedi Garb ausnanner gezoo un se dann in die Trummel ingelosst. De Dreschkaschte hat jedsmol uuuu-UM gemacht, wann a Garb in der Trummel vrschwun is.

Die Sprau is vun der Seit aus dem Dreschkaschte rausgfloo un is oft vun jemand mit der Gawwel uf de Sprauhaufe gscherrt gin. Do war immer vill Staab un die Sprauleit hann oft wie Negre ausgschaut. Ufm Strohschuwwer hann zwaa odr drei Leit mit Gawwle de Stroh ufgschicht, so wie er vum Elewator runner kumm is. Machmol hann a Mann un a Frau ufm Strohschuwer gearweit. Dann soll's ach mol passiert sin, dass die zwaa in dere Menge Stroh a Zeit lang vrschwun sin. Im Dorf hat sich's dann rumgsproch, dass die zwaa es ufm Strohschuwwer aarich getrieb hann. S war schun a Wunner wie schnell sich solchi Gschichte im ganze Dorf vrbreit hann. Des hat mer halt »s Dorfradio« genennt un es hat de Betroffene sicher net vill Spaß gemacht.

Dann war noch de Sackmann, wu die Säck an de Dreschkaschte anghong hat un se wann se voll ware, uf die Woo gstellt hat. Machesmol hat er etwas Frucht drzu gin, oder rausghol, so dass jede Sack a Zentner, also fufzich Kilo gewoo hat. Außrdem hat er mit Kreid Striche uf de Dreschkaschte gemacht, eene for jede Sack. Vun dem hat er de Rist berechnet, also vievill Säck Frucht vor die Drescher uf die Seit gschafft is gin.

Um zwelf Uhr hat dr Maschinist die Pheif an der Dampfmaschin ufheile gelosst, das mer's im ganze Dorf gheert hat. Die Dreschleit hann ufgheert zu arweite un hann Mittach gmacht. Sie hann sich also irgenwu in de Schatte gsitzt un hann ihre Mittachesse gess un vill Wasser getrunk. Ich sin schnell hem gelaaf un hann a Stick Butterbrot verlangt. Mit dem sin ich dann zuruck zu dr Dresch un hann mich zu de Drescher in de Schatte gsitzt un mei Butterbrot gegess. De Vettr Franz, wu noch mit uns vrwandt war, hat mer a Stick vun seim Speck abgschniet un des hat so gut gschmeckt wie noch nie. Drhem hann ich nämlich domols kaum Speck gegess.

Des war also mei erschtes Erlebniss mit der Dreschmaschin. E Phaar Johr später war mei Vatter Sackmann bei e anri Dresch-Gsellschaft. Mei Mutter un ich hann ihm manchmol es Mittachesse hingetraa. Ich war etwas entteischt weil ke Dampfmaschin mehr drbei war, awr e vill klenere Traktor. Vore ufm Traktor war de Name vun seiner Firma zu lese: International. Vor em Traktorfahrer hat de Traktor so a klenes Glas hänge ghat, wu mer des rosaroti Benzin gsiehn hat. Der Traktor war vill klenner wie die Dampfmaschin, awer dr Maschinist hat gsaat dass er vill mehr »Pferdekräfte« hat. A Fass Benzin hann se in me Waan mitgfiert so dass mer dem Traktor sei Benzin nohfille hat kenne, bevor er stehn gblieb wär. Des war sicher vill eenfacher als de Dampfkessel ständich mit Stroh zu fietre. Es war war awr schad, dass de Traktor ke Dampfpheif ghat hat un der Machinist de Traktor um zwelf Uhr ganz eenfach abgstellt hat.

Um die Zeit sin aach die Garwebinder ingfiert gin. Mer hat also net mer Seele mache, Seele leje un Seele binne misse, weil die Maschin die Garwe so schen mit Manila gebun hat. Dann hann mehr Baure sich Traktore angschafft, un manchi drvun hann Diesel Motore ghat, weil der Treibstoff doch billicher war wie Benzin. Do ware Deutz Diesel, Lanz Buldog un Hanomag. A nette klene Traktor hat Zettlmayr gheescht un war schen grien angstrich; im Dorf hat mer ne nor »Laabfrosch« gnennt.

Im Summer vun 1944 is die Front ins Dorf kumm, die Dresche hann ufgheert zu arweite, un bei manche Leit is de Fruchtschuwwer in dr Scheier stehngeblieb, bis zum näkschte Summer. Im näkschte Johr hat's so vill Meis un Kritsche gin wie des vorher noch niemand erlebt ghat hat. Wie dann die Dresch bei Lenhards war, sin die Meis nor so aus dem Fruchtschuwwer weggelaaf. Mir Buwe hann se gfang un dann vor dem Traktor seim Treibrad uf de große Rieme vrsetzt. Die sin dann uf dr anri Seit dinn wie Pappedeckl rausgfall. Des hat uns a zeitlang vill Spaß gmacht, bis de Maschinist bees is gin un uns fortgejaat hat.

Un dann war for uns pletzlich de Kriech am End. Die Leit sin zu dr Zwagsarweit vrschleppt gin, un die Dreschmaschine, Traktore, ja sogar Pherd un Waan, sin enteignt gin un die Leit hann mit Nix do gstan.

120

Villi Johre sin vrgang, un heit kenne mer in jeder greeßeri Stadt in so a große Jet Flieger insteie un um die halwi Welt flieje. Mir Älteri werre uns awer immer erinnere: Mit der Dampfmaschin hat des alles angfang!

Schlietefahre un Rodle

Wer vun uns Alte erinnert sich noch an die Wintre, so wie se domols ware? Im Herbscht is es kälter gin, so langsam, dass mer's kaum bemerkt hat, un irgendwann im Dezember hat's dann angfang zu schneje. De Schnee hat sich iwr Wuche un Monate angsammelt, bis des ganzi Dorf mit eenerr weißi Deck zugedeckt war.

Vum Hoff un vum geplaschterte Fußwech vorm Haus hat mer de Schnee misse wegschaffe, mit'm Bese wann's net zu vill war, odr mit der Schipp wann vill Schnee uf eenmol runner kumm is. Des hann awr meischtens die Eltre odr Großeltre gmacht; mir Kinner hann liewer Schneemänner gebaut, odr mit Schneeballe rumgeworf.

De Schnee hat aach des Eis im Grawe un in de zugfrorne Kaule zugedeckt. Wann mer hann wille schleife odr schlittschuhlaafe, hann mer de Schnee misse uf die Seit schaffe un des hann mer immer irgendwie fertichgebrung. Mit dem Rodle war des awer anerscht, do hat mer vill Schnee un a Hiwel gebraucht.

In dene Johre hann ich e wirklich schene Rodelschliete ghat. Mei Vattr hat des Meisterstick in seiner Werkstatt hergstellt, mit herrliche runde Laafe un e schene Lattesitz owwe druf, mit vier vertikale Phoschte gstitzt. Vore war e Strick angebrung, mit dem hat mer de Schliete, meischtens mit mir owwe druf, dorch de Schnee ziehe kenne. Beim wirkliche Rodle hat der wu ufm Schliete gsitz hat, sich mit alli zwaa Händ am Strick fescht anghal.

Des mit de Hiwle war awr e Problem. Weil unser Dorf in dr Heed gelee hat, wu alles flach war, hann mer richtiche Hiwle gar net ghat.

Mir sin dann zu der Bahniwrfuhr rodle gang. Die war am westliche Dorfend gelee, wu dr Feldwech gegr Uihel un Bugarisch gang is. Weil's im Winter ke Arweit im Feld gin hat, war de Schnee dort unberiehrt, so wie wann er uf unsr Rodlschliete gewart hätt. Vun dr Bahnstreck grad runner gegr's Dorf war die Neigung iwrhaupt net steil, awr die Seit runner in de ausgedehnte Bahnsgrawe war zimlich steil un mer is gut in Schwung kumm.

Vill Leit hann aach große Schliete ghat, in dene wu so vier odr finf, manchmol aach sechs, Leit Platz ghat hann. Sunntachs sin die große Buwe un Mädle mit dene ausgfahr. Die Pherd ware ausgeruht, weil se de Winter meischt im Stall vrbrung hann, un hann sich beim Schliete- fahre ganz schen ausgetobt. Do hann die Schelle geklingelt, die Buwe hann gelacht un die Mädle hann gschrie. Wann zwaa Schliete anennar vorbei gfahr sin, hann se sich oft mit Schneeballe beworf, un des Ge- lächter un Schreie hat dann noch zughol. Des war e große Gschpaß un mir Kinner wäre so gere drbei gwenn. Dann hat's gheescht: »Dir werd aach eemol groß werre, un dan gheere die Schliete eich!« So weit is es awr net kumm; wie mir greeßer ware, hann die Schliete ganz anre Leit gheert.

Des ware doch schene Wintre, mit so vill Schnee, vun Anfang bis zu End. Die Schwein ware gschlacht, die Werscht, Schunke un Speckseite hann im Raafang ghonk, die Hase sin ins Dorf kumm, un die Kinner sin rodle oddr in die Kaul schleife gang. Des ware herrlichi Wintre, so wie mer se in de alte Zeite erlebt hann, 's is nor Schad, dass se halt nimmi zuruck kumme kenne.

Ratsche in dr Karwuch

De Tach vorm Karfreitag hat mer Griendunnerschtach genennt. Dann hat mer bei uns im Dorf de erschte Spinat ausm eigene Garten ufgetischt. Ob des jedes Johr so war, kann ich heit net mehr saan, weil 's Friejohr jo aach dort net jedes Johr genau um die selwi Zeit kumm is.

Als jungi Buwe ware manchi vun uns e zeitlang Messdiener (Ministrante). Dann hann mer noch a anre

Grund ghat, uns uf die Karwuch zu freie: Weil am Griendunnerschtach, Karfreitach un Karsamschtach Morjet sin mer ratsche gang.

E Ratsch hat mer so zimmlich in jedem Haus gfunn, un doch is die net leicht zu beschreiwe. Sie is ganz aus Holz gemacht, e rechteckiche Rahme, villeicht etwas länger wie e Handlengt, mit 'me Zylinder wu wie Zahnrad ausgschaut hat. E Griff wu sich mit dem Zylinder gedreht hat, is senkrecht ausm Rahme rauskumm. In dr Mitte vum Rahme is e Zung, e dinnes Stick Holz, wu uf dem gezackte Zylinder leit. Wann mer mit dem Griff in dr Hand de rechteckiche Teel in e Drehbewegung vrsetzt, dann folcht die Zung de Rille vum Zylinder un erzeicht e lautes Klappre. Des is leicht zu mache, awr schwer zu beschreiwe.

Wie dr Hans, dr Franz un ich des Alter erreicht hann, wu mer die sozusaan die großi oddr Hauptmessdiener ware, hann mer die sechzehn Dorfviertle an sechzehn Ratschbuwe vrteelt. Jedr vun uns drei hat enns vun de große Viertle ums Rondell rum iwrhol. Weil die Glocke in dene Täch net benutzt sin gin – sie ware angeblich weggfloo uf Rom – hann die Ratschbuwe dene ihre Funktione iwrhol: Gebetläute am frihe Morjet un spote Owed, de erschte Ruf e Stund vor dr Mess, un de zweite Ruf e halwi Stund vor dr Mess. Jede Ratschbu is in seim Viertl vun Haus zu Haus gang, hat e klene Spruch gsaat, a Erinnerung zum Gebet odr zur Mess, un dernoo an seiner Ratsch gedreht.

Als Ratschbuwe hann mer derfe newr dr Kerch e Feier mache, was sunscht jo net erlaubt war. Ich kann mich noch ganz gut an e Morjet erinnre, es war noch dunkl, un manchi vun uns hann dicke Backe vun dr Mumps ghat. Uf dem Stick Gras newr dr Kerch, gegr Uihel, hann mer a großes Feier gmacht, mit Tannereiser wu mer vum Kriegrdenkmal riwwer gebrung hann. Mir hann alli ums Feier rum gstann un uns ufgewärmt.

For de wertvolle Dienscht hann die Ratschbuwe am Samschtaachmorjet ihre Lohn ingsammelt. Sie hann sich zwa un zwaa zammgstellt un sin dann in ihre Viertle mit 'me große Weidekorb vun Haus zu Haus gang. Dort hann se ihre Spruch vor de Hausleit ufgsaat un hann ihre Aijer un bissl Geld griet. De Spruch war alt, niemand hat gewisst wu er herkummt. Er war in jedm Dorf annerscht, awr die Drohung mit dr Blumm ans Haus war wirklich net notwendich, weil jedes Haus Aijer un Geld in de Korb getun hat. In Schandrhaas is de Spruch so ufgsaat gin:

Summ, summ sajer
Die Hinkle hann die Aijer.
Die Veilche un die Blumme,
De Summer werd bal kumme.
Gibt uns Aijer, gibt uns Geld
Gibt uns nor was Eich gefällt,
Nor ke Schlää, die tun jo weh!
Die Aijer sin gebacke,
Mir hann se heere krache,
Mir hann se heere klinge,
Die Jungfrau soll se bringe.
Glick ins Haus, Unglick raus,
Geld oder Aijer raus
Oddr a Blumm ans Haus!

Am Karsamschtach sin die Glocke widr zuruck kumm un die Ratsche hat mer wegleje kenne, for 's nächschti Johr.

Gummiflinte un Schandare

In der Religionsstund hat de Herr Geistliche uns die Gschicht vun David und Goliath vrzählt. Wie se so vor ihre Armeje g'stan hann, hat der kleni David sei Gummiflint angeleht un hat de große Goliath mit eem Steen erledicht. Dann war der Kriech am End un der David is Keenich gin. Mir Buwe hann alli Gummiflinte g'hat, awr mit dene hat mer villeicht a Spatz odr a Taub schieße kenne, awr sichr ke Mensch.

Unser Gummiflinte ware alli zimmlich gleich: a Zwacke vun 'me Baamascht, zwaa Streefe Gummi vum 'me Biziklschlauch, un a Stickl Leddr ware die Bestandteele. Sie ware mit Gare odr Spagat zsammgebun'. Die «Munition« for die Gummiflinte war alles was klen genuch un hart genuch war: kleni Sticker vun Steen odr vun Brennziggle, kleni Wacke, un sogar Gwehrkugle. Die Gwehrkugle hann mer aus de Patrone rausgebroch, weil mer jo noh'm Herscht 1944 so villi drvun gfun' hat: deitschi, russischi, un rumänischi (vor'm 23 August 1944 ware die rumänische so wie die deitsche; nohher ware se natierlich so wie die russische).

Am beschte ware die klene, runde Wacke wu mr uf der Bahnstreck g'fun hat, un drum war die Bahnstreck, so vun der Hanfkaul Gegend bis zu der Bahnsbruck, im Summer unser Spillplatz. An 'me schene Summerstach, so etwa um 1946 rum, ware mer also Alli dort, sechs odr siwe Buwe, jeder mit eener Gummiflint. Uf alli zwaa Seite vun der Bahnstreck ware Telefonphole, mit ville Drohte, alli mit Glas- odr Porzlandipple befeschticht. Mir hann uf alles gschoss was mr hat gsiehn kenne, un des ware am meischte leider die Glasdipple an de Telefonphole.

Wie 's schun so geht unr Buwe, is Jemand uf die Idee kumm, dass mer nor zum nächschte Phol weiter gehn wann mer wenichschtens een Glasdippl getroff hann. 'S war doch schen wann die Scherwle so runner gfall sin, un so sin mer bei der Bahnsbruck garnet stehn geblieb un sin noch a gutes Stick geger Pakatz weitergang. Bei jedem

Telefonphol sin mer stehn beblieb, un hann so lang Wacke vrschoss, bis a Glasdipple getroff war. Eener hat sogar gezählt, un mir hann uns geenicht, dass mer bei fufzich Glassdipple Schluss mache.

Mir hann wahrscheinlich Alli gewißt, dass mer do Schade mache, un dass des net unbemerkt bleiwe werd't. Der Hans hat am nähchschte vun der Hutwed un der Bahnstreck gewohnt un an 'me schene Tach is der 'Wachtmeister' bei ihm ufgetaucht un hat ne ganz eenfach abgfiehrt. In seiner Kanzlei hat er 'ne dann ausgfroht. Der Hans hat zugin dass er a Gummiflint hat. Dann hat der 'Wachtmeister' a Tinteglas ufs Finschterbrett gstellt und hat gfroht: »Kenntscht du des Glas mit deiner Gummiflint treffe?« Der Hans hat do druf geantwort dass er des Glas net treffe kennt, un er is aach bei der Antwort geblieb. Der 'Wachtmeister' hat 'ne dann direkt gfroht ob er die Glasdipple zsammgschoss hat, un der Hans hat druf bstann dass er wirklich net gut genuch wär um so etwas zu mache. Zum Schluss hat de Hans natierlich aach die Name vun denne wu mit ihre Gummiflinte sunscht noch uf die Hutwed gehn net nenne kenne, weil jo wirklich so ziemmlich alle Buwe des mache.

De 'Wachtmeister' hat dann uf rumänisch gflucht un hat de Hans hemgschickt, mit der Mahnung: «Wann des noch emol passiert, dann geht dir Alli ins Gfängnis«. So weit wie ich weeß, is es net nochmol passiert.

Ufm Maulbierebaam

Vorm Kriech hann sich viel Leit ganz gut gstann, weil se ihre Iwerschuss an Frucht, Kukruz, Grumbiere, awr ach gmäschti Schwein gut verkaafe hann kenne. Natierlich hann se vill Geld in der eigeni Wertschaft verbraucht, awr bei manche is dann doch mehr als a Klenichkeit iwrich geblieb. Die hann dann ihre Heiser renoviert, oder umgebaut oder sogar nei gebaut. Außerdem hann manchi Baure a

Sohn studiere glosst. Un weil manche Buwe vom Dorf, wann se des Studium hinner sich ghat hann, widder zurück ins Dorf kumm sin, hat unser Dorf, wie anri aach, sei eigene Gstudierte ghat. Zuerscht ware des meischtes Pharre un Lehre; später sin ach Doktre un Advokate drzukumm.

Unser kleni Gschicht is vun so em Gstudierte, nenne mer ne mol de Franzi, weil des erschtens net sei wirkliche Name is, un zweitens awwer gut zu ,me Gstudierte passt. Also, der Franzi hat irgendwu im Reich gstudiert, hat dann a schenes Mädl vu ,me Nochberschdorf gheirat, un hat sich im Dorf selbständisch gemacht. Sei Familje hat noch mitgholf, un hat'm a schenes, neies Haus hergericht. Also, des war a zwerches Haus, mit Marmorsockl un vier Finschtre uf der Gasseseit. Die Finschtre hann moderni Rollo ghat, die ware drauß vor'm Finschter, awr im Haus hat mer se kontrolliert: uf, zu, un die klene Holzsticke hat mer ruff, in die Mitte, oder runner verstelle kenne.

Des war an ,me heiße Taa, so vorm Schnitt, un die große Buwe hann sich am Owed gewehnlich im Rundell (runder Dorfpark) getroff, hann dann im Kriegerdenkmal im Gras gsitzt un verzehlt. Manchmol hann se aach Lieder gsung, so bis zehn oder elf Uhr, dann is jeder hemm gang. De Hans is uf seim Hemwech beim Franzi seim Haus vorbeikum un hat dort ausm Zimmer ganz ungewehnliche Stimme gheert. Zuerscht hat er wille zum Finschter ninschaue, dass er feststellt, was dort passiert. Die Rollo war awr so ingstellt, dass die klene Holzsticke »unne zu un owe uf« ware. So is Luft ins Zimmer kumm, awr vun drauß hat mer net ningsiehn.

Awr große Buwe wisse sich zu helfe: Der Hans is also uf de Maulbierebaam, wu nächscht zum Finschter gstann hat, gekrawwlt. Un dann ism fascht de Atem (Ochtem?) ausgang: Der Franzi un sei hibsches junges Weib ware so wie Adam un Eva im Paradies, also ganz nackich. Sie sin sich um de Tisch rum 'nanner nohgeloff und der Franzi hat seim Weib immer uf de runde, weiße Hinnre gekloppt. Sie sin sich dann näher kumm, immer näher, bis es näher nimmer meglich war…

Ich brauch des jo net weiter beschreiwe, weil mer jo heitzutach so was fascht jede Tach im Kino oder im Fernsehe gsiehn kann.

Am nächschte Tach, wie der Hans sich widr erholt hat ghat, hat er des seim beschte Freind, dem Phetr, vrzählt, un am Owed ware se alli zwaa uf dem Maulbierebaam. In der nächschte Wuch ware's schun vier Buwe, wu uf'm Maulbierebaam gsitzt hann. Un dann is es passiert: De Ascht is mit großm Krach gebroch un alli vier sin runnergfall. Im Haus is sofort es Licht ausgemacht gin, un der Fanzl hat rausgschaut, awr er hat nor noch gheert, dass do a paar Kerle fortgelaaf sin. Die Buwe hann Gottseidank ke Dokter gebraucht, awr de Maulbierebaam hat eene Ascht wenicher ghat. Vun dem Tach an ware die Rollo immer fescht zu un mer hat gar net gsiehn, ob dort noch Licht im Zimmer war.

Was sunntachs gekocht un gebackt is gin

Bei uns drhem is kaum e Sunntach an de Himmel kumm, wu mer net »Supp un Fleisch« for Mittachesse ghat hann. Mer hat gewisst: Um zwelf Uhr steht die heißi Supp ufm Tisch! In dr Fleischbank hat mer eenfach «e Phund Motschunke« (Rückenfleisch) verlangt un hat noch e Marchknoche drzu kriet. Oft hat de Fleischhacker aach noch e Stick Lewr drzu gin, «dass dr Bu (des war ich) schwarzi Aue kriet«. For Abwechslung hat's manchmol aach e Hinklsupp oddr e «Rindsupp mit Hinklsfleisch« kenne sin. Ente oder Gensesupp war bei uns seltn, weil mer uns mit dem Gfliegl net vill abgin hann.

In de Suppetippe (Suppentopf) hat mer außr dem Fleisch noch gschälti Krumbiere, Grienzeich (Petersilienwurzeln), Gelriewe (Karotten), Paschkenat (Pastinakwurzel), e Zwiwl, e paar Knowlzewe (Knoblauchzehen), e paar Phefferkeere un e Lorbeereblatt gin. Wann die Supp sich schen geklärt hat, un mer 's Fleisch rausghol hat, war se wirklich wie die heit in bessre Restaurants servierti »Consommé«

(Rindsuppe). Drhem hat mer entweder ganz fein gschnitteni Ajernudle, oddr eckich gschnitteni Fleckle, Griesknedle (Weizenrahmknödel) oddr Lewrknedle (Leberknödel) aus gstrichene Hinklslewr (geschabte Hühnerleber) ingekocht. Manchi Leit hann noch e bissl scharfe Paprika (Chilipfeffer) in ihre Teller mit Supp gstraut, awr des war net notwendich, wann die Supp gut war und Phefferkeere mit dr Supp gekocht ware.

Wann de Suppeteller leer war, hat mer 's aus dr Supp rausgholti Fleisch un die gschälte Krumbiere, Grienzeich und Gelriewe in de Teller getun un mit Soß serviert. Im Summer ware des meischt Kapersoß (Dillsoße), Knowlsoß (Knoblauchsoße) oder Paradeissoß (Tomatensoße). Wann die Sauerkersche aus'm Garten zeitich ware, hat's aach kenne e Kerschesoß (Weichselsoße) sin.

Im Herbscht und noch mehr im Winter is die Krensoß (Meerrettichsoße) oft gmacht gin. Drzu hat mer de im Garte gwachsene Kren misse schäle und reiwe, un weil der so scharf war, hat des sogar unfreiwilliche Träne gekoscht. De geriewene Kren hat mer mit Rahm, Essich, Zucker un Salz gemischt, bis de richtiche Gschmack erreicht war. Des hat schun e bissl Iewung gekoscht.

Krumbiere hat mer 's ganzi Johr lang ghat un aach die anre Worzle. Grienzeich, Gelriewe, un Paschkenat hann sich im Keller odr in dr Speis iwr's ganzi Johr ghal. Heit kaafe mer die Worzle un sogar de fertich angemachte Kren im Lewesmittlgschäft.

Noh dem Supp un Fleisch hat aach e Kuche zum Mittachesse gheert. Des war meischt e Gerwekuche (aus Hefeteig) wie Nussestrudl, Maaksstrudl (Mohnstrudl), Griewekuche, Grammelpogatsche oddr sogar Damenkapritze (Schittinsblech. Blechkuchen).

Aach an Feiertäch hat's «Supp un Fleisch« gin, awr noher noch e Bratl, entweddr vum Schwein, Rind, Hinkl, Gans, Ent odr sogar Pujkel (Truthahn). Aussr gebrotene Krumbiere (Bratkartoffeln) oddr Krumbierepiree (Kartoffelpüree) hat mer immer Dunschtobst (eingelegtes Obst) mitm Bratl gess.

An solche Feiertäch hat's feine hausgemachte Mehlspeise (Backwaren) gin: verschiedeni Tortn, Krempita (Kremetorte), Nussbitte, Haselnusskuche un mehr. Am liebschte hann ich die Doboschtortn ghat un e Nusstortn, wu ohne Mehl gemacht is gin, nor mit gemahlene Nusse. Die war arich gut.

Anri Suppe unr dr Wuch

Außer «Supp un Fleisch« hat mer unr dr Wuch aach noch anri Suppe gekocht. Do war erschtens mol die *Krumbieresupp*. Bei uns hat mer die gschälte Krumbiere in Sticke gschnit, wu so groß ware, dass se in e Suppeleffl gepasst hann. Die Krumbieresupp hat mer mit'me Inbrenn fertichgmacht. De Inbrenn hat mer separat in'me klene Reindl angemacht un dann in die Supp ingekocht. In dem klene Reindl hat mer Mehl in Fett angebreint un gut rumgeriehrt. Bei uns is immer a Messerspitz rote Paprika drzu kumm, dann hat die Supp e scheni roti Farb kriet un hat aa gut gschmeckt.

Oft hat mer e Aij odr e Aij for jedi Person in die Supp getun, ohne Stickle vun dr Aijerschal in die Supp falle losse. In de Teller mit Krumbieresupp hann mer manchmol e Leffel Essich – am beschte vun 'me Glas mit saure Paprika – drzu gin. Ich hann mich gstaunt, dass manchi Leit des dann »Sauri Aijer« genennt hann, wu's doch wirklich Krumbieresupp war! Im Summer hat mer manchmol neije Krumbiere ausm Garte ghat, wu mer netmol schäle hat misse. Un manchmol hat mer villeicht aach griene Erbse oder griene Bohne (wu eigntlich gehl ware!) in die Supp getun, des war dann war schun e wirklich guti Gemiesesupp.

Oft, un net nor im Winter, is *Bohnesupp* uf de Tisch kumm. Die hat mer mit de klene, weiße Bohne gekocht. Die Bohne sin im Garte gewachst un hann sich iwr's ganzi Johr ghal. Ich erinner mich genau, dass mer e Zwiwl un aach Knowlzewe mit dr Bohnesupp gekocht

hat, awr net gess hat. De Inbrenn mit rote Paprika is aach in die Bohnesupp kumm un Aijerknedle (aus Mehl, Wasser un Aijer) hann net
derfe fehle. Wann ich mich richtich erinner, is Bohnezuspeis genau
so gemacht gin, awr mit wenicher Wasser un villeicht mehr Inbrenn.
Bohne un Worscht hann bei uns immer zu de beschte Esse gezählt.

Paradeissupp hat mer im Summer vun dene schene Paradeis ausm
Garte gmacht. For mich war 'se irgendwie zu konzentriert. Wie ich se
spätr in dr Kantin kriet hann, war se mit wenicher Paradeis un mehr
Wasser gmacht, un hat mer besser gschmeckt. Des hätt aach kenne
sin, weil ich eenfach hungricher war?

Dann hat jeder noch die *Inbrennsupp* gekennt. Do ware ke Krumbiere un ke Bohne drin, nor Inbrenn un Riwle. Die Riwle ware wirklich nor Mehl mit'me Aij vermischt, wu mer mit ,me Reibeise in die
Supp geriwelt hat. Wann se nor mit Wasser un Inbrenn gemacht is gin,
hat mer se aach »*Armi-Leit-Supp*« genennt. 's is gsaat gin, dass manchi alti Leit ihre Brot in die Supp ingebrockelt hann un drvun gelebt
hann. Tatsach is, dass aach alti Leit wu ke Zän ghat hann, die Supp
esse hann kenne. Un billich war se aach, awr die meischte Vorbhalter
hann sich sicher mehr leischte kenne.

Net zu vergesse is die *Ingemachti Supp*, un zu der hann kleni Tauwe
dran glaawe misse. Wann mer ke Tauwe ghat hat, hat mer die Supp
aach mit 'me junge Kokosch (Hähnchen) oddr anrem Gfliegl mache
kenne. Wann des Fleich gekocht war, hat mer's vun de Knoche loss-
gmacht, wirflich gschnied un zuruck in die Supp »ingemacht«. Drzu
is noch gekochte Reis kumm, un villeicht fein gschniteni Grienzeich-
blättr. Die Supp war mild awr kräftich, un war bsondersch gut for die
Persone, wu sich grad vun enr Krankheit erholt hann

Anri Suppe ware bei uns im Haus seltn. E gutes Beispil is *Karfiolsupp*.
De Karfiol hann mer misse ufm Wuchemark kaafe, weil er in unsrem
Garte net gwachst is. Ich erinner mich, dass die Karfiolsupp so e bissl
stark gsalzt war, awr sie hat mer immer gut gschmeckt. Manchi Leit
hann aach *Saurkrautsupp* mit Worscht gekocht, awr die is bei uns net

vorkumm. Im Tippe mit Gfillts Kraut war manchmol so e bissl Supp, un die hat wirklich gut gschmeckt.

Heitzutach hann sich die Gwohnheite geännert, wu mer doch weeß, dass e Schweinsbratl allenich, mit viel Wein un anre Alkohol ungsunder wie e Gemiese is.

Ufm Feld war 's jo annerscht, do hat mer halt e Stick Speck mit Brot, Kees un e saure Umork gess, manchmol aa e saure Milich, wu mer in em Tippe unnerm Waan gut kiehl ghal hat. Un dann oweds drhem etwas Warmes, meischtns aus Mehl odr aach gequellti Krumbiere, was von de Mutter oder Großmutter halt gschwind gmacht is gin.

Am End kann mer sicher mit dem Sprichwort saan: Wer lang Supp esst, der lebt lang.

Dunschtobst un Saurkraut

In meiner Kindheit hat mer im Summer vun de ville Obstbem im Garte immer genuch Obst for esse ghat. Des hat mit frihe Äppl angfang un is dann mit Biere, Kersche, Aprikose, Pherschinge un Quetsche weitergang. Im Garte ware noch Erdbeere, Himbeere, un bei manchi Leit aach noch Riwisle (Johannisbeeren) un Agrassle (Stachelbeeren). Im Feld hat mer nohm Schnitt wilde Brombeere vrkoschte kenne. Die Maulbiere-beem uf de Gasse hann vill Maulbiere getraa, awr mit dene hat mer am beschte Raki gebrennt. Im Herbscht hat mer dann Trauwe ghat, vum Weingarte odr ausm Garte.

So manches vun dem Obst hat mer kenne for de Winter ufbewahre. Mer hat's also ingeleet un Dunschtobst draus gmacht. Vun de Beere hat mer Marmelade gekocht (manchi Leit hann se Lekwar genennt, odr eenfach Schmier). Aach Aprikose, Kersche un Quetsche hat mer ken-ne for Lekwar inkoche. Des Dunschtobst war awr wichtich, weil mer's an de Feiertäch doch mitm Bratl ufgetraa hat.

Die Kersche – bei uns ware des Sauerkersche (Weichsel) – hat mer oft mitm Keere ingeleet. Mer hat se awr aach ohne Keere ingeleet, dass mer 's dann direkt in de Kerschestrudl hat kenne tun. Die Dunschtgläser ware hoch un dinn, mer hat se mit Kersche gfillt un dann mit Zuckrwassr angfillt. Die Gläser hat mer e korzi Zeit in heißes Wasser gstellt, dann etwas Salizyl drufgetun und se owe mit Waxpapier odr Cellophan vrschloss.

Die Biere hat mer vorher gschält un in vier geteelt. For die Quetsche hann mer greßeri Gläser gbraucht, etwa finf Liter. Die hat mer schun in dr Speis ufbewahre misse, for uf de hohe Schank stelle ware se zu groß. Manchi Leit hann die Äppl in Sticke gschnit, dann uf e Schnur ingereiht un zum Truckle uf de Dachbode ufghong. Die getrucklte Äppl ware awr net so gut wie die, wu mer vun de Äpplmoje (Händler aus den Westkarpaten) kaaft hat.

Außer Dunschtobst hat mer aach Umorke, Paprika un sogar griene Paradeis ingeleet, desmol mit Essich, net mit Zuckrwassr. Schun im Summer hat mer Brotumorke (mit Brot gesäuerte Gurken) gmacht. Drzu hat mer e lengtweise Schnitt in die Umorke gemacht, hat se in e Glas mit Kapper (Dill) un e Stick Brot (odr villeicht Sauertaich?) getun un in die Sunn gstellt. Wann se sauer ware, hat mer se vorm Esse natierlich kaltgstellt. For de Winter hat mer Gläser mit Essich-umorke gfillt, die hann sich länger ghal wie die Brotumorke.

De Paprika hat mer kenne als ganzi Schote inleeje, odr mer hat ne kenne zsammschneide, un die Keere weglosse. Odr mer hat kenne die Paprikaschote ausholle un se dann mit zammgschniedenem Kraut fille. For die Essichwasser-Mischung hat jedi Hausfrau ihre eigenes Rezept ghat. Meischt hat mer Knowlzewe (Koblauchzehen), Lorbeere-blätter un Phefferkerner drzu gin.

Zuletscht kenne mer 's Saurkraut net vrgesse. Jedes Haus hat sei Saurkrautstenner ghat: e Fass, wu owwe uf war un die owerschte zwaa Bretter heher ware un Lecher for die Schraub ghat hann (des is schwer ohne Zeichnung zu beschreiwe, awr die meischte Landsleit werre sich noch erinnre). Mer hat des zammgschniedeni Kraut in Schichte ins Fass geleet und gut Salz drdriwwer gstraut. E ganze Krautkopp hat mer net derfe vrgesse, weil mer die Blättr for Gfillts Kraut (Krautwickel) gebraucht hat. Zuletscht hat mer passend gstutzte Bretter drufgeleet un des ganzi zammgepresst, wann mer die großi holzerni Schraub umgedreht hat. Mei Großvattr hat noch a Handvoll klene awr scharfe griene Paprika drzu getun – er hat ne Leiwlsknepp genennt – des hat dem Saurkraut noch e bissl scharfe Gschmack gin.

Heit kann mer des alles im Gschäft kaafe un es kummt aus dr ganzi Welt. Mir kaafe ingeleete Sauerkersche vun Ungarn, Aprikose vun dr Tirkei odr vun Siedafrika, vrschiedeni Marmelade vun Rumänien (Marke Răureni). Gute saure Paprika un aach Ajvar (Paprika-Auberginen-Aufstrich) kummt vun vrschiedene Balkanländer, vun Bulgarien bis Mazedonien. Sehr gute saure Pattypan-Kerbse (des sin so kleni, flachi Kerbse) kumme vun Moldawien!. Unlängscht hann mei Weib un ich a Phund Kersche kaaft. Die ware vun Niagara, de siedlichschte Region vun Ontario un vun Kanada. Vun dene ware mer wirklich entteischt: die hann schen ausgschaut, hann awr ke Gschack ghat un ware netmol sieß.

Die Wassermilone krie mer im Summer vun Kanada un aus de USA, im Winter vun Mexiko odr Mittlamerika. Die hann alli wenich Gschmack un ke Keere. Die hat mer halt so gezicht, dass se die lange Transportzeit un die langi Lagerzeit im Lebnsmittlgschäft iwrstehn. Wie Osteiropa noch kommunistisch war, hann mer Hetschelmarmelade (Hagebuttenmarmelade) vun Bulgarien kaaft. Die hat wie Waanschmier ausgschaut, hat war gut gschmeckt. Heit kummt e ähnlichi Marmelade vun Serbien, vun wu mer sunscht kaum etwas kaafe. Noh dr Revoltion vun 1989 hat mer bei uns in Kanada e zeitlang guti Produkte vun Kroatien kriet. Des hat awr net lang anghal, weil aach die des Pectin entdeckt hann un jetzt mehr Marmelade mit wenicher Obst mache.

Die besten Aprikose kumme aus der Tirkei, meischtens getruckelte Aprikose. Vun Frankreich krien mer guti Aprikosnmarmelade (Marke

Bonne Maman – so wie in Deitschland). Die hann also aach gutes Obst. Erwähne mecht ich noch e Marmelade wu mer im Banat net gekennt hann. Die, werd aus Pumrantsche (Orangen) gmacht, eigntlich vun de Sevilla-Orange, weil die zu bitter for Esse sin. Wie mer noch jung ware – also des is schun lang her – hat mei Weib die Marmelade selwer gekocht.

Gischter hann bei uns die Restaurants widr ufgmacht. Des sellt bedeite, dass aach mei Frau e Pause vum Koche krien sellt. Awer unser Restaurants gehn leidr in e andre Richtung wie die in de Länder wu friher kommunistisch ware. Dort steiert mer widr in die vorkommunistische Zeit zuruck un kocht mit allerhand Zutate, die was Jahrzehnte lang gfehlt hann. Do bei uns scheint's, dass mer die Qualität reduziert, bloß dass mer mehr Gewinn macht. So is des halt im Kapitalismus! Es Ziel soll jo sin: *biologisch, organisch* un meglischt *vegan* un *kalorie-arm*. Grad des hat uns noch gfehlt. Was bleibt dann noch iwrich vun dem, was gut is?

Mir hann allerhand Tee getrunk

Wann die Wintre kalt un die Owede lang ware, hann die Leit im Dorf oft Tee getrunk. Drzu hat's jo villi Sorte Kreidertee gin, wu mer im Summer for de Hausgbrauch gsammelt hat. Der hat dann weiter nix koscht, hat gut gschmeckt un war aach gut for die Gsundheit. De »wirkliche Tee« wu mer »Russische Tee« genennt hat, aach wann'r warscheinlich in China oddr Indien gwachst is, hat mer im Gschäft kaafe misse un der war net grad billich.

Mer hat awr villerlei Kreitertee ghat. Do war zuerscht de Kamiletee. In me gute Johr sin die Kamille jo iwrall gewachst: uf dr Hutwed, in de Gasse, sogar im Hoff, wann die Leit ke Pherd un Waan mehr ghat hann, wu iwr se gfahr wär. Schun als Kinner hann mer die klene Blume abgeroppt, manchmol mit 'me Kampl (Kamm) un manchmol nor mit dr Hand. Mir hann se getruckelt un dann in klene Säckle ufbewahrt. De Kamiletee ware net no jedm sei Gschmack, hat awr selle gut sin gegr Schnuppe, Huschte, Verkielunge (Erkältungen) un allerhand Bschwerde mitm Maa un mit de Lunge. Mit e bissl Zucker hat mer ne schun trinke kenne.

Gut gschmeckt hat de Lindetee. In dem heitiche Park im Mittedorf, vun uns Rondell genennt, hann scheni Lindebeem gstan. Im Summer, wann die gebliet hann, hat e Jeder sich iwr ihre Duft gfreije kenne. Mir Buwe hann dann die Bliete abgeroppt, hann se getrukel, un for de Winter ufbewahrt. Heit kann mer die Lindebliete in Teebeitle (Teebeutel) kaafe, awr so gute Tee wie drhem kann mer mit dene net mache.

Wer erinnert sich noch an die Zeit wann die Akazije gebliet hann? Die Bliete hann mer als Kinner gess, und ich hann so e ganz schwachi Erinnerung, dass mer drvun aach Tee mache hat kenne. Villeicht ware se schwer zu truckle un hann sich for de Winter net ghal?

Dann ware die Brombeere. Wann die Frucht (Weizen) abgemacht (abgemäht?) war, sin die Stopple iwrich gebliebe un in dene is allerhand gewachst, aach die Brombeere. Niemand hat se angebut oddr gsetzt, sie sin eenfach gewachst. Ihre langi un starki Äscht ware in de Stopple schwer zu gsiehn. Wann mer so bloßfissich iwr die Stopple gang ist un so e Ascht iwr die Fieß kumm is, hat's schun Schade gmacht. Mir hann awr die Blätter, villeicht aach die Bliete und kleni Stickle vun de Äscht getruckelt un im Winter drmit e gute Tee gmacht.

Net zu vrgesse war de Phefferminztee. Wann ich mich richtich erinner war des net de wilde Phefferminz, de richtiche Phefferminz is also im Garte gwachs, villeicht newr em Rosmarein? De Phefferminztee hat awr gut gschmeckt un war aach gut for die Gsundheit. Aach de Phefferminztee kann mer heit in Teebeitle kaafe, awr so gut wie der vun drhem schmeckt er aach net.

Aach in dr neiji Welt werd vill Tee getrunk, aach Kreidertee. Drzu gits e gute Rot for so manchi schwierichi Situation, wu jo in jedem Lewe mol vorkumme kann: Abwarte un Tee trinke!

Dorfmusich vun drhem

Elektrische Strom hann mer im Dorf noch kene ghat, in de frihe fufzicher Johre. Manchi Leit hann noch e Grammaphon vun Amerika ghat, so eene, wu mr ufziehe hat misse. Die meischte Battrie-Radios hann die Leit im 1944er Johr ins Warschhaus (Gemeindehaus) abfiehre misse un hann se dann nie widr gsiehn.

Wann die Junge zsammkumm sin, meischtens alli vun em selwe Johrgang, hann se entweder irgendwu im Gras gsitzt oder sin uf dr Gass rumspaziert un hann drbei Lieder gsung. Alti Volklieder sin do gsung gin, awer aach neie Schlager, uf Deitsch und uf Rumänisch.

So wie anri schwowischi Derfer hat aa Schandrhaas a Blechmusich ghat. Im Kriech sin die Musikante ausnanner geriss gin; mer hat net mehr gwisst, wer derhem war, wer villeicht irgendwu im Gfängnis gsitzt hat oder in dr Salzgruwe gschuft hat. Nor ganz wenichi hann gewisst, dass e phaar Musikante schun bei de »Original Donauschwaben« in Minchen gspilt hann.

An eme schene Neijohrsowed, wie mer aus dr Kerch rauskumm sin, hat die Blechmusich vor dr Kerch a phaar Stickle gspilt, zuletscht de »Alte Kameradenmarsch.« De Kapellmeister war de Stemper Vettr Hans, un er hat genuch Musikante zammgebrung, for die alti Neijohrstradition weiter fiehre. Irgendwann hat's aach widr a Streichmusich gin, un die jungi Generation hat angfang die Instrumente zu lerne.

Ich kann mer awr bis heit noch net erkläre, wie des später kumm is, dass so villi Kinner, meischtns Buwe, e Inschtrument spille gelernt hann; so wie ich aach. Weil se bei dr Feldarweit nimmehr gebraucht sin gen, hann se sicher mehr Zeit for Anneres ghat.

Beim Grawisch-Lehre hann der Mischko un der Hilli Akkordeon spile gelernt. Des hätt ich aach gere gemacht, awer leidr hat des Instrument zuvill Geld gekoscht. Awr e Violin, also e Geij, hann mer noch im Haus ghat, weil mei Vattr aach mol in eener Streichmusich gspilt hat. De Grawisch-Lehre hat mich also anghol, for mich des Geije zu lerne. De Lehre hat scheinbar alli Inschtrumente gspilt, awr ganz sicher Klavier, Akkordeon un Violin. Erscht mol hatr immer unsre Geije nohm Klavier gstimmt. Dann hann mer alli zwaa zammgspilt, manchmol aach alli vier.

Vun de Lieder, wu mer in unsre Violinstunde gspielt hann, war »Kleines Mädchen von Hawaii« ens vun mei liebschte, un ich hann's bald ohne Notte spile kenne. Natierlich hann mer später noch a phaar Walzer un Polkas gspilt. Die ville Iwunge aus dem Heft vun Morawetz in Temeschwar hann ich drhem immer widr spile misse.

Oft hann ich meim Vatter sei mit dr Hand gschriewene Notte dorchgeblättert. Wenigschtens zwaa Stickle drvun hann ich dann aach gschpilt: De »Donauwellen-Walzer« vun Iwanowitsch, un »Du schwarzer Zigeuner«. Im Haus hann mer aach a gedrucktes Musichbuch ghat, mit Notte un Text vun ville Liedr. Vun dort hann ich nor een Lied selwer glernt, des »Schlesierlied«: »… Wir sehn uns wieder, mein Schlesierland, wir sehn uns wieder am Oderstrand « Des hat mich so traurich gmacht, aach wann ich net gewisst hann, was mit dem Land passiert is. Ohne Notte hann ich des vill uf dr Gass gsungeni Lied: »Nach meiner Heimat zieht's mich wieder …« gspilt, meischtens wann ich etwas gtrunk hann, was awer sicher net oft vorkumm is.

Mei Vatter hat beim Klein Vettr Matz des Geije gelernt, wie so villi Kinner aach noch in de fufzicher Johre. Villi drvun ware im Schulorchester; mit dem ware mer bei jedr Schulfeier drbei. Sogar in Bugarisch (Bogarosch) hann mer emol a Gaschtvorstellung gin.

Zuletscht mecht ich noch erwähne, dass in Schandrhaas irgendwann sogar Kammermusik gmacht is gin. Die Mitgliedr vun dem Quartett ware: De Lamoth Pharre (1. Violin), de Kantorlehre Sieber (Cello), de Kaplan Nikolaus Muth (Laute) und Sepp Brandl (2. Violin).

Es is schun komisch, wie mr des ganzi heit in de Kopp kumm is. Mir ware unlängscht im Urlaub in Hawaii un hann dann im Flieger gsitzt un uf de Abflug gewart. Un weil mer jetz in dem Alter sin, wu des hechschtwahrscheinlich unser letschter Besuch uf dere scheni Insel is, is mer pletzlich des alti Lied in de Kopp kumm. In de sechs Flug-stunde bis Vancouver hann ich die Gedanke an des Lied net loskriet (un des Ganzi ufgschrieb).

So is des Lewe. Noh so langer Zeit war ich endlich selwer in Hawaii, awr des »Kleine Mädchen« vun domols war jetzt schun älter un war mei Frau, die wu ich vor 40 Johr gheirat hann. Ich war froh un doch aach traurich, weil des Lied irgendwie ufs ganzi Lewe zutrefft: »Kleines Mädchen von Hawaii, leise sag ich dir goodbye …«

Sauwerkeit muss sin!

Gleich newer jedem Haus, Zaun, Tierel un Tor, war's Plaschter – mit Brennziggle geplaschtert un a Meter breet (anerthalb Meter in dr Hauptgass un im Rundell). Vum Plaschter bis zu der erschti Reih Beem war de Biziklwech. Vun der erschti Reih Beem bis zu der zweiti Reih Beem war was mer »Zwische de Reih Beem« genennt hat. Dann war die »Mittegass«, zwischen der zweite Reih Beem uf eener Seit un der zweite Reih Beem uf der anri Seit. Die Gasse ware 20 Klofter breet, des sin so ungefähr 38 Meter. Die meischte Beem ware Maulbiere Beem, weil mer jo ihre Bätter for die Seiderauwe gebraucht hat.

De Vettr Sepp un die Bässl Liss hann in der Gass geger Uihel gwohnt, net weit vun der Miehl. Ihre ganzi Gerechtichkeit war immer so sau-wer als ob se erscht gekehrt war gin: do war ke Blatt, ke Grasshalm, ke Steen un ke Klumpe Erd wu hätt kenne steere. De Vettr Sepp had jede Taa gekehrt, manchmol sogar mehr wie eenmol, un net nor des Plaschter un de Biziklwech, sogar zwische de Reih Beem . Un wann jemand mit 'ner Kuh vorbei gang is, dann war de Vetter Sepp, un manchmol aach die Bässl Liss, gleich drauss mit der Schipp un mit'm Bese, um jedi Gschpure zu vertilche. Wie de Vetter Sepp schun gsaat hat: »Sauwerkeit muß sin!«

Wie ich mol mit meiner Oma uf de Kerchhof gang sin, sin mer aach beim Vettr Sepp un der Bässl Liss ihrem Haus langscht gang. Die Bässl Liss hat uns rinn geruf, um uns ihre guti Stubb zu zeiche. Im Gang hann mer unsre Schuh, Sandale un Schlappe ausgezoh un sin in die Kuchel nin gang. Die Kuchel war schen ingericht un is net benutzt gin. In die Stubb sin mer net gang; mir hann bloß in der Tihr gstann und die Bässl Liss hat uns alles erklärt. Vum Kaschte bis zum Diwan, vun de Teppiche bis zu de Bettdecke, un vum Tischtuch bis zur Hängelamp iwr dem Tisch, ware des alles funklnagelneie Sache.

Hinne angebaut ans Haus war so an Anhänger, wu irgendwann mol a Stall war. Dort hann de Vettr Sepp un die Bässl Liss ihre eigentlichi Kuchel ghat, dort hann se gekocht un gewohnt. For mich war des etwas Neies, weil bei uns 's Zimmer un die Kammer bewohnt ware un weil mer also a Paradistubb garnet ghat hann.

Dann is der Kriech aach in unser Dorf kumm, un natierlich hann aach de Vettr Sepp un die Bässl Liss Koloniste ins Haus 'griet. Die Koloniste hann Pheerd un Waan ghat, un hann sich irgendwu ufm Hottar Kukruz breche kenne. Dann sin se mit dem Waan uf de Biziklwech un uf's Plaschter gfahr un hann de Kukruz ganz eenfach dorch die ufene Finschtre in die Stubb abgelad. Was des for de Vettr Sepp un die Bässl Liss bedeit hat kann mer sich vorstelle. Awer mer hat jo damals so Villes mitmache misse, um zu iwerlewe. De Vettr Sepp un die Bässl Liss hann noch so dreizehn-verzehn Johr iwerlebt, awer a sauweri Gerechtichkeit zu halle war nimmer meglich un des hat 'ne sicher Weh getun.

Unser Blechmusich

Heit hann ich mer die CD vun unsrer Blechmusich widr mol ang-horcht. Die Musichkapell hat in Deitschland zammgfunne un nennt sich »Trachtenblaskapelle«. So weit wie ich des beurteile kann, hat se sich bemüht, de Klang vun drhemm zu erreiche und hat 'ne aach ganz gut erreicht. Do drzu kann mer nor »bravo« saan, die Musikante hann ihre Sach gut gmacht.

Vorm Kriech war ich noch zu klen for bei villi Feierlichkeite mit Musich drbei sin, un wie die nohm Kriech widr in Schwung kumm sin, do hann ich schun mit eem odr zwaa Fieß in dr Stadt gstann. Un doch kumme mer manche Gfiehle, wenn ich die CD heer, un manchmol krie ich sogar e Gänsehaut. Des muss also tiefer leije un vun meine schwowische Vorfahre härkumme.

Mei erschti Erinnerunge sin net ganz hell, ich muss noch e Kind gwenn sin. De Saal war voll mit Mensche, es war heiß, un e bissl staawich. Um's Saal rum hann älteri Leit gsitzt, un in dr Mitte hann jingeri Leit getanzt. Was des Ganzi for mich zu ,me Erlebniss gmacht hat, war die Blechmusich. Die hat solle frehlich sin, un sie war es aach, awr do hat doch so etwas wie Traur odr Schwermut mitgeklung.

Ich kann sogar vun der CD noch immer des Gfiehl grien: Frehlich-keit mit Schwermut, do gspiert mer die ganze Johre voll mit schweri Arweit, die Hochzeite un die Begräbnisse, alles härt mer do mitklinge. Die gleichi Gfiehle hat mer aach in de Leit ihre Gsichter gsiehn kenne: großi Freed un großes Leed, de Kampf ums Lewe, scheni un trauriche Erlebnisse, was schun so e Menschelewe ausmacht. Die Leit hann's wirklich vrdient, mr muss es 'ne vrgunne, dass die Musich se in e frehlich-traurichi Stimmung gbrung hat, die wu mr nor gspiere awr ner beschreiwe kann.

Dann war do noch e anres Erlebniss. Mir Buwe hann in dr Näh vun dr Sandkaul gspilt, un pletzlich schallt Musich, odr 's Echo drvun, odr alli zwaa mitnanner, riwwer. Ufm »Warjascher« Kerchhoff is jemand begrab gin, un die Blechmusich hat de Totemarsch gspilt. Mir hann uns e phaar Minute lang net geriehrt un hann wie vrzauwert zughorcht. Des ware Klänge aus'm Jenseits, aus eener anri, un sicher bessri Welt. Ich weeß net, ob's meine Kumrade aach so geht, awr ich hann des bis heit net vergesse kenne.

Im Vorbhalt

Unlängscht, wie ich die Blättr hinr'em Haus zammgerechelt hann, sin mer de Vetter Matz un die Bässl Bewi widr mol ingfall. Die hann damals im zweite Haus vun uns gwohnt un ware im Vorbhalt. Des muß so um 1940 odr 1941 gwen sin, do war ich also finf Johr alt.

Ich sin oft hin gang weil se mich gere gsiehn hann un weil se mich zum Mittachesse ingelad hann. Ich erinner mich noch immer wie ich die Treppe ruff gelaaf sin. In dr Kich hann ich mer a Leffl, a Gawl un a Stamplglas ausm Kaschte ghol. A Tellr hann se for mich schun ufm Tisch stehn ghat.

Die Bässl Bewi hat immr etwas Warmes gekocht ghat un de Vetter Matz hat die Weinflasch an seiner rechti Seit stehn ghat. Ich hann immer a phaar Troppe Wein ins Stamplglas griet, dann hann mer angstoßt, de Vetter Matz hat so irgend a Spruch gsaat un mir hann's uns schmecke gelosst.

De Vettr Matz un die Bässl Bewi hann a schenes Haus ghat. Des war klen, nor a Zimmer, a Kich, un a Speis. Mer hat misse a paar Treppe ruff gehn, dorch de Gang, zu der Kuchltihr. Ihe Kinner hann im Rundell gewohnt un sin meischtens am Sunntach uf Besuch kumm. Die alte Leit hann alles ghat, was se gebraucht hann; sie ware gsund un hann schen mitnanner glebt.

De Vetter Matz is im 1940 gstorb un hat des ganzi Elend mit der Enteignung un mit de Koloniste net mehr erlewe misse. Die Bässl Bewi is dann zu ihre Kinner gezoo und hat noch so zehn Johr gelebt.

Villi Johre später hann ich mer Gedanke gmacht iwr wievill Frucht, Kukrutz, Grumbiere, Berte Laab un Liter Wein die Kinner im Johr ihre Vorbhalter hann misse gin. Ich hann dann mei Onkel – de Schneider Hans, wu langi Johre in dr Kunschthalle vun Baden-Baden angstellt war – gfroot, wie des so war mit dem Vorbhalt: wer hat bstimmt wievill die Kinner ihre Eltre schuldig ware? War des irgendwu ufgschrieb? Was is passiert wann die Kinner des net inghal hann? Un er hat do druff geantwort dass des wahrscheinlich ufgrschrieb war, villeich vun Zeie unnerschrieb, awr net vum Notär odr 'me Advokat, weil jo a Jedr gwißt hat, was sich gheert.

Un dann hat mei Onkel gement dass die Leit wu reich genug ware, un wu sich des leischte hann kenne, im Vorbhalt sicher a schenes Lewe ghat hann. Die ärmere Leit hann sich miße iwrgin, mit Allem was se ghat hann, un hann dann mit jingere Leit gwohnt, manchmol schenner un manchmol net so schen.

Jetz macht der Staat die Altersversorchung, un braucht drzu natierlich a ganzi Armee vun Angstellte, wu jo aach alli mitesse misse. Awr a Rente kriet dann a Jeder, ob er arm war oder reich, solang wie er in seim Lewe gearweit hat. Der wu drzu noch etwas uf die Seit geleet hat, is halt widder besser dran, wie der wu net in der Lage war etwas zsamm zu spare. Gleichheit hat's friher net gin un git's aach heit net.

In der Familje

In unsrem Dorf sin die Kieh un die Pherd, die Schwein un sogar die Hinkle genau so oft krank gin, wie in de Nochberschderfer. Awr e Tierarzt hat's im Dorf net gin; dej hat mr vun wuanerscht bringe misse. In Bogarosch, des war jo nor sechs Kilometer weg, war a Tierarzt, wu Dokter Hinkel gheescht hat, un des is ke Witz.

Wann irgend a Stick Viech, oder die Hinkle, Gäns, oder Ente Schwierichkeite ghat hann un die Hausmittel, wu mr so gekennt hat, nix mehr gholf hann, dann hat mr oft de Dokter Hinkel geruf. Des war jo net so enfach, weil's im ganze Dorf nor zwaa odr drei Telefone gin hat. Oft is mer eenfach hingfahr un hat de Dokter gleich mitgebrung, awr dann hat mer ne aach hemfihre misse. Es war also eenfacher, ne zu verständiche, un dann is er mit'm Motorrad odr mit der Kuless kumm.

An me schene Suntach hat mol wider jemand de Tierarzt gebraucht. Sie hann ne aach verständicht un er is kumm un hat sei Medizin verschrieb. Ob er jetz mitm Motorrad kumm is, odr mit der Kuless, losst sich net mehr feschtstelle, is jo aach net wichtich.

Uf em Hemwech is de Dokter am Wertshaus vorbeikumm, des was mer domols Restaurant genennt hat. Er hat pletzlich Dorscht ghat un hat sich uf der Stell entschloss, mol nin zu gehn. An em Tisch hann mehreri Männer un große Buwe gsitzt un hann sich scheinbar gut unnerhal. De Herr Hinkel is hin gang un hat gsaat: »Buwe, kann ich mich mol zu eich sitze?« Eener vun de Buwe hat gleich Platz gmacht un hat gsaat: »Awr sicher, Herr Dokter, do seid dr doch in der Familje.« Er hat ihm sei Hand hingstreckt un hat gsaat: »Mei Name is Hahn.« Un weil des aach wirklich wohr war, hann Alli mol gut gelacht un die Gschicht is noch oft verzählt gin.

Vum Radiohere

Wann mer mol achtzich Johr alt is, hat mer de Kopp voll mit Erinnerunge. Ich erinner mich noch ganz gut an die Zeit, wie die Radios ins Dorf kumm sin. Elektrsche Strom hat mer in dere Zeit noch net ghat, awr manchi Leit hann sich e Radio mit Batterie angeschafft. Des war schun a Wunner, wann die Stubb sich mit dene schene Liedr gfillt hat.

Im Kriech hat mer die Radios misse abgin, un gleich noh'm Kriech ware aach keni zu kaafe. Wie mer se spätr widr hat kenne kaafe, hann ich als junge Schiler aach des Geld drzu net ghat. Ich hann awr rausgfun, wie mer a Radio baut, wu ke Strom gebraucht hat. Mer hat des a Krischtall-Radio genennt, un die notwediche Bestandteele hann ich ufm Temeschwarer Tandlmark gfun. Außr dem Kristall vun Galena (Blei-Sulfid) ware die Ohrmuschle am wichtichschte. A guti Antenne hann ich vun 'me Akaziebaam bis zum Hausdach gspannt.

Spätr hann ich a permanenti Installation ufm Finschterbrett newer meim Bett steen ghat. Die Antenne war ufm Hausbodde, so dass mer se vun drauß net gsiehn hat, e Droht is vun dere Antenne dorch de Plafon zum Radio kumm, un a guti Verbindung zu dr Erd hann ich irgendwie dorch de gebretterte Fußbode hergstellt.

An ,me schene Summertach war Radio Temeschwar freilich die enzichi Station, wu mer kriege hat kenne. 'S war awr doch schen, wann mer mit »Druntn im Tal, da steht die Mühle …« ufgwacht is. Um Mittenacht, wann mer so lang ufgeblieb is, is a ganz anres musikalisches Kennzeiche aus dene Muschle kumm: »Schiroka strana moja rodnaja« un dann »Goworit Moskwa«. Des is nie in dr Zeitung odr sunsch irgendwu erwehnt gin, awr mir ware halt e »Satelit-Staat«.

Am Owed un iwrhaupt im Winter hann ich oft an dem Gerät rummgedreht for anri Sender empfange. Ich erinner mich an a tiefi Männerstimm: »Radio Beograd« un an a freindlichi Frauestimm: »Koschuth Radio Budapescht«. Aach »Radio Novi Sad« war manchmol zu here. Die serwische Sender hann oft Jazz gebrung, was for mich nor darum intressant war, weil Jazz bei uns domols vrbott war.

Wie ich in Arad a Stell griet hann, hann ich mer vum erschte Inscheniergehalt a Radio gekaaft. Die ausländische Sender wu in rumänischer Sproch gsend hann, ware gsteert, awr die deitsche Sender hat mer immer gut empfange kenne. Gere hann ich »Radio Wien« ghert, un die Hitparad vun »Radio Luxemburg«. So manche schene Owed hat mer mit dere Musich verbringe kenne, mit schene Schlager, wu ich bis heit net vrgess hann: »Dich werd' ich nie, nie, nie vergessen …«.

Weil vum Stere die Red war, fallt mer in, dass e Klassekumrad vum Temeschwarer Lyzeum später beim Stersender in Arad angstellt war.

Er hat misse ufpasse, dass de Stersender immer klene Ännerunge vum Auslandsender mitgemacht hat. Wann er drbei ingschlof is, hat's Telefon geklinglt un e Sekurist hat ne vrflucht. E anre frihere Klassekumrad vun Temeschwarer Lyzeum hat angeblich beim Radio »Freies Europa« mitgmacht, mer hat spätr nie etwas vun ihm ghert, und manchi glaawe, dass er vun dere »gwissi Firma« liquidiert is gin.

Bei meine erschte Weihnachte in Kanada hat mer jemand a altes Radio mit Kurzwelle gschenkt. Mit dem hann ich mer die bekannte Weihnachtslieder vun Deitschland angeheert un mer gewunsch, dass ich dort drbei wär. Spätr hann ich langi Zeit a Nordmende Kupfer-Radio ghat, mit Langwelle, Mittlwelle, Ultrakurzwelle, un verschiedene Kurzwelle-Bänder. Do war die Deutsche Welle immer zu empfange, ob's jetz Musich odr a Fußballmetsch war.

Dann sin die Ferseher ingfiehrt gin, erscht scharz-weiß, dann färwich. Un for Musich, die HiFi Geräte mit Plattespiller, vrschiedeni Kassette, un dann CD un DVD. Wer erinnert sich noch an die Grammophone, wu mer ufziehe hat misse? Die Entwicklung is awr weiter gang, un hat uns so manchi elektronische Geräte gebrung, alli mit programmierte Computer. Mit dene kann mer sogar heit noch die Schlager aus dr Jugendzeit ausm Internet rausfische, wie zum Beispill »Deinen Namen, den hab ich vergessen …«.

Heit hann mer 's Haus voll mit elektrische Geräte, vum Dosneffner bis zum Mobiltelefon, un's ganz elektrisch-betriebeni Auto soll aach bal kumme. Ich muss zugin, 's war doch schen, dass ich die ganzi Entwicklung aus dr Näh mitmache hann kenne. Drbei hann ich sogar etwas glernt: Wann mer jung is, is mer reich, sogar in arme Zeite. Mer muss awr alt were, um des so richtich zu begreife.

Vum Dorfradio

An me schene Summerowed hat die Bässl Anna ihre Kandl ghol un is zum Rondellerbrunne wasserhole gang. 's is schun duschter gin wie se ins Rondell kumm is, awr sie hat zwische de Beem zwaa junge Leit gsiehn. Sie war sich zimmlich sicher, dass der Bu de Mischko war, wu in der Lerchelspitz gwohnt hat, awr in dr Stadt in die Schul gang is. 's Mädl hat se gmennt war 's Resi, wu aach dort hinne in dr Gass gwohnt hat.

Ufm Hemmwech hat se die Bässl Gretl getroff, wu vorm Haus uf're Bank gsitzt hat.

»Du werscht mer net glaawe, Gretl«, hat se gsaat, »was ich heit gsiehn hann! De Mischko un 's Resi hann sich im Rodell umarmt, die misse doch e Phaar sin!«

»Des kann net sin«, hat die Bässl Gretl, wu e Fratschlweib war geantwort,« ich hann de Mischko in dr Stadt [Temeswar] mit me Mädl gsiehn und die hann aach wie Vrliebti ausgschaut«.

Die Bässl Anna hat ihre Kopp gschittlt un is weiter gang.

Am nächschte Tach is die Bässl Gretl uf de Kerchhoff gang un hat dort mit der Bässl Kathi längeri Zeit getratscht.

»Hascht du schun gheert, Kathi, dass de Mischko un 's Resi a Phaar sin?« saat die Gretl.

»Nee«, saat die Bässl Kathi, »awr de Mischko soll am Samschtach Owed im Cămin mit dr Resi gtanzt hann, so do kennt etwas dran sin.«

Zwaa Täch später hat die Bässl Kathi in dr Cooperativa die Bässl Lissi getroff un se aach gleich angered:

»Liss, du bischt doch mit dere Resi vrwandt, hat se dich schun zu dr Hochzeit ingelad?«

»Was for Hochzeit? ,'s Resi hat doch gar ke Minsch! De Schilder Matz hat mol hat mol vill mit dr Resi gtanzt, awr vum heirate war do ke Gschpur«

Paar Täch später hat die Bässl Lissi 's Resi ufm Hemwech vun dr Kerch getroff un aach gleich gfrot:

»Resi, du hascht mer noch garnix vum Mischko gsaat.«

»Vum Mischko? De kenn ich jo kaum. Do muss jemand eich e Bär ufgebun hann.«

's war net schwer zsamm zu stelle, wie des passiert is: Die Bässl Anna hat dr Bässl Gretl gsaat, was se gment hat, dass se gsiehn hat. Die Bässl Gretl hat noch e bissl drzu gmacht un hat's dr Bässl Kathi

vrzählt. Die Bässl Kathi hat widr e bissl drzu gmacht un hat's dr Bässl Lissi vrzählt. 's Resi war's letschti wu etwas vun dere Sach gheert hat, awr so manchi Nochberschleit hann drvun gwisst un a Paar hann aach dran geglaabt.

Die Bässl Gretl hat de Mischko ufm Mark in dr Josefstadt getroff un hat em die ganzi Gschicht vrzählt. Der hat nor driwer glacht un hat gsaat: »Des war mol wider 's Dorfradio. Ich sin froh, dass ich's in dr Stadt net anheere kann!«

Iwer 's Anschlaan

In dere Zeit, wu ich e klene Bu war, so zwische acht un zwelf Johr alt, hat jedr vun uns sei Kreizre ghat. E Kreizer war e altes Geldstick, wu for Inkaafe net anghol is gin, entwedr weil die Regierung 's ausm Vrkehr gezoo hat, oddr weil's aus ˌme anre Land gstammt hat.

Ich erinner mich noch an e Kreizer, wu zimmlicht leicht war un in dr Mitte e Loch ghat hat. Die Inschrift war »50 Bani«. Dann ware noch anri rumänischi Monette, wu de Kopp vun 'me Keenich druf war. Wie die Keeniche gstorb sin oddr abgedankt hann, sin aach ihre Kepp uf'm Geld ausgwechselt gin. Bei de ägyptische Pharaone sin in dem Fall de Name vum alte Pharao uf dene Steeninschrifte rausgekratzt gin: Weg is er un vrgess!

Außr rumänischem Geld hann ich ungarische, esterreichische, deitsche un noch anri Geldsticke unner meine Kreizer ghat. Manchi ware aus Eise, die hat mer mit'me Magnet ufhewe kenne. Anri ware aus

Kupfer, Messing, Aluminium odr e Mischung vun Metalle. Goldeni Kreizer ware net drbei, awr manchi ware ganz sicher vun Silver.

Wann so zwaa oddr drei Buwe zammkumm sin, jedr mit seine Kreizre, hann mer als Anschlaan gspillt. Drzu hat mer außr de Kreizre e harti Mauer gebraucht, wie de Sockl vun manche Heiser, die Kerchemauer, odr e Mauer, wu manchi Leit jo anstatt 'me Zaun ghat hann.

Wer angfang hat, hann mer dorch Auszehle bstimmt. Der hat dann eene vun seine Kreizre an die Mauer geworf, er hat also »angschlaa«. Wie dann dr Nächsti angschlaa hat, hat er vrsucht, sei Kreizer so nähkscht wie meeglich zum Erschte seim Kreizer zu plaziere. Wann er uf dem geland is, odr 'ne beriehrt hat, hat er ihm ghert, un der wu sei Kreizer verlor hat, hat bei näkschtemol als Erschter angschlaa.

's hat dann noch weiteri Regle gin, awr an die kann ich mich kaum noch erinnre. Weil e jedr mit seim »beschte« Kreizer angschlaa hat, un 'ne net verliere hat wille, hatr – wann'r vrlor hat – aach mit ,me anre Kreizre zahle kenne. Wann em zweiti Spiler sei Kreizer e Handbreet (gemesst vum ausgstreckte Daume bis zum klene Finger) vum erschte Spiler seim Kreizer gfall is, hat er 'ne kenne ufhewe un nochmol anschlaan.

Wie ich mich erinnre kann, hann ich natierlich manchi Kreizre vrlor, awr doch mehr gwun wie vrlor. Ich hann also, wie gsaat, e scheni Sammlung vun Kreizre zammgriet.

Unner meine Kreizre ware aach drei Silwerdollars, wu mei Großeltre vun Amerika mitgebrung hann. Mer hat gleich gsiehn, dass die aus wirklichem Silwer ware un außrdem hat e Johr so um 1800 drufgstan. Wie ich spätr uf Kanada ausgwannert sin, hätt ich die Silwerdollars gere mitghol, awr des war jo vrbot un ich hann's net wille reschkiere. Ich hann also nie rausgfun, was die Dollars wert ware, un aach net, wu se am End geblieb sin.

Weil schun vum Geld die Red is, mecht ich noch 's Papiergeld, wu in meiner Sammlung war, erwähne. Do war e 20 Reichsmark-Banknott wu e Rotarmist meiner Oma for e Schissl Himbeere gin hat. Un do war aach e 50 Reichsmark, wu e Russ mir zugeworf hat, wie die dorchs Dorf gezoo sin, uf ihrem Hemwech, villeicht noh dem, wu se Berlin erowert hann. Als Andenke an die Inflation in Rumänien noh'm Kriech hann ich e Banknott ghat, wu for »Un milion lei« ausgstellt war. Owedruf war gstemplt »Douǎ milioane lei«. Des war die Zeit, wu mer e Schubbkarre gebraucht hat, for 's Geld ins Gschäft fiehre!

Ufm Mischthaufe

Wie ich noch klen war, also in de dreißicher un verzicher Johre, hat jedes Haus im Dorf sei Mischthaufe ghat. Der war meischt irgendwu hinne in dr Scheier zu finne, vun dr Gass hat mer ne net gsiehn kenne (wie im deitsche »Schwoweland«). Zu dem Mischthaufe hat des ganzi Viech beigetraa. Je greßer de Baurehoff, umso mehr Kieh, Pherd, Schwein, villeicht noch Schof, un dann des ganzi Gfliegl: Hinkle, Ente, Gänz, villeicht noch Pujkle, hann die Leit sich ghal. Wu mehr Viech war, war aach de Mischthaufe greßer.

Jetz soll awr niemand denke, dass der Mischthaufe e Problem war, ganz im Gegnteil. Im gschriebene odr ungschriebene Baurekulenner war als a wichtichi Arweit 's Mischtfiehre vorhande. Vum Mischthaufe hat mer de Mischt uf de Waan gelad un ins Feld gfiehrt. Dort is er abgelad un vrstraut un dann mit'm Pluch unnergeackert gin. Un so sin die Nährstoffe widr zuruck in die Erd kumm un hann widrum zu eener guti Fechsung beigetraa. Heit tät mer saan, dass der Mischt sich »biologisch verarweit« hat.

Weil mer net gegr Insekte spritze hat misse, un ke Gift geger Meis, Ratze odr Kritsche verwend is gin, war des Getreid, die Krumbiere un Sunneblume natierlich ganz »naturrein« genennt. Die Lewesmittl wu mer drvun erzeicht hat ware also »Bio-Lebensmittl«, aach wann mer se damals noch net so gennent hat. Heitzutach gibts jo schun die Reklame »Bio-bio«.

Dann sin pletzlich villi Arte vun Kunschtdinger ufgetaucht. Sie ware teier, awr mer hat mit ihne mähr gfechst. Wie mit so villi neije Sache, hat mer nor die Vorteile gsiehn: Die Frucht, dr Kukruz, usw. hann sich kaum verännert un de Bode hat aach so wie vorher ausgschaut.

Dann is der Kriech kumm un noher die Enteignung. Die Ferma un die Kollektiv hann natierlich Kunschtdinger verwend, wann se die vum Staat zugeteelt hann kriet. Aach in dr Viehzucht hann se vum Staat kinschtliche Mittel kriet, um die Schwein un des Gfligl schneller zu mäschte. Mit dene ganze moderne Mittel war doch immer net genuch do, for die Bevelkerung zu ernähre. Vun »Bio-Lebensmittel« hat selmols niemand gered, weil mer muss zuärscht mol satt werre.

Heit kann mer alli meglichi Fleischware kaafe, Fleisch un Worscht, Speck un Schunke. Kann mer awr wisse wie »natierlich« se sin? Hat mer die Tiere mit Hormone oder Antibiotika gfiedert? Sin die Werscht un Schunke wirklich geraacht gin, odr sin se mit Raachpulver ingerieb gin? Was forche chemische Mittel hat mer in de Worscht un Salami gemischt? Do war's drhem doch eenfacher, mer hat gewißt was mer uf'm Teller hat, aach wann die Schwein manchmol ufm Mischthaufe gewuhlt hann.

Die wenichschte Leit kenne noch ihre eigene Schwein mäschte un ihre eigene Werscht mache. Die meischte vun uns kaafe alles im Gschäft. In letschter Zeit kann mer aach »naturreini« odr »Bio-Lebensmittel« kaafe, angeblich ohne Spure vun chemische Mittel, awr drzu muss mer tiefer in de Sack greife. Un wer kann schun feschtstelle ob wirklich noch Mischt uf die Felder gfiehrt is gin odr ob mer die Werscht kinschtlich haltbar gemacht hat? Um dr Gerechtichkeit wille muss mer awr zugin, dass mer heitzutach doch meischtns länger lewe wie unsre Ahne.

Was mich drzu gebrung hat, dass ich vum Mischthaufe vrzähl, war a klene Gschicht: Zwaa vollgfresseni Mischtkäfer sitze uf'm Mischthaufe un ruhe sich aus. Do saat der eeni: 'S is doch a glicklichi Welt, mit so vill schene Mischt.« Heit villeicht noch mähr wie domols.

Wie ich Delegierte beim Dresche war

Des hat sich so um 1951 odr 1952 zugetraa, do hann ich Summerferien vum Lyzeum ghat. Ich war drhem im Dorf un hann mich noh e Arweit (heit saat mer jo Job) umgschaut, weil ich doch e bissl Geld verdiene hann wille. Des ganzi Feld hat domols dr Ferma gheert un die hat beschloss, die Frucht draus ufm Hottar zu dresche. Drzu hat die Ferma e »Delegierte« (uf rumänisch: *delegat de batoză*) gsucht, wu so e Art vun Buchfierung macht, also jede Tach die Resultate vun dem Dresche ufschreibt un e Phaar Formulare ausfillt.

Ich sin also in dr Ferma ihre Kanzlei gang, die war domols zufällig im selwi Gebeide wu heit des »Schwabenhaus« sei Sitz hat, un sin aach gleich angstellt gin. So hann ich dann jede Morjet um halwer sechs vor dere Kanzlei gstann, mit de Drescher, also die Leit, wu bei dr Dresch gearweit hann. Mir sin dann alli mit 'me große ungarische Laschtauto uf de Dreschplatz gfiert gin. Gegr Owed hat des selwi Laschtauto uns alli widr zuruck ins Dorf gebrung.

Des Laschtauto is de Dreiklofterwech nunner gfahr bis zum Dreschplatz, der wu irgendwu in dr Zweit oder Dritt Längt gelee hat. Dort hann vieli Fruchschuwre gstann, un die sin eener noh'm anre gedrescht gin. Die Drescher ware in zwaa Partije ingeteelt, wu sich bei dr Arweit abgwechselt hann. Angetrieb hat die Dresch e rumänische IAR Traktor. Drr Traktorist hat meischtens mit mir uf 'me Platz im Schatte vun 'me Frucht- odr Strohschuwwer gsitzt, wu mer vrzählt hann un uns manchmol gegr die Gelse gewehrt hann.

Am Mittach hat e Ross un Waan odr e anres Laschtauto a warmes Mittachesse for die Drescher gebrung. Weil de Preis for des Esse vum Lohn abgezoo is gin, hann ich mer des als Delegierte net erlauwe kenne un hann mei Esse vun drhem mitgebrung. 's hat Tech gin, wu aach die Drescher kaum ihre Mittachesse verdient hann, awr am End vun dr Dreschsaison hann se wenichstens noch Frucht kriet. 's is aach gsaat gin, dass ich als Delegierte aach etwas Frucht krien soll.

Geger's End vun dr Dreschsaison is de Tach kumm, wu alles schief gang is. Die Wolke hann nidrich ghong un die Sunn hat sich drhinner vrstecklt. Die Dresch is angelaaf, awr schun in dr erschti Stund is de große Treibrieme verriss. Die Repratur hat lang gedauert, un wie se endlich fertich war, hat's angfang zu reene. Wie de Reen nohglosst hat, un mer mit dem dresche widr angfang hat, is mer net weit kumm, weil's widr angfang hat zu reene. So is des noch paarmol gang.

Gegr Mittach is des Laschtauto mit'm Mittachesse angfahr kumm, awr fascht gleichzeitich is aach dr Preschedinte vun dr Ferma vun seiner Kuless bei uns abgstie. Er hat sich Nagy gschrieb, hat awr nor rumänisch geredd. Er soll aus'm Gfängnis kumm sin un mer hat gewisst, dass er e große Deitschehasser war. Die Drescher hann gewisst, dass se an dem Tach netmol ihre Mittachesse vrdiene. Sie hann des Esse net angholl un sin alli uf des Laschtauto gstie for hem ins Dorf fahre. Dr Preschedinte hat mich angschrie: »Halt'se um, *neamțule*, des sin doch dei Deitsche!« Drbei hat er mir mit dr Fauscht in die Rippe gstoßt, dass mei Register un sunschtichi Papiere alli uf die Erd gfall sin. Dann is er uf sei Kuless gsprung un weitergfahr.

Uf so e Angriff war ich net gfasst gwen un ich war beleidicht. Ich hann mich umgedreht un sin geger's Dorf gang. Uf'm Wech hann ich iwr des Ganzi nohgedenkt un pletzlich hann ich mer die Title in dr Zeitung vorgstellt: »Mittelschüler sabotiert Arbeit der Werktätigen« odr »Junger Saboteur entlarvt«. Gegr solchi Artikle hätt ich nix mache kenne, un wann se mei Lyzeum in Temeschwar erreicht hätte, wär ich aus dr Schul rausgfloo. Nee, Genosse Rawrhauptmann, de Gfalle mach ich dir net. Ich hann mich rumgedreht, sin zuruck gang, hann mei Papiere ufghob, un sin hem gang.

Die Drescharweit is weitergang, ich hann mei klene Lohn weiter inkassiertt, awr Frucht hann ich keni kriet.

Gfährlichi Spile

Im Herbscht 1944 war die Front in unsrem Dorf. Zuerscht sin die Schandare ausm Dorf vrschwun, dann ware pletzlich die Russe (so hann mer die Roti Armee genennt) im Dorf. Dann sin die deitsche Truppe vun Uihel un Bogarisch ins Dorf kumm un hann sich dort so zwaa Wuche lang ufghal. Die hann uns angewies in e Nochberschdorf, in unsrem Fall Bogarisch, zu flichte.

Wie mer vun Bogarosch zuruckkumm sin, hat iweral Munition rumgelee, manchi vrbraucht un anri noch immr scharf, also net abgschoss. For uns Erschtklässer, un aach for greßeri Buwe, war die Munition etwas Neijes, un mir hann doch misse rausfinne, was mer drmit mache kann.

An manchi Ecke hann Haufe vun abgschossene Artileriegschoße gelee. Die Patrone ware vill zu groß for mit 'ne zu spile, un mir Buwe hann se aach net angeriehrt.

Die PAK-Patrone (PAK = PanzerAbwehrKanone) ware etwa so lang wie die Hand vun 'me Erwachsene. Die meischte PAK Patrone ware vrbraucht, awr mr hat aach scharfi finne kenne. Die meischte Patrone ware die fors Gwehr un Machinegwehr. Die deitsche hann wie Messing ausgschaut; die russische hann wie Kupfer geglanzt un ware unne etwas breeter. Dann ware noch die ganz klene Patrone, meischt vun deitsche Maschinepistole.

Die Gwehrpatrone hat mer iwerall finne kenne. Im Grawe newer dr Uiheler Stroß hann mer mol e ganzes Girtl mit deitscher Machinegwehrmunition entdeckt. Drvun hann mer jede Tach paar Patrone rausghol un unnersucht. Zuerscht hann mer die Spitz (des is die »Kugl« wu beim Abschieße wegfliet) rausghol, hann des Pulver uf dr Erd angebrennt. Des is im Nu abgebrennt, un wann mer 's Gsicht wegghal hat, war's aach net gfährlich.

Bald hann mr rausgfunn, wie mer scharfi Gwehrpatrone abschießt, des war schun bissl gfährlicher. Mir hann also die Patron zwische zwaa

Ziglsteen in die Erd gstoch, mit dr Kapsl in die Heh. Dann hann mer a Spitz mit e bissl Lehm drufgstellt, so dass die Spitz gnau iwr dr Kapsel sitzt. Wann mer jetz e Ziglsteen vun Owe druf falle gelosst hat, is die Patron »abgschoss« gin: Die Kapsl is explodiert, 's Pulver is vrbrennt un hat die Spitz etwas in die Erd getrieb. Oft is aach die Patronehils weggfloo, awr mir hann meischt de Steen vum Finschter aus 'me vrlossene Haus oddr vun 're Mauer runnerfalle glosst. Seltener hann mer aach scharfe PAK Patrone so »abgschoss«, des hat so stark geknallt, dass die Nochbre aus ihre Heiser kumm sin. Dann hann mer uns schnell ausm Staab gmacht!

Eener vun unsre Kumrade is mol zu eener Kapsl vun 'me Artileriegschoss kumm, hat's in de Schraubstock gspannt, un mit 'me Stemmeise un Hammr drufghaut. Die Kapsl is explodiert un er is vun mehreri Metallstickle getroff gin. Vun dann an hat keener vun uns solchi Kapsle angeriehrt.

Eemol hann mer ufm Feld e deitschi Handgranat gfun. Net weit drvun hat e Mann grad Unkraut vrbrennt. Mir hann 'ne angered, un er war bereit for die Handgranat ins Feier schmeise. Mir hann die Granat hingebrung un er hat se ins Feier gworf. Mir sin dann e gutes Stick weggelaaf un hann uns uf die Erd hingeleet. Mir hann gewart un gewart, awr nix is passiert. Wie mer ufgstann sin un geger 's Dorf gang sin, is die Handgranat mit 'me mächtiche Krach explodiert. Mir ware awr weit genuch weg, dass die Splittre uns net erreiche hann kenne.

In spätre Johre hat mer nor noch seltn Patrone gfun, awr beim Bahnsgrawe, wu die russische Stellunge ware, kennt mer sicher aach heit noch hie un do e russischi Patron finne.

Die Orgl hat Luft gebraucht

In dr Schandrhaaser Kerch, hinner dr Orgl, hinner dr linksi Hälft vum Chor, also direkt unr em linkse Turm, is mer in e zimlich klenes ‚Zimmer' kumm. Dort hann die vier Stricke runnerghong, mit dene wu mer die Glocke gelitt hat. Uf eener Seit vun dem ‚Zimmer' war hinner e Brettrmaur de Blosbalch for die Orgl ingebaut. E große Balke hat aus dr Brettrwand rausgstann, mit 'ner Art Kischt umnerum. Dort hat de Orgeldricker druf gstann un hat mit eem Fuß immer uf de Balke getret, un hat so de Blosbalch mit Luft gfillt. Spezialiste erwähne noch heit, dass die Schandrhaaser Orgl e außrgewehnlich schene Klang ghat hat.

Dr Vettr Michl war Baumeister un hat in Schandrhaas un in Nochberschderfer wie Uihel, Lowrin, Billed, Bogarisch, Großjetscha un Bschenwa Heiser gebaut. Er hat aach die Uiheler Kerch un die Billeder Hanffabrik gebaut. In seinm lange Lewe is er vill in dr Welt rumkumm. Er war Mauregsell in Budapest un Wien, un hat aach finf Johr in Amerika vrbrung. Außerdem hat 'r Zither un Orgl gspilt un hat for die Hunnertjohrfeier vun Schandrhaas im 1933er-Johr de «Ortsplan Alexanderhausen» vrferticht. (Nikolaus Hans Hockl / Sepp Schmidt – Alexanderhausen – Werden und Vergehen einer Banater Heidegemeinde, München 1987, S. 149)

's war so um die Oschtre rum wie des passiert is. De Vetter Michl hat die Orgl gspilt un de Vetter Kunrad war de Orgeldricker. 's war e feierlichi Stimmung in dr Kerch. De Pharre hat sei Teel uf lateinisch un uf deitsch gsaat un de Kantor hat mit dr Orgl geantwort. Wie de Pharre grad gsaat hat: «… Jesus aber sprach …» hat pletzlich em Vetter Michl sei Stimm dorch die Kerch gschallt: «LUFT, KUNRAD, LUFT!» un die Orgl hat so gmacht, wie wann se am Sterwe wär.

Awr noch bevor die Leit des so richtich bemerkt hann, is de Vettr Kunrad aus seine anre Gedanke rausgeriss gin, hat kräftich uf sei Balke getret, de Blosbalch hat sich widr gfillt, un de Vettr Michl hat sei Teel mit dr Orgl schen weitrgspilt. Manchi Leit kenne sich aach heit noch an de ungwehnliche Dialog in dr Kerch erinnre.

So hat des sich wirklich zugetraa, un des hann ich vun unser Deitschlehrerin Grete Grawisch gheert – sie is em Vettr Michl sei Enkelskind un lebt heit in Deitschland.

So jung wie heit... Trinke mer noch eene!

Wie in alle Schwowedärfer, sin aach bei uns im Dorf die Männer gere ins Wertshaus gang for etwas trinke. E Grund drzu hat's jo immer gin: Mol war's zu heiß, mol war's zu kalt odr mer hat ganz eenfach Dorscht ghat. So is es aach zwaa Männer gang, nenne mer se mol de Seppi und de Klosi.

Die zwaa hann in verschiedeni Viertle vum Dorf gwohnt, un de Seppi war aach um e Phaar Johr älter. Sie hann sich awr oft im Wertshaus getroff, ganz zufällig, vrsteht sich, un hann dann mitnanner an me Tisch gsitzt un etwas getrunk. Vor'm Kriech war des oft e Glas Bier, manchmol a Glas Wein, odr a Stampl Raki. Sie hann iwer allerhand vrzählt, awr manchmol ware se aach ganz still, bis eener vun ihne, gwehnlich de Seppi, gsaat hat: »Klosi, so jung wie heit kumme mer nimmi zamm. Trinke mer noch eene!« Dann hann'se noch eene getrunk, manchmol aach zwaa, bis se dann hem gang sin.

Noh'm Kriech war'ne ihre Schicksal gnädich un sie ware, noh so manche Strapaze, widr drhem un hann sich dort getroff, wu etwas zu trinke war. In eem Johr hat die Bässl Anna Raki ausgschenkt. Ob se des gere gmacht hat, odr wu de Raki herkumm is, drnoh hat niemand gfroot, 's war jo aach net wichtich. Jedr hat doch misse e Wech finne um zu iwrlewe. De Seppi un de Klosi hann aach manchmol in dr Bässl Anna ihre Stubb gsitzt un e Glas Raki getrunk. Am End hat de Klosi gsaat: »Seppi, so jung wie heit kumme mer nimmi zamm. Trinke mer noch eene!« Dann hann'se noch eene getrunk, un sin dann hem gang.

Später hat's im alte Gemeindehaus e staaliches Wertshaus gin, un mer hat's ganz eenfach »Restaurant« genennt. De Seppi und de Klosi hann jetz schun zu dr älteri Generation ghert, awr sie hann sich doch manchmol in dem Restaurant getroff. Bier hat des Restaurant nor ganz seltn ghat, un de Quetscheraki (Ţuică de prune hat uf der Flasch gstann) war zimmlich teier. De Seppi und de Klosi hann dann ihre Monopol getrunk, e alkoholisches Getränk mit so 'me kinschtliche Gschmack. Dann hat eener vun ihne gsaat: »Seppi (odr Klosi), so jung wie heit kumme mer nimmi zamm. Trinke mer noch eene!« Dann hann'se meischtens noch eene getrunk, bevor se hem gang sin.

Wie's Schicksal awr bestimmt hat, is es dem Klosi gelung, uf Deitschland auszuwannre. Er un de Seppi hann sich nor seltn vrständicht, weil des Schreiwe jo net ihre Sach war un telefoniere teier war. An 'me schene Herbschttach hat de Klosi e Anruf kriet, dass de Seppi am Sterwe war. De Klosi hat sich frei ghol, is in sei Auto gstie un hem ins Banat gfahr. Er is awr zu spot kumm un de Seppi war schun unnr dr Erd. De Klosi hat dann am Grab gstann un hat vor sich hin gsaat: »Gel, Seppi, jetz kumme mer nor im Himml zamm, dann trinke mer awr noch eene«.

Was vorkumm is

Soldategräwer an dr Hanfkaul

Wann mer der Uiheler Stroß noh gang is, vun der Miehl aus, dann war links de Uiheler Kerchhoff, dann die Iwerfuhr iwer die Bahnstreck, dann rechts de Kuhbrunne mit seim lange Troch, un dann 's Uiheler Kreiz, wu die Hutwed am End war un 's Feld angfang hat. A tiefe Entwässerungsgrawe is vun dort bis zu der Hanfkaul gelaaf, un vun dort weiter bis zu der Bahnsbruck. De Grawe un die eeni Seit vun der Hanfkaul war also die Grenz zwische der Hutwed un em Feld.

Gleich im Herbscht vun 1944, wie mer vun unser Flucht uf Bugarisch zuruckkumm sin, hat mer gheert, dass bei der Hanfkaul drei tote deitsche Soldate geleh hann. Des hat uns Buwe neigierich gemacht, un so sin mer also hingang, for uns an der Hanfkaul mol umzuschaue. Mir hann uf der Seit geger Uihel zwaa riesich große Haufe vun verschossene deitsche Patrone gfunn, awer vun Tote war nix zu gsiehn.

Am nächschte Tach sin mer zu der Bahnsbruck gang, un do ware in dem Dreieck, wu die Bahnstreck un der Entwässerungsgrawe zammkumme, drei frische Gräwer uf der Hutwed, schen hergericht mit Feldblume. Mir hann ganz still bei dene Gräwer gstann, weil mer jo gwisst hann, dass die drei deitsche Soldate dort begrawe ware.

Des ware die eenziche deitsche Gfallene, wu in unsrem Dorf geblieb sin. Un weil die Deitsche ihre Gfallene sunscht immer mitghol hann, dass se ne hinner der Front a militärisches Begräbnis mache kenne, hann die drei wahrscheinlich mit ihrem Maschinegwehr de Rickzug decke misse, wie die Russe wider angegriff hann, un die Deitsche sich geger Uihel un Bugarisch zuruckgezoo hann.

Noch Johre dernoh ware die Gräwer am Heldetach immer frisch hergericht un mit Blume bedeckt. Mir hann nie gewisst, wer sich um die Gräwer gekimmert hat – des hätt in dere Zeit jo aach gfährlich sin kenne. Mer hatt awer später gheert, dass de Uhremacher J., der dort geger die Hutwed zu gewohnt hat, die Papiere vun de tote Soldate ufbewahrt hat, un dass er ihre Angheeriche verständicht hat.

Es wär jo schen zu wisse, dass aach heit sich noch jemand an die Gräwer erinnert. Wann schun kenner vun de heitziche Dorfleit, dann vielleicht wenichschtens die Angheeriche vun de Soldate, in Deitschland?

De Schwimmwage

Ob des jetz e *Schwimmwage* odr e *Kiwlwage* war, des kann ich heit mit'm beschte Wille nimmi genau saan. (Gemennt ist eigentlich e Militätauto, des was iwwer 's Wasser fahre kann). Wie die Wehrmacht im Herbscht 1944 unsre Derfer besetzt hat, noh hat se warscheinlich alli zwaa Arte vun Militärautos mitgebrung. Saan mer aso, dass des e Schwimmwage war, där wu domols in Bugarisch steche gebblieb is. Des muss ich awr dr Reih noh vrzehle.

Mir ware uf Bogarosch gflicht, weil in Schandrhaas die Front war. Die Deitsche hann die Russe ausm Dorf getrieb ghat, un hann uns dann strengschtens befohl, for in e Nochberschdorf fahre, bis die Lage im Dorf sich geklärt hat. Als Kind war ich drbei sicher gwen, dass die Deitsche dort bleiwe werre, weil se doch die beschti Soldate ware un immer gsiegt hann. Wie hätte mir schun wisse solle, dass des Kriegsgewinne in dere Zeit schun am End war?

Mir hann also in Bugarisch beim Vettr Phedr gwohnt, weil mer noch verwandt ware. De Vettr Phedr hat e großes Haus ghat, etliche Pherd un Kih, un aach e schenne, große Traktor, e »Hanomag«. Weil de Traktor zu däre Zeit net benutzt is gin, war er hinne im Schopp abgstellt gin. A Fass mit Treibstoff hat noch weitr hinne im Schatte gstann.

So zwaa Wuche später hann die Deitsche sich vun Schandrhaas iwr Uihel gegr Bugarisch zuruckgezoo. Wie die Schießerei angfang hat, sin paar deitsche Soldate in de Hof kumm un hann vum Vettr Phedr de Traktor verlangt, weil ihre Schwimmwage vor der Dorfinfuhr im Dreck stechegeblieb war. Sie hann also e Traktor gebraucht, for ne rausziehe. De Vettr Phedr hat awr där Sach net ganz getraut. Er hat ne gsaat, dass der Traktor schun langi Zeit net im Betrieb war, un dass'r aach ohne Treibstoff war. Die Soldate hann awr net ufginn; sie hann angfang, de Hanomag mit Diesel-Treibstoff zu fille, un hann prowiert, for de Motor antreiwe. Die Schießerei is awr näher kumm, un die Soldate sin dorch die Gärte weggeloff.

Wie sich die Lage beruhicht hat, hann mer uns e Paar Täch spätr uf de Wech gegr Schandrhaas gemacht. Do sin mer an dem Auto vorbei gang. 's hat tief im Dreck gstoch, war awr sunscht noch intakt. Wie mer Paar Täch spätr widr vorbei gang sin, hann die Räddr schun gfehlt. Aach später noch war des Auto dort zu gsiehn, awr es is immer wenicher gin, bis nor noch sei Gstell iwrich geblieb is. A Johr später war aach des Gstell wech.

Was is awr mit de Soldate ohne Schwimmwage passiert? Sie solle angeblich in Bugarisch gleblieb sin, weil die Leit se versteckt hann. Irgendwann sin se awr verrot gin. Die Miliz hat se also gfang un uf e Zug in Richtung Russland gebrung. Aus dem Zug soll eener oddr mähreri abgsprung un uf Bugarisch zuruck kumm sin. Wie die Gschicht weiter gehr, weeß ich leidr net. Des misst schun jemand annerscht vrzähle, wu mehr drvun weeß wie ich.

's Johr mit de Kritsche

Wann mer in so 'me schwowische Dorf ufgewachst is, dann kann mer sich an so manches erinnre. Do ware erschtmols die Sache wu sich im Kriech zugetraa hann, awr do ware aach die Vorgäng wu die Natur sich so außrgewehnlich ufgfiert hat.

Ich erinner mich an e Neijohr wu noch ke Schnee uf der Gass gelee hat, awr schun großi Kält gherrscht hat. Newr 'm Plaschter ware Risse in dr Erd, wu sich iwr de Biziklwech hingezoo hann. Mer hat gment dass die Erd ufpatscht, wu mer jo sicher war, dass 's bei uns ke Vulkane git. Un mer hat sich gwunert ob die Risse widr heele werre.

An 'me Summertach hat's so stark gereent, dass die ganzi Gass unner Wasser war. Des Wasser is awr net in die Heiser kumm, un hat ach net die Kellre gfillt. Mir klene Buwe sin in dem Wassr rumglaaf, weil jo Summer war un mer meischtens blosfissich rumglaaf is. Des Wasser is awr net lang stehn gblieb un am nächschte Tach sin die Wähn schun widr dorch die Gass gfahr.

In 'me anre Summer is uf der Gass un in unsrem Hoff Gras gwachst. Des war nohm Kriech un so ware in unsrem Hoff nor a phaar Hinkle, un villeicht a Schwein im Stall. Wähn sin aach keni in de Hoff kumm, un nix hat des Gras gsteert. Außr dem Gras sin im Frihjohr Gänseblume gwachst un bei uns im Hoff hann mer Kamille geroppt. Die Kamille Blumme hat mer getruckelt un hat drmit im Winter Kamilletee gemacht. De Kamilletee war a guti Abwechslung vum Lindetee un vum Brombeeretee.

Im Herbscht vun 1944 is dann die Front in unser Dorf kumm. Vorher hat im Dorf immer alles sei Zeit ghat, awr in dem Johr war a großes Dorchenanner. Fascht alli Männer ware irgendwu beim Militär un im August hann ganzi Familie ihre Wertschaft eenfach stehngelosst un sin gegr Westn gflicht, noch bevor die Russe ins Dorf kumm sin. In ville Scheire ware die Garwe ufgschuwert, awr ke Dreschmaschine hann gearweit. Do ware net genuch Männer for die Dreschmaschine zu bediene un die Leit ware verstawwert weil's gheescht hat die Russe were kummme.

Die Schuwre hann iwrs Johr in de Scheire gstan, un aach ufm Hottar war vill Kukruz stehn geblieb. Was dann passiert is hat vorher niemand erlebt: Die Viecher wie Meis, Ratze, un Kritsche hann sich so stark vermehrt wie niemols vorher. Ufm Feld, in de Gärte, in de Gasse un sogar im Hoff ware Kritchelecher. Des ware so fauschtegroße Lecher, wu vertikal (grad runner) in die Erd gang sin.

Ufm Feld hat mer jo nix geger die Kritsche tun kenne, awr im Hoff un im Garte hat mer se kenne austränke. Wie mer des macht, hann mir Buwe bal rausgfunn. Weil jedi Kritschewohnung zwaa Eingäng ghat hat, hat mer zuerscht ens vun dene zwaa Lecher mit Erd zuschitte or sunscht wie zumache misse. In des ufeni Loch hat mer a Eemer oder zwaa voll Wasser ningeleert. Zuerscht hat die Kritsch vrsucht des Wasser mit ihrem Kerper zu blockiere, mer hat also bissl warte misse, bis se des ufgin hat. Dann hat mer noch mehr Wasser in des Loch ningeleert, bis die Kritsch ausm Loch raukumm is. Jetz wars Zeit des armi Viech aus der Welt zu schaffe. Manchi Buwe hann vrsucht die Kritsch hin zu schlaan, awr drbei is se manchmol noch fort gelof un is drvun kumm. Am beschte war, a Hund newer des Loch zu bringe. Der hat dann die Kritsch mit seim Maul angepackt un hat se so lang gschittlt bis se tot war. Des war schun a bissl brutal, awr mir hann uns ganz eenfach gegr die Viecher gewehrt, weil se uns unser Frucht weggfress hann un sich drbei so schnell vrmehrt hann.

Des Johr mit de Kritsche hat awr net lang anghal. Mit der Zeit is die Frucht gedrescht gin un was ufm Feld stehn gebliebe war is vun de Koloniste gfechst gin, odr is vrfault. Mit wenicher Zufresse sin die Kritsche widr uf ihre normale Zahle zuruck gang. 'S hat noch vieli Johre gedauert bis ich rausgfun hann, dass heitzrtach so manchi Leit in unsrer Stadt sich Kritsche als Haustiere halle. Die lewe awr im Käwich un were Hamster genennt. Jedr muss halt uf sei eigeni Art selich werre.

Maikäfer fange

Do ware mer noch aarich jung, villeicht in dr zweit odr dritt Klass. In manche Johre hann mer schun im April schene, sunniche Owede ghat. Die Hutwed war so gege Weste gelee, wu die Sunn unnergang is. Mir hann uns schun vorher dort vrsammelt un hann im Gras gelee und abgewart. Meischtens ware mer zu dritt odr zu viert, jeder hat e altes Handtuch un a Schachtl ghat. Wann nix besseres zu finne war, a Reibhelzerschachtl hat schun jedr ufgetrieb. Wann mer so in die Richtung gschaut hat, wu die Sunn jedi Minut hat misse unnergehn, hann mer die Maikäfer gsiehn und ihre Flitsche hann wie Gold geglanzt. Mir sin also ufgsprung, sin dene Maikäfer nohgerennt, un hann se mit dem Handtuch aus dr Luft gschlaa. Wann mr se getroff hann, hann mer se entwedr aus'm Handtuch odr aus'm Gras ufghob un in die Schachtl getun. Bis die Sunn unnergang is, hann mer net immer unsre Schachtle gfillt, awr jeder hat doch wenigschtens a Paar Käfer in dr Schachtl ghat. Drhem hann manchi vun uns ganz eenfach die Reibhelzerschachtl mit de Maikäfer unr de Kaschte gstellt. In dr Nacht hann ihre Großmottre (ihre Eltre ware jo meischtens in Russland oder sunscht irgendwu uf dr Welt) des Grawwle gheert und sich de Kopp vrbroch, ob do Meis in dr Mauer grawe. Am nächschte Tach ware die Maikäfer schun etwas damisch un ich hann mit ihne die Hinkle gfiedert. Die Hinkle hann se nor so gfress. Ob se wirklich gere Käfer gfresst hann odr ob se gement hann, dass des große Kukruzkeere ware? Mer hat jo net wisse kenne, was die Hinkle denke, nor dass se immer iwwer de Wech laafe misse, wann mr ne mitm Bizikl in die Näh kummt. Heit hann mer bei uns in dr Stadt aach Maikäfer, awr die kumme erscht im Juni raus. Niemand fangt se, un niemand hat Hinkle, wu se fresse kennte...

Fisch fange

Fisch ware bei uns uf dr Heed ziemlich seltn zu finne. De enziche Fluss (eigntlich a ganz klene Bach), de Ranke, ist im Summer meischt ausgetruckelt, un des Wassr in de Kaule war jo wirklich net so sauwer Un die Kaule sin oft im Summer aach ausgetruckelt. Eemol im Johr, am Karfreitach, hann mer zu esse Fisch ghat, so ganz klene aus dr Dosn, mer hat se Russel genennt. In eem Summer hann mer awr Hochwasser ghat, un des Wasser is von eener Kaul in e anri gepumpt gin. Es is im'e Grawe in die anri Kaul gelaaf, un jemand hat rausgfun, dass in dem Grawe Fisch im Wasser ware. A Freind un ich sin also Fisch fange gang. A Netz hann mer jo net ghat, awr a Korb war gut genuch. Korz un gut, mer hann zwaa Fisch gfang, hann se in a Eemer mit Wasser getun un hemm getraa. Jedr hat also eene Fisch griet. Drhemm hann ich mei Fisch in a kleni Molder voll mit Brunnewasser getun un dort is er ganz munter rumgschwumm. Ich hann ne mit Brotkrimmle gfiedert un hann em stundelang zugschaut. Dann is dr Tach kumm, wu mei Oma de Fisch in der Phann gebrot hat. Ufm Teller hat er wie a Schnitzl ausgschaut, awr ich hann ne net mit Appetit esse kenne, weil er jo a phaar Täch lang mei Freind war.

Wachtle fange

Im Summer hann im Dorf, uf dr Hutwed un ufm Hottar so manchi Vegl gsung. Die Wachtle awr, die hann net gsung, die hann gschlaa. Eigentlich hat's sich so wie »taktrlack-tack« anghert, mer kann jo solchi Vogelstimme iwrhaupt net gut beschreiwe.

Eene vun mei Kumrade hat a Wachtlkäwich ghat. Die Käwiche hann mir Buwe oft bewunnert. Der war aus Holz gmacht, un hann vore so a Art Kanzl ghat, mit vertikale Holzstäbche, wu so arranschiert ware, dass mer de Vogl gut gsiehn hat, dass er awr net rauskumme hat kenne. Uf eener Seit hat sei Haisl a rundes Loch ghat, wu dr Wachtl hat kenne sei Kopp rausstrecke un sei Keere fresse. Uf dr anri Seit war a anres Loch, wu dr Wachtl hat kenne Wasser trinke. Des enzichi Problem war, dass der Käwich leer war un mei Freind hätt gere a Wachtl ghat.

Mir hann uns erkundicht, was mer zum Wachtlefange braucht. Do drzu hat mer erschtns a Netz gebraucht, un zweitens a spezialeş Pheifl, nenne mer's a Locker. De Locker hat so wie a kleni Ledderbrieftasch ausgschaut, un in der hat a klene hohle Knoche gstoch, der wu eigentlich a Pheifl war. Im Innre vun dem Ledder ware Rosshoor, so dass die »Brieftasch« immer mit Luft gfillt war. Mit vill rumsuche hat eener vun uns die zwaa notwendiche Dinger vun seim Onkl gelehnt.

An'me schene Owed, so zwischn Frihjohr un Summer, war's soweit. Drei vun uns Buwe sin Wachtle fange gang. Geger Owed sin mer ins Feld gang, so geger die Uiheler Stroß, wu die Frucht noch grien awr schun zimlich hoch gewachst war. Irgendwu, net weit weg, hat a Wachtl gschlaa. Mir hann des Netz owe iwr die Frucht ausgspannt und hann uns hinner's Netz geleet. Dann hat eener vun uns de Locker in die linksi Hand ghol un hat mit dem Knechl vum rechte Zeigefinger uf des Ledder gstost: »tick-tick, tick-tick«. Des war dem Ruf ähnlich, wu a weiblichi Wachtel ausgstoß hat, wann se gere die Gsellschaft vun'me männliche Wachtel hätt ghat.

De männliche Wachtel, des war der, wu gschlaa hat, der hat dem weibliche Ruf net widerstehe kenne, wie die männliche Wese in dr Natur schun so sin. Wann alles ruhich war, hann mer nochmol »tick-tick, tick-tick« gemacht. Der Wachtl is immer näher kumm, sei Schlaae is immer stärker (lauter) gin. Mir Buwe hann die Spannung kaum aushalle kenne, bis er unnerm Netz war. Dann hätte mer solle ufspringe un schreie, so dass der Wachtl pletzlich ufflieht un im Netz hänge bleibt.

So hätt des solle passiere, awr die Wachtle ware aa net dumm. Eener vun ihne is vun owe ufs Netz gfloo kumm, un wie mer ufgsprung sin, is er eenfach widr fortgfloo. E annre war noch net ganz unnerm Netz, wie mer ufgsprung sin un gschrie hann; der is aach fortgfloo. Am End sin mer ohne Wachtl widr hemgang, awr es war a schene, ufregende Owed un mir hann spätr noch immer drvun gered.

Hase fange

Die Feldhase sin im Winter ins Dorf kumm, weil ufm Feld alles, was se sunscht fresse, zugschneet war. In de Gärte hann se gere die Krautsteck gfress, die wu iwrich gebliebe sin, wann mer im Herbscht die Krautkepp abgschnitt hat. Wann ich im Garte ihre Fußspure im Schnee gsiehn hann, hann ich immer driwer nohgedenkt wie mer se fange kennt.

Ich hann newe de Krautsteck Phole in die Erd gschlaa un hann an die aus Droht gemachti Schlepp angebunn. Jede Morjet hann ich im Garte nohgschaut, hann awr schun vun weitm gsiehn, dass ke Hase in de Schlepp gstoch hann. Do ware die Hase schun gscheider.

In de Weihnachtsferien, zu dere Zeit hat mer se schun Wintrferien nenne misse, hat's de ganze Tach gschneet. Es war Zeit, etwas mit dene Hase zu tun.

Am Owed hann mer bei uns gewart bis so gegn Mittenacht. Mir ware widr unser drei, un mir sin uf Hasejacht gang. In der neii Reih, wu die Gärte an die Hutwed gegrenzt hann, hann mer am Tach drvor bemerkt, dass villi Fußspure zu de Lecher im Gartezaun fihre.

Un der Zaun hat vill Lecher ghat. Mir hann uns also gut angezoo un sin dorch die Gass bis uf die Hutwed gang. Vun dort sin mer hinne an de lechriche Zaun kumm un hann aach gleich bemerkt, dass dort mehreri Hase im Garte ware. Mir ware jetz ufgeregt, hann awr gwisst, was mer mache solle. Zwaa vun uns hann sich an die zwaa greschte Zaunlecher gstellt un eener ist iwr de Zaun gegrawlt un uf die Hase zugeloff. Die Hase ware verstawert un sin geger die Hutwed geloff. Drbei sin villi im Drohtzaun hänge geblieb. Des war a Dorchenanner in dem Halbdunkl! Mir hann vrsucht, so vieli Hase wie meglich mit der linksi Hand an de Hinnerfieß zu halle un ihne mit der rechti Hand hinner die Ohre zu schlaan.

Wie alles rum war, hann mer awr nor zwaa Hase ghat, wu nimmi fortlaafe hann kenne. Mir hann uns mit dene zwaa Hase uf de Hemm-wech gemacht. In dr Nochberschgass war a lange Lattezaun, wu aach

Lecher ghat hat. In ehm vun dene Lecher hat jemand a Schlopp ufgstellt ghat un dort war tatsechlich a Haas hänge geblieb. Es war schun geger een Uhr, un die Nochberschleit hann alli gschlof. Weil mir unser drei ware un nor zwaa Hase ghat hann, hann mer de Haas eenfach ausm Schlopp ghol un mit unsre zwaa Hase hemmgetraa. Vielleicht sellte mer uns for des aach heit noch entschuldiche, awr mir wisse net, wer de Schlopp ufgstellt hat un außrdem hat der Mann warscheinlich nie rausgfunn, dass er a Haas im Schlopp ghat hat.

Mir hann die drei Hase bei mir ufm Bode ufghängt un sin hemm schlofe gang. Am nächschte Tach hann mer uf meim Hausbode dene Hase des Fell iwr die Ohre gezoo. In wenigschtens drei Heiser hat's dann Hasepaprikasch zum Mittachesse gin. In dere Zeit, wu mer nor seltn Fleisch griet hat, war des a guti Abwechslung. Mir hann awr niemand etwas vun unser Hasejacht vrzähle kenne, weil Hase fange, wie so villes anri, eigentlich net erlaubt war. Awr wie ufgeregt mir bei der Jacht ware, an des erinner ich mich heit noch gere.

Beim Neschter aushewe

Bei uns im Dorf sin die meischte Buwe Neschter aushewe gang. Eigntlich hann mer dene Vegl ihre Aijer aus de Neschter ghol, hann se ausgeblost un an e Schnur ufghong. Do drzu hat mer mit me Nagl owwe un unne a Loch in des Aj gmacht, un dann in een Loch ningeblost, bis 's Aijerweiß un de Dottr am anre Loch rauskumm sin. Die Schnur hat mer dann dorch die zwaa Lecher gezoo un hat die Aijer uf dere Schnur ufgereiht, so wie wann's e große Rosekranz wär. Wu mehr Aijer vun mehr vrschiedene Vegl eener vun uns ufgereiht hat, umso mehr is er bewunnert gin, un umso stolzer war er.

Am eenfachschte hat mer kenne die Spatzeneschter aushewe, weil die jo iwwerall uf de Maulbierebeem zu finne ware. Jedr hat die Spatzeaijer gekennt, un niemend hat se im Vrtausch for anri Aijer hann wille. Die

Schwalwe hann aach ihre Neschter am Plafon vum Stall un manchmal im Gang gmacht, awr die hat niemand angeriehrt. Jedi älteri Person hat gewisst, dass etwas Schlechtes passiert, wann mer die Schwalweneschter anriehrt. So is gsaat gin, dass die Kuh dann roti Milich git. In unsrem Haus war ke Kuh, awr die Schwalweneschter hann ich immer in Ruh gelosst. Aach Storcheneschter hat mer net angeriert, villeicht weil die Storche doch angeblich die Kinner gebrung hann?

Im Garte hann manchmol die Turtltauwe ihre Neschter uf die Obstbeem gmacht. Die ware ganz eenfach auszuhewe, drum hat mer ne manchmal nor een Aj wegghol. Manchi Leit hann Tauweschläch for Haustauwe ghat. 's is vorkumm, dass Buwe aach dene ihre Aijer ausghob hann. In eem Fall hann se die Tauweaijer ausghob un hann Hinklsaijer ins Nescht getun. Die Taub hat die ausgebriet bis die Iwwerraschung kumm is: Die klene Hinkle hann dort owwe im Tauweschlach gepiepst.

Die Goldamschel hat ihre Nescht mit allerhand Woll- un ähnliche Fäde vrbun un so fescht an e Nascht angebun, dass mer 's iwwerhaupt net lossmache hat kenne. Manchi Buwe hann dann de ganze Nascht, mitm Nescht druf, abgschnied un irgendwu ufbewahrt um des ihre Kumrade zu zeiche.

Im Feld hann die Vegl wie Wachtle, Rebhinkle un Fasane ihre Neschter uf dr Erd gemacht. E Kumrad wu Wachtlsaijer ghat hat, hat behaupt, dass im Schnitt die Wachtlmutter sich net vum Nescht rihrt, aach wann die Sens dann oft ihre Hals abschneid. Die Neschter vun anri Vegl wie die Nachtigalle un die Lerchle ware mehr seltn, un so hann nor weniche Buwe dene ihre Aijer ufgreiht ghat.

Manchi Vegl hann ihre Neschter nor uf de Beem außerhalb vum Dorf gmacht. Mir sin dann zwaa odr dreimol im Johr die Neschter aushewe gang. Wann mer dr Bahnstreck oddr der Landstroß noh gang is, hat mer die Neschter uf de Beem entdecke kenne. Des ware Kraageneschter, Atzlneschter, odr villeicht Kiwickneschter. Manchi drvun ware die Neschter vun de Stoßvegl, die wu manchmol im Summer iwr's Dorf gekreizt sin ohne ihre Flitsche zu riehre. Die Glucke hann se immer gsiehn kumme, un hann ihre Junge unner die Flitsche ghol. Vor dene Vegl hat niemand Respekt ghat, un mer hat ihre Aijer gere ausghob.

Wann mer sich mit'm Messner gut gstann hat, hat mer in de Turme odr uf'm Kerchebodde die Eileneschter aushewe kenne; des war schun e Seltnheit. Wassrvegl hat's net villi gin, weil die Kaule im Summer meischt ausgetruklt ware. Un außrdem hann die Wildente ihre Neschter im Rohr oddr in de Binse gmacht, wu mer jo net leicht hinkumme hat kenne.

Wann mer heit zuruck denkt, domols hat's sicher ke Vorschrifte gin, iwr was mer hat derfe aushewe, un was net. Die Vegl ware alli frei, mer hat kaum dran gedenkt se zu schone, un doch hat's immer genuch drvun gin. Des war doch schun so etwas wie e paradiesische Zustand. Heit hann mer so villi Vrordnunge um die Vegl zu beschitze, un doch werre se immer wenicher. Is des villeicht weil mer uf dr Welt immer mehr Mensche lewe?

Iwer's Rakibrenne

Bei dr Ansidlung hat mer in Schandrhaas breeti Gasse angeleet. Die ware 20 Klofter breet, des sin fascht 38 Meter. Do war Platz genuch for zwaa Reije Beem uf jedr Seit, des ware also vier Reihe Beem in dr Gass. Un des ware Maulbierebeem, weil die domolichi Herrschaft hat wille Seiderauwe zichte. Im Summer hann die Beem vill Maulbiere getraa, weißi un roti un schwarzi. Wann se zeitich ware, sin die Maulbiere uf die Erd gfall, die Bizikle sin driwwer gfahr, un weil se so sieß ware, hann oft Biene dran genascht. Wann mir Kinner dann mit bloße Fieß uf so e Bien druf getret hann – autsch!

Weil mir Schwowe awr nix wegwerfe hann wille, un die Männer immer etwas zu trinke gebraucht hann, hat mer aus de Maulbiere

Raki gebrennt. 's Maulbiereschittle war etwas for die ganzi Familje. Alli hann angepackt dass des Maulbieretuch unner de Beem richtich ausgstreckt war. Dann hat de stärkschte Mann mitm Maulbiereschittler (des war a langi Stang mit me Hoke am End) eene Nascht noh'm anre gschittelt, so dass die Maulbiere nor so runner gfall sin.

Vun dem Maulbieretuch hat mer die Maulbiere in a Fass getraa, wu se dann gegärt hann. Alli Paar Täch hat mer neiji Maulbiere drzu gin. Wann des Fass voll war odr ke Maulbiere mehr an de Beem ware, dann war des Maasch fertich for Rakibrenne, so hat mer des Destilliere genennt.

Beim Kerschner Vettr Hans war de Rakikessl. Im Unnergebeid ware die zwaa Teele installiert: E ingemauerte Kessl, mit'me große kupferne Owwrteel wu wie e mächtich großi Zwiwwel ausgschaut hat, un e großes, viereckiches Zimentfass voll Wasser, mit'ner Kupferspirall drin. Owwe sin die heiße Gase vum Kessl in die Spirall ingfihrt gin, un unne is de Raki aus'me kleene Rohr rausgelaaf. De Kessel hat mer ständich mit Brennholz fietre misse un des Kihlwasser hat mer mit ner kleene Handpump nohfille misse. Wann mer 's kalti Wassr unne ringepumpt hat, is es warmi Wassr owwe dorch e Rohr in e Loch hinner'm Haus weggeloff.

De erschte Raki wu aus kleene Rohr raus kumm is war so stark, dass mer ne net trinke hat kenne. Wie er weiter geloff is, is er awr schwächer gin. De Vettr Hans hat efter a Stampl gfillt un iwr die großi Kupferzwiwwel geleert. Wann die Flissichkeit noch gebrennt hat, hat er de Raki noch laafe gelosst. Am End hat de Eigentimer sei Raki in a große Damidschan gfillt un hemmgfihrt. Vorher hat de Vetter Hans awr sei Teel griet, dann hat mer ke Geld zahle misse.

Raki hat mer aach vun Quetsche, Trewe, un sogar Zuckerriewe gebrennt, awr des wär e anri Gschicht.

Vum Fotografiere

Mit dem Fotografiere hann ich vum Anfang an mei Gfrett ghat. Wie ich noch ganz klen war, hat mei Mutter wille e Bild vun mir mache losse. De Dorffotograf war bstellt, awr er hat sich vrspät un ich hann feierlich angezoo im Hoff gstann un mich gelangweilt. Wie er endlich kumm is, hat'r mir gezeicht, wie ich stehn soll, wuhin ich schaue soll un was for e Gsicht ich mache soll. Dann hat'r e Ewichkeit gebraucht for sei Apparat ufsetze, mit dem Tuch um sei Kopp. Des is mer zuvill gin un ich sin eenfach fortgelaaf. Wie se mich zuruck gebrung hann, hann ich gekrisch un mer hat des Fotografiere uf e anre Tach vrschiewe misse.

Dann war des Kinnergartebild. 's hat alles widr zu lang gedauert un ich hann mich widr gelangweilt. Uf dem Bild steh ich in dr letschti Reih mit'me ufene Maul, weil ich grad kaapse hann misse. Uf me Bild vun dr Elementarschul (wu aach schun in dr BP erschien is!) steh ich in dr Mitte vun dr letschti Reih. Ich sin de eenziche wu lächlt, aach wann ich am wenichschte Grund drzu ghat an (weil mei Mutter in Russland war un mer net gwisst hat, ob se noch am Lewe war).

Weil mei Vattr selmols in England war, hann mer gleich noh dr Firmung e Bild mit meine drei Kusine gemacht un in des ferni Land gschickt. Do sin ich net de ältschte, awr docht de greeschte. Wie ich schun im Lyzeum war hann ich in Temeschwar drei gute Porträt-Aufnahme mache gelosst, mit dene mer alli zufriede ware. Vum Polytechnikum hann ich mehreri, leidr ganz kleni Bilder mit Kullegre un mit Professore.

Wie ich dann absolviert hann, hann ich angfang selwer zu fotografiere. Vun 'me russische Zaldat hann ich e »Zorki« Fotoapparat gekaaft. Des war e 35-mm-Kamera mit Entfernungsmesser, in dr Sowjetunion hergstellt, awr mir hann uns vorstelle kenne vun wu die Fabrik herkumm is, weil des e Kopie vun Leica II war!. Wann mer 's Finschter un die Tihr zughong hat, war mei Zimmer in Neiarad e Dunklkammer, wu ich die Bilder selwer entwicklt hann. Vun dene Bilder hann ich nor noch a Phaar aus de Retezat Berche.

In dr Neiji Welt hann ich mir e Leica M3 angschafft, die wu aach die Fotojournaliste oft ghat hann. Ich sin iwrzeiht, dass des die feinschti deitschi Feinmechanik war un bleibt. Die Kamera hann ich johrelang uf jedr Reise um de Hals hänge ghat. Sie war schwer, awr ich war jo aach jinger. Mit jedm Film hat mer kenne entweddr 24 odr 36 Aufnahme mache. Entwicklt hann ich se net mehr selwer, des hann Fachgschäfte gmacht.

Dann hat uns de Fortschritt iwrhol un die Kameras sin elektronisch gin, mer hat se aach digital odr numerisch genennt. Jetz brauch mer ke feini Optik odr Mechanik un aach ke Film mehr. Uf de Reise kann mer hunnerti vun Aufnahme mache, ohne Sorche, dass dr Film zu schnell voll werd. Drhem hann ich mei Fotos uf de Rechner (Computer) runnergelad un kann se jedrzeit uf dem große Bildschirm anschaue odr vorzeiche. Reise kann mer jo mit dem Covid-Virus sowieso net.

's letschti is e moderne Smartphone mit drei Kameras, zwaa sin gegr vore gericht un eeni gegr hinne. Mit der wu gegr hinne gericht is macht mer die Selfies (neideitsch for Fotos vun sich selwer). Na ja, schun unsre Vorfahre hann gewisst: Modern muss die Welt zugrund gehn!

Streit um die Erbschaft

Des ware doch irgendwie gute Zeite, wie mer des Vermeje net ufteele hat kenne un de ältschte Sohn alles geerbt hat. Er hat dann misse seine Brieder un Schwestre materiell helfe, bis se uf eigene Fieß hann kenne stehn. Wann genuch do war, hann se des sicher aach gmacht. Wann net genuch Feld do war, hat er net vill helfe kenne. Die was iwrich geblieb sin, hann dann misse e Beruf lerne, sich vrdinge, odr uf Amerika auswanre. Ganz selt hat mol eener studiert, beklaae hann se sich awr net kenne, weil se im Lewe net 's beschti Los gezoo hann.

Spätr war's villeicht gerechter, wie mer 's Feld, 's Haus un alli anre Habselichkeite hat kenne ufteele. Die meischte Leit hann versucht, for alles gerecht vrteele, awr des is 'ne net immer gelung, weil die Mensche halt net alli gleich sin.

E Gschicht wu sich angeblich in 'me schwowische Dorf zugetraa hat, hat des so richtich ufgezeicht. E Bauer hat zwaa Seehn ghat, un wie er gstorb is, hat er in seim Testament bstimmt, dass jede Bu die Hälft vun seim Vermeje erwe soll. Wie 's dann soweit kumm is, un die Seehn alles vrteelt hann, is e Bert Laab (Maisstrohbündel) iwrich geblieb. Um die Bert hann die Buwe sich gstrit, sin Feinde gin un hann in ihrem Lewe nimmi mitnanner gered. Mer soll menne, dass die Leit vun dere Gschicht gelernt hann, vrninftich mit ihre Erbschafte umzugehn un sich ihre Brieder un Schwestre net zu Feinde mache. Des war domols awer net immer de Fall un is es aach heit net.

Spätr, wie die alti Leit ihre Vermeje hat kenne ufteele, bevor se gstorb sin, war's noch schwerer, for 's alli recht mache. Manchesmol hätt e Vattr sicher Grund ghat, eem Sohn mehr zu iwrlosse wie ,me annre. Er hat sich villeicht besser ufgfiehrt, hat mehr garweit, odr dr Alti hat ne eenfach liewer ghat wie die annre. Wann die Kinner nohär ihe Lewe lang vrstrit ware, hat's ne mehr gschad wie genutzt. Wann de Vattr enundreißich Joch Feld uf zwaa Seehn ufteele hat misse, hat eener sechzehn Joch kriet un der annri nor fufzehn. Wievill Joch war 's Haus wert un die anre Habselichkeite? Ware villeicht noch Schmucksticker im Haus, odr villeicht Geld in dr Bank? Wann mer do driwer vorher hätt kenne verhandle, wäre villeicht alli zwaa zufriede gwen, awr des war domols genau so schwierich wie heit.

Noh'm Kriech hat 's Feld em Staat gheert, awr Streit um die Erbschaft hat's immer noch gin, manchesmol sogar wegr dr Ausreise uf Deitschland. Un in Deitschland odr Esterreich odr wuimmer in dr Welt, hat des Streite um die Erbschaft aach net ganz ufgheert. 's geht awer nimmi um Feld, weil kaum noch jemand e Baurewertschaft betreibt. Do sin awr immer noch Heiser, manchmol aach Geld in dr

Bank, odr anri Investizione. 's wär doch schen, wann's sich nor um dr Grossmutter ihre Rezeptebuch for Ziehstrudl un Grammlpogatsche handle tät!

Die beschti Quitt, wu ich im Lewe verkoscht hann

Die Quitte ware annerscht wie des anri Obst wu iwrall in de Gärte gwachst is. So vill wie ich mich erinnre kann, ware die Quittebeem meischt net alt un net groß, un hann aach nie voll mit Quitte ghong. Dann sin die Quitte aach spot zeitich gin, wann die Täch schun korz un die Gärte schun zimmlich leer ware.

Wann die Quitte noch grien ware, hat mer se iwrhaupt net esse kenne, weil se bitter un sauer ware un em 's Maul zammgezoo hann. Wann dann die Dächer schun zum erschtemol gereift ware, dann ware die Quitte aach zeitich. Die Leit hann se dann vum Baam runner ghol un ufbewahrt. Mehr wie eeni hann sogar mir Kinner net esse kenne, un so ware se bei uns ufm hoche Schank in're Reih gelee, bis mer se so langsam ufgess hat. Des hat manchesmol bis Weihnachte daure kenne, nor gut, dass die Quitte sich wirklich gut ufghob hann.

Leidr hann mer ke Quittebaam ghat, awr mir hann se oft vun Nocherschleit oddr Verwandti gschenk griet.

Beim Nochber am Garteend hat e junge Quittebaam gstann. Ich erinner mich noch gut an e Johr, wu er mol so siwe odr acht Quitte getraa hat. An 'me schene Herbschtowed sin ich dorch unser Garte gang, un die Quitte hann wie Lichter im Halbdunkle geglanzt. Ich sin also hin gang un hann mer eeni abgebroch un hann se uf dr Stell im Garte ggess.

Die war so saftich un gut, dass mer des schwer beschreiwe kann. 's war die beschti Quitt wu ich im Lewe vrkoscht hann, awr so ganz gut hann ich mich drbei doch net gfiehlt. Ich kann mich beim beschte Wille net erinnre, ob ich des beim Beichte erwähnt hann.

Paprika un Paradeis

Unlängscht hann mei Weib un ich a klene Zalat mache wille, mit zsammgschniedene Paprika un Paradeis, manchi hann 'ne aach Zigeinerzalat genennt. Mir sin also ins Lebensmittlgscheft gang un hann Paprika un Paradeis kaaft. De Paprika war vun Mexiko, hat gut ausgschaut, hat awr noh nix gschmeckt. Die Paradeis ware vun 'me Triebhaus irgendwu in dr Näh. Die hann aach perfekt ausgschaut, hann awr iwrhaupt ke Gschmack ghat.

Ich hann an unsre Garte vun drhem denke misse, un an alles was dort so gwachst is. De Gemiesegarte is schun ganz frieh umgegrabt gin. Wann de Schnee kaum weg war un die Erd bissl getruckt war, hat mer Mischt vum Mischthaufe drdriwwer gstraut. Dann hat mer mit'ner Spat umgegrabt un mit'me Reche geichgerechelt. Des war ke leichti Arweit.

Uf alli zwaa Seite vum Gartewech hat mer dann alles Meeglichi gsetzt odr angebaut. Mit de Knowlzewe un de Setzzwiwle hat mer misse ufpasse, dass mer se so in die Erd stecht, dass Worzle unne ware. Mer hat se zimmlich noh eene zum anre gsetzt, weil mer jo gwisst hat, dass mer villi drvun esse werd, bevor se ausgewachst sin. Mit de Erbse un Bohne hat mer misse Platz losse for die Phähl spätr inschlaan, dass se spinne hann kenne. Bohne hann mer immer mehreri Reihe ghat. Die färwiche, wu dan die 'griene Bohne' getraa hann (eigntlich ware se jo geel, wann mer se for Zuspeis serviert hat), un dann die klene weiße Bohne, wu mer zeitich werre gelosst hat und dann de ganze Winter lang gekocht hat.

Dann ware Reihe mit dem Suppegemiese: Grienzeich, Gelriewe un Paschkenat. Näkscht ware mehreri Reihe mit Zeller, Rettich un Maaks. Do war Monatsrettich, wu im Summer gut gschmeckt hat, un Winterrettich wu sich in dr Speis dorch de Winter ghalt hat. Vum Maaks hat mer dorchs Johr Maaksstrudl un Maaksnudle gmacht.

Mehreri Arte vun Zalat hat mer net zu näkscht zuenandr anbaue kenne, weil se sich sunscht verrasst hätte. Die vrschiedene Blätterzalate hann de ganze Summer gut gschmeckt. De Koppzalat is bei uns nie so schen gin wie mer'ne ufm Mark hat kenne kaafe. For 's Kraut un die Kuhlrawe (Kohlrabi) hann mer die Planze uf'm Wuchemark kaaft. Mir hann oft mehreri Arte vun Kuhlrawe gsetzt, die hellgriene ware Summerkuhlrawe, un die dunlblooe ware mehr for später im Herbscht.

Net zu vrgesse sin die Umorkesteck un die Kerbsesteck, wu vill Platz gebraucht hann. Umorkezalat mit Rahm un rote Paprika hat mer de ganze Summer lang gmacht. Saure Umorke hat mer schun im Summrer odr Herbscht ghat, awr nor die Essichumorke hann sich iwr de Winter ghal. Vun de Kochkerbse (Kochkürbis) hat mer de ganze Summer lang Zuspeis gmacht. Die Brotkerbse sin in de Kerbsestrudl kumm un spätr hat mer se aach im Backowe backe kenne.

De meischte Kukruz un Grumbiere sin jo drauß im Feld gwachst, awr im Garte hann mer Reihe vun Kochkukruz un aach Reihe vun Patschkukruz ghat. De Kochkukruz hat mer meischt am Kolwe ge-kocht, odr aach uf die Glut geleet, wann er noch ganz jung war (un die Milch rausgspritzt is, wann mer mit'm Finger uf e Keere drufgedrickt hat). Im Garte war immer noch Platz for phaar Reihe Grumbiere. Vun dort sin noh dr Enteignung die Grumbiere for's ganzi Johr kumm.

Zu erwähne is noch de Kapper (Dill) wu jedes Johr vun selwer ge-wachs is un net nor for Kappersoos un saure Umorke vrwendt is gin. Er is aach oft in die Supp kumm, un e Kappersupp war ganz gut.. Im Summer hann mer oft Karfiolsupp gekocht, awr de Karfiol hann mer aach uf'm Wuchemark kaaft. So weit wie ich mich erinnre kann, hann mer »Winete« (Auberginen) erscht vun de rumänische Koloniste kennegelernt un nie im Garte ghat.

Eigntlich hann ich doch wille de Paprika un Paradeis beschreiwe. Die Planze hann mer aach ufm Wuchemark kaaft. Mir hann jedes Johr mehreri Reihe Paprika im Garte ghat, kleni un großi, milde un scharfe. Un mir hann vrschiedeni Sorte Paradeis ghat: runde un längliche, glatte un schruwliche, un paradeis-formiche. Die Paprikaschote ware net alli gleich groß un aach die Paradeis ware net alli perfekt. Manchi hann aach mol Tuppe ghat, wu Wind un Reen un Schloße hinerloss hann. Awr alli hann so gut gschmeckt, e Gschmack wu die heitiche Produkte iwrhaupt net erreiche kenne.

Heit is jo Villes bessr, awr Paprika un Paradeis sicher net! E wirklich gutes Esse mit Paradeis un Paprika war 's Juwetsch (rumänisch ghiveci). Jetz kann mer im Gschäft alles krien (aach Supp un Fleisch) awr de Dokter saat, mir Alte sollte net so fettich esse.

Vrschiedenes

Wie's war un net hätt kenne bleiwe

Unlängscht hann ich widr an drhem gedenkt, wie des alles mol war un wie's sich verännert hat. Im Fernsehe hann se grad driwwer dischkutiert, wie die Reiche immer reicher werre un die Arme immer ärmer. Do kann mer uf de Gedanke kumme, dass es aach drhem, grad in de gute alte Zeite, doch so etwas Ähnliches gin hat. Wie war's in de Derfer korz vor'm Kriech? Großi Armut hat's kaum gin, awr große Unnerschide schun. Manchi Familje mit villi Kinner hann sich net gut gstann. Und dann hat's reichi Baure gin, mit iwwer hunnert odr zwaahunnert Joch Feld. Des war so weit kumm, in de verzicher Johre, 's war awr am Anfang ganz annerscht gwen. Bei der Ansidlung hat jede Baur e Session mit so zwaaundreißich Joch Feld griet. Des Feld hat de ältschte Sohn geerbt, des hat mer net ufteele kenne. Später hat mer des Feld uf mehr Kinner ufteele kenne. Außrdem hat mer des Feld vrkaafe kenne. Des war schun e Fortschritt, awr dr Gleichheit hat's nix genutzt. Manchi hann entwedr 's Geld ghat, for sich mehr Feld kaafe, odr sie hann sich des Geld vun irgendwu gelehnt un später zuruckgezahlt. Manchi hann's Geld vun Amerika gebrung, un hann mehr Feld gekaaft. Manchi hann kenne mit mehr Risiko lewe un manchi hann villeicht aach gschwindelt. A Zeit lang hat mer noch Feld kaafe kenne, villeicht vum Nochber, villeicht vun de Rumäner in Pesak.

Sie hann alli vill un schwer gearweit, manchi villeicht mehr wie anri. Manchi Leit hann awr des Glick ghat, gsund zu bleiwe un anri hann's Unglick ghat, krank zu were. Wann jemand in dr Familje krank is gin, war mer manchmol drzu gezwung, Feld zu vrkaafe um dem Dokter zu zahle. So sin manchi Baure reicher gin un anri sin ärmer gin. Des is villeicht e Zeit lang gut gang, awr dann is es soweit kumm, dass die Reiche ihre Kinner nor mit de Kinner vun anri Reiche verheirat hann.

Es heescht, dass in unsrem Dorf e armer Bu un e reiches Mädl hann wille heirate, un weil die reichi Eltre se net gelosst hann, hann se sich umgebrung. Sie sin awr mitnanner begrab gin. 's war also so, dass es for arme Leit iwerhaupt net meglich war, aus ihre Armut rauskumme. Reichi Baure hann ihre Kinner kenne in die Schule schicke, arme Leit hann sich des net erlauwe kenne, aach wann ihre Kinner noch so gut gelernt hann. Dann ware do noch die Professioniste. Die hann sich meischtns iwr'em Wasser ghal, awr reich sin se net gin un ihre Kinner hann se aach net kenne in die Schule schicke.

Die Zuständ ware uf die Dauer aach for's Land net gut. Wann die Reiche immer reicher werre un die Arme immer ärmer, dann werd die Mittlklass immer klenner, bis se ganz verschwind. Des hann mer doch im »reale Sozialismus« erlebt: Mir ware alli arm, nor die Kader (also die hechere Parteileit) hann's besser ghat. Die hann dann ufs gwehlichi Volk runnergschaut. Wie mer sogar in Temeschwar e ganze Summer lang ke Bier kriet hat, hat's beim Jugendfestival in Bukarest gheescht: »Trink mer noch e Bier, 's Volk arweit jo«. Un des ware nor die klene Mitlaafer, die Große hann alles zu esse un zu trinke ghat, un hann ihre Urlaab im Kenich seine Schlesser in Sinaia un am Schwarze Meer vrbrung. Die hann gelebt »wie Gott in Frankreich«, wie mer so gsaat hat. Wie sich de Unnergang vun dene »sozialistische« Staate schun gezeicht hat, kann sich e Land ohne Mittelklass net lang am Lewe halle. Sogar eenfachi Mensche hann des Unrecht gsiehn un dernoh ghandlt: »Die behaupte, dass se uns bezahle, un mir behaupte, dass mer uns anstrenge!« An dem hat ke Erschte Mai un ke Dreiunzwanzich-schte August etwas ännre kenne.

Die schwere Zeite noh'm Kriech hann bei allem Elend doch schun irgendwie in die Zukunft gewies: Unser Leit hann die Schule entdeckt. Weil mer ne alles weggholt hat, sin nor die Schule iwrich gebieb, for sich's Lewe etwas leichter mache. Es hat gheescht »Was er im Kopp hat, kann mer em net weggholle«. Do ware Berufsschule, technische Schule, Schule for Lehrer, s' Lyzeum un die Hochschule. Un so sin villi Kinner in die Schule gang, so weit wie 's ne halt meglich war.

Ich menn awr, aach vor dem unseliche Kriech wär's iwrhaupt for ärmeri Buwe un Mädle so gut wie unmeglich gwenn, aus ihre vorbestimmte Rolle rauskumme un etwas Besseres erreiche. Heit tät mer's wahrscheinlich »fehlende soziale Mobilität« nenne. Des hätt aach ohne de Kriech net so bleiwe kenne, aus wenigschtens zwaa gute Grinde. Erschtns hätt mer mit de neije Maschine wenicher Leit gebraucht for des Feld verarweite. Neijes Feld is jo net drzu kumm, weil jede Quaratmeter schun angebaut war. Un zweitns hätt mer de Fortschritt net umhale kenne. Friher odr später hätt sich jedes Land entwicklt, unner e jede Art vun Regierung, kapitalistisch, sozialistisch, odr was immer. Drzu hätt mer awr mehr ausgebildti (wann schun net ingebildti) Mensche gebraucht. So manchi wäre also uf jede Fall in die Städte gezoo, manchi wäre Arweiter gin, und anri wäre in vrschiedeni Schule gang, wäre Facharweiter gin, odr Beamte, Lehre, Doktre, Wissnschaftler, sogar Inscheniere. Villi drvun hätte ihre Arweit in dr Stadt ghat un hätte aach dort gewohnt. So manchi hätte awr sicher ihre Familje un Freind im Dorf net vrgess. Die hätte sich sicher ihre Haus im Dorf for e Ferienhaus ausgebaut, so wie in Wolfsberg un Weidntal.

Priefunge in Temeschwar

Des war so um 1946 odr 1947 rum, wu mer noh der viert Klass zum Gymnasium iwrgang is. Unser rumänische Direktorlehre hat zwaa Buwe un aa Mädl extra Stunde gin, um in der Stadt, (for uns war des jo immer Temeschwar), die Aufnahmepriefung for's Gymnasium zu mache. Alles war natierlich uf Rumänisch, was mir Schiler zu dere Zeit schun ziemlich gut mitgriet hann. Un Rechne, odr Mathematik, des war jo in alle Sproche gleich.

A klenes Problem war awr die Religion. Domols is unser katholische Pharre noch in die Schul kumm un hat die Religionsstund uf Deitsch abghall. In 'me anre Klassezimmer hat de orthodoxe Pope die Religion for unsre rumänische Mitschiler uf Rumänisch vorgetraa. For die Aufnahmepriefung for's rumänischi Gymnasium sin de Pharre un de Direktorlehre iwrens kumm, dass de Herr Pharre uns drei Schiler die Religion uf Rumänisch beibringe werd. A phaar rumänische Bible hat de Herr Pharre aach vun irgendwu ufgetrieb, un mir sin zwaa- oder dreimol in der Wuch for die private Religionsstunde ins Pharrehaus gang.

Wie die Priefung näher gerickt is, hat die Bässl Liss, die wu a Fratschlerin war, uns a Quatier in Temeschwar vrschafft. Mir hann also bei der Erschi-Neni gewohnt, irgendwu uf'm Kittlplatz. Ich hann in dr Kuchl uf'm Diwan gschlof un in der Nacht hat mich etwas am Hals un unnr de Aue gebiss. Die Erschi-Neni hat gsaat, des sin Ausschläch, weil »Wanzn habn wir doch nicht«. Sie hat die »Ausschläch« mit Spiritus abgetuppt un ich hann mer gedenkt »Des kennt ihr dene Wanze verzähle«, awr gsaat hann ich nix.

De erschte Priefungstach is gut rumgang un for de zweite Tach war nor mehr Mathematik un Religion iwrich geblieb. Mir hann also widr zwaa un zwaa in eener Schulbank gsitzt un hann an unsre Aufgabe gearweit. Zwische de Reihe Bänk is de Aufseher, wahrscheinlich a Mathematiklehre vum Gymnasium, hin un her gang. Er hat e große Schnauzer ghat un sunscht hat sei Gsicht dem Neanderthaler aus dem Biologiebuch geglich. Mer hät direkt Angscht vor ihm kriege kenne. A phaar Bänk hinnr mir is er stehn geblieb, hat eme Schiler iwr die Schultre gschaut, un hat ne dann angeschrie: »Pişta, mă Pişta, ce faci tu acolo?« (»Pischta, du Pischta, was machscht du dort?«). Jetzt hann ich awr wirklich Ängschtre griet, wie er hinner mir gstann hat. Er hat awr nix gsaat un is sei Wech weiter gang.

Die letschti Priefung war die Religionspriefung. Mir hann in de Bänk gsitzt, die Tihr geht uf und rinn kummt a junge blonde Kaplan, in schwarzer Kutt, un saat in 'me sehr freindliche Ton: »Guten Morgen, Jungens, wollt ihr mir nun etwas aus der Bibel erzählen?« Des hatt'r alles uf gut Deitsch gsaat, un mir hann unsre Aufsatz natierlich uf Deitsch schreiwe derfe. Wie ich bemerkt hann, wie der Bu, wu newer mir gsitzt hat, »Egipten« gschrieb hat, hann ich vrstann, dass aach anri ihre Religion uf Rumänisch gelernt hann ghat. Wie mer des noher unsrem Herr Pharre verzählt hann, hat auch er do driver gelacht un hat gsaat: »Religion ist immer gut, ob auf Deutsch oder auf Rumänisch.«

Ich kann mich net erinnre, dass mer die Resultate vun dene Priefunge gsiehn hann. Die Regierung hat nämlich beschloss, dass jede Schiler siwe Klasse in der Volksschul absolviere muss for dann ins Lyzeum weiter gehn. Ich kann Eich saan, des war a Erleichterung: Ich hann noch drei Johre drhem bleiwe kenne.

De Goldene Hirsch

Alles hat mol a End, un so is aach mei Hinunherfahre zwische unsrem Dorf un Temeschwar zu End kumm, wie ich des Lyzeum absolviert hann. Es hat sich bald rausgstellt, dass mer wegn dem volle Programm vum Polytechnikum hat misse in dr Stadt wohne. Un mei Stipendium hat for's Wohne im Studenteheim un for's Esse in der Kantin grad ausgreicht, weil Bargeld hat mer jo keens gsiehn. Die Studentinne hann's leicht ghat: ihre Heim war gleich um de Ecke vum Korso un die Kantin war im selwe Gebeide. For uns Studente war's net so eenfach, weil des moderni Heim bei der »Mecanica« (Fakultät für Maschinenbau) vill zu klen war. Mir Studente vum erschte Johr »Electrotehnica« (Fakultät für Elektrotechnik) hann in ,me requierierte Wohnhaus in der Josefstadt wohne misse un die Kantin war dieselwi wie for die Mädle, also gleich um de Ecke vum Korso, des is schun e scheni Distanz.

Des Haus war iwr dr Gass vun dr Josefstädler Kerch gelee, also schief riwwer vun was mol die »Notre Dame«-Schule ware; mer hat se noch immer so genennt, wann se aach verstaatlicht ware un annerscht benutzt sin gin. Unser Zimmer war mol 's Wohnzimmer vun eenr »birgerlichi« Wohnung. Es hat zwaa Finschtre ghat un zwaa Tihre zu was mol Schlofzimmre ware. Irgendwie hat mer verzehn (richtich:

14) Better in des Zimmer gstellt un drei hohi Schänk. Nor die erschte sechs vun uns verzehn Inwohner hann a halwe Schank ghat, mir anre hann unser Eigentum in ,me Kupfer ghat, wu unners Bett gepasst hat. In dene zwaa Schlofzimmre hann Studente vum zweite Johr gwohnt, die hann's gut ghat: Nor vier in eem Zimmer!

So hann mer de erschte Semester iwrstann un sin widr in unser Studenteheim ingezoo. A Paar Wuche später is de Befehl kumm, mir misse sofort umziehe. Die Russe – des war die Roti Armee – hat unser Haus gebraucht un mir hann ihres in dr Inneri Stadt misse anholle. Befehl is Befehl, mir hann unser wenichi Sache in de Kupfer gepackt un ware zum Umziehe fertich. Ich sin iwrs Wuceend awr hemm ins Dorf gfahr, mitm Kupfer wie immer.

Wie ich am Montach morjet zu unsrem neije Heim kumm sin, war dort a großes Dorchenanner un for mich hat niemand a Bett reserviert. Ich hann also etliche Nächt in me anre Heim schlofe misse, ganz in der Näh, in dr Gass gegrs Domplatz. Vun de Wanze, wu mich dort zugericht hann, mecht ich do net vrzähle, ich sin jo bal in unsrem neije Studenteheim in dem alte Gebeid ingezoo. Des war wirklich alt, un manchi Gäng ware gewelbt, so dass im Eingang un im unnere Gschoss immer 's elektrischi Licht an war. Nor gut, dass dort die elektrische Biere noch vorhande ware. Unsre Zimmre ware im erschte Stock, un do ware die Biere un aach ihre Sockl abgschnied, un die Beleichtung is grad repariert gin. Unser Zimmer hat sechs Better un e Kachlowe ghat. Im Winter hat jede Taa eener vun uns die Ration Brennholz im Keller iwrholl, mit der Holzhack gspalt, die Treppe nuf ins Zimmer getra, un Feier im Kachlowe gmacht.

A greßere Saal war for Studierzimmer vorgsiehn, mer hat des awr net benutze kenne, weil's rin gereegnt hat. A Zimmer mit 'me Blechtrog runderum an drei Seite war zum Wäsche und Zähnputze hergericht. Awer die Beleichtung in dem Zimmer hat nie funktioniert, weil immer jemand die elektrischi Bier gstohl hat. Sunscht hann mer ke Badezimmer ghat, awr eemol in dr Wuch ware mer zu dene ville Dusche im Keller vun der Mecanica-Fakultät programmiert.

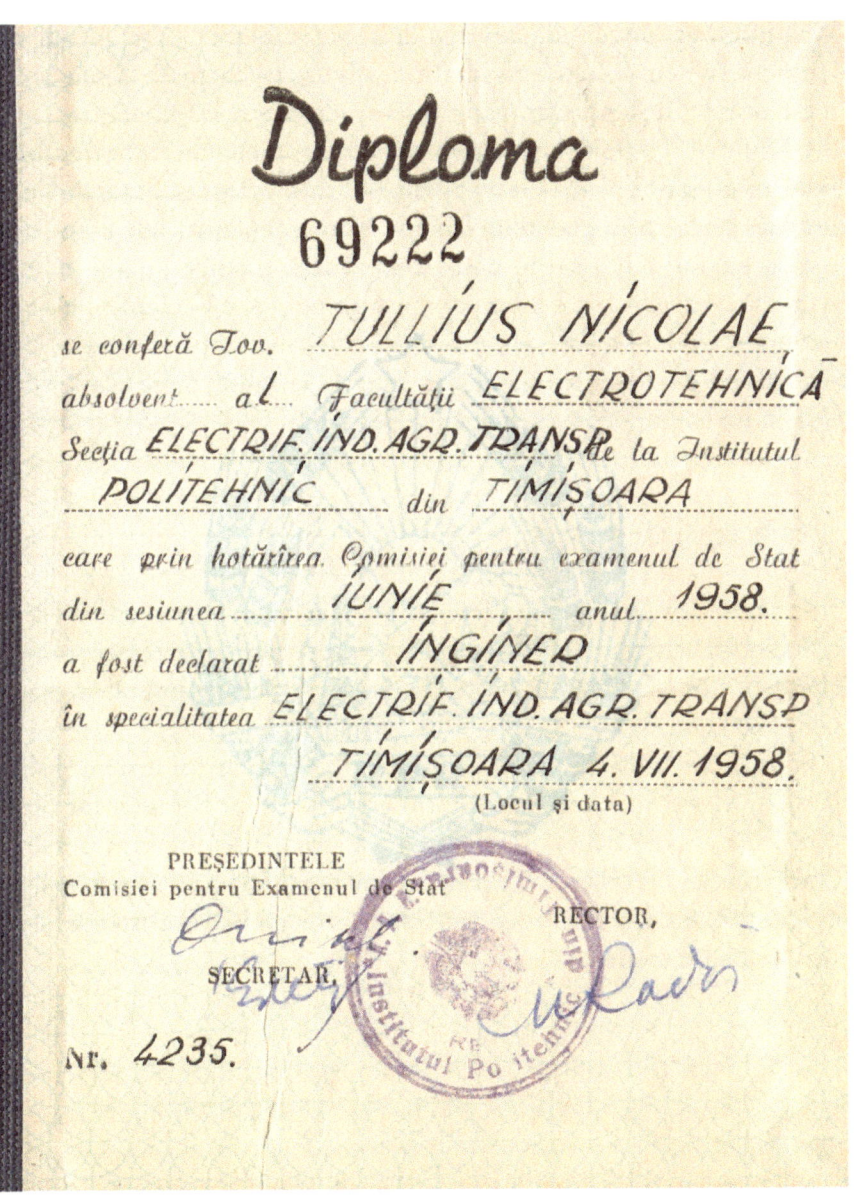

Diploma

69222

se conferă Tov. *TULLIUS NICOLAE*,

absolvent al Facultății *ELECTROTEHNICĂ*

Secția *ELECTRIF. IND. AGR. TRANSP.* de la Institutul

POLITEHNIC din *TIMIȘOARA*

care prin hotărîrea Comisiei pentru examenul de Stat

din sesiunea *IUNIE*, anul *1958.*

a fost declarat *INGINER*

în specialitatea *ELECTRIF. IND. AGR. TRANSP.*

TIMIȘOARA 4. VII. 1958.

(Locul și data)

PREȘEDINTELE
Comisiei pentru Examenul de Stat

RECTOR,

SECRETAR,

Nr. 4235.

Ingenieurdiplom, Politehnica Timişoara/Temeswar, 1958

Was mich an des Studenteheim erinnert hat, war e Artikl wu unlängscht in eener Zeitung vun Temeschwar erschien is. A reiche Temeschwarer tut grad ufm Sankt Georg-Platz e neies Hotel baue. For des hann alti Gebeide misse abgeriss gin un die Gebeide ware uf 'me Foto zu gsiehn. Ens drvun war ganz bestimmt des alti Studenteheim, un mer hat's zum erschtemol beim Name genennt. Ich kann Eich mei Iwwerraschung kaum beschreiwe, hann momentan alli Schwierichkeite vun dere Studentezeit vrgess un nor eene Gedanke ghat: Ich hann als Student e Johr lang in dr historischi Herberch (odr soll mr saan Hotel/Restaurant?) »Goldener Hirsch« gwohnt, ohne des zu wisse! Des kann aach nor im Sozialismus passiere!

Des war dialektisch

Kann mer heit noch iwr de Kommunismus un sei verschiedeni Forme redde oddr schreiwe? Weil mer ne iwrstann hann, derfe mer so manches heit (im Mai 2019) komisch finne, aach wann's domols iwrhaupt net zum Lache war.

Beim Temeschwarer Polytechnikum hat gleich im erschte Johr e Kurs in Marxismus ufm Programm gstann. Unser Fakultät for Elektrotechnik un die Baufakultät ware im Piariste-Gymnasium unnergebrung un die Marxismus-Lektion hat in 'me große Saal uf der Seit vun der Piaristekerch stattgfun. Ufm Gang war e großi elektrischi Klingel, wu die Pause angin hat.

Die Lektorin (ich glaab des war ihre Titl) war a zimmlich dickes Weib, wu uns Studente vorher net bekannt war. Sie hat sich hinner ihre Pult gstellt, hat ihre Stoß Papiere hingeleet, un hat angfang ihre Lektion vorzulese. Sie hat des for die ganze fufzich Minute fortgsetzt, ohne ufschaue.

An dem gewisse Tach hat's geklingelt un die Lektorin hat ihre Vortrach noch net ganz fertich ghat. Sie hat ihre Stimm noch eemol hochgschraubt zum End vun dere Lektion (ich vrsuch des vum rumänischi ins schwowischi iwrsetze): »…Un des beweist widr eemol die Iwrlegnheit vum kapitalistischi System iwr des sozialistischi System!« Un mit dem is se die Tiehr 'naus.

Wie die nächschti Lektion angfang hat, is se in the Saal kumm, do war se ganz rot im Gsicht, un hat gsaat: »Genosse, ich hann e Fehler gmacht! Richtich hann ich wille saan: »Un des beweist widr eemol die Iwrlegnheit vum sozialistischi System iwr des kapitalistischi System!«

Am schenschte awr war die Gschicht mit der Cota (Abgabenquote). Die Baure wu Feld ghat hann, also Rumäner un Deitschi wu nor in dr rumänischi Armee ware, hann jedes Johr e Teel vun ihre Frucht an de Staat abliewre misse – des hat mer die Cota genennt. In eener Lektion hat mer uns ausfihrlich ufgeklärt, wie richtich des war: 's hat die Baure zu greßeri Produktivität gebrung. Dass manchi in schlechte Johre hann misse Frucht inkaafe for ihre Cota zu erfille, des is drbei net erwähnt gin.

In dem Johr, grad vorm erschte Mai, hann Partei un Regierung pletzlich beschloss, die Cota abschaffe. Mir Studente ware zu dere Zeit mitte in de Priefunge, hann awr de Beschluss natierlich vrfolcht. Bei dr Marxismus-Priefung hat eener vun uns Studente misse die Sach mit dere Cota erkläre. Er hat aach die richtichi Antwort gfun: Bis zum erschte Mai war die Cota berechticht, noh'm erschte Mai war se net mehr richtich un die Partei hat se abgschafft! Der Student hat sei Dialektik gekennt, hat richtich geantwort, un hat e sehr guti Note kriet.

Wann mer's holt, war der ganzi Marxismus-Kurs eigntlich iwrflissich, weil des Lied aus der DDR jo alles gsaat hat, was mer hat misse wisse: »..Die Partei, die Partei, die hat immer recht! Die Partei! Die Partei! Die Partei!« Na also!

Vun Politik un Religion

Unsr heitichi Gsellschaft werd multikulturell genennt, also misse mer vorsichtich sin, wann mer vun Politik un Religion redde wille. Mer kann nie wisse was de Anre ihre Iwerzeihunge sin, un mer will doch niemand beleidiche. Mit Eich, liewi Leser, wu mei kleni Gschichte lese, fiehl ich awr dass mer unner uns sin un iwr alles redde kenne, sogar iwr Politik un Religion. Im Kommunismus hat jo a jeder 's Maul halle misse, un korz vorher war's, wie mer heert, aach net vill besser. Heit kenne mer awr redde sovil wie mer wille, wann aach die Politiker uns meischtens net heere un doch mache was se wille.

Im reale Sozialismus hat mer gwisst was mer saan hat derfe un was mer net saan hat derfe. Mer hat versucht, in dr Zeitung zwischen de Zeile zu lese un is so dr Wohrheit e bissl näher kumm. Unser Leit hann immer vill gearweit, wann se for sich selwer gearweit hann. Mit dr Zeit hann se awr gsiehn: De Staat macht so wie wann'r uns bezahle tät, un mir mache dann so wie wann mer arweite täte.

Mer is net gere wähle gang, weil mer jo gwisst hat, dass 's Resultat schun vorher feschtgsetzt war. Vum Gmeindehaus is dann jemand gschickt gin, wu die Leit ingelaad hat, net immer freindlich, wähle zu gehn.

Mir hann des Banat vrloss, weil mer uns dort 's Lewe zu schwer gmacht hat. Mir sin net ausgewies gin, hann awr sunscht alli megliche Schikane ertraan misse. Do ware die Vrschleppunge uf Russland un in de Baragan, die totali Enteignung noh'm Kriech, die Arweit wie Knechte for die Ferma, uf dem Feld wu jo eigentlich uns gheert hat. Do war mer schun als richtiche Proletarier besser dran, also als e Fabriksarweiter in dr Stadt.

Mit dr Zeit sin die meischte vun uns ausgewannert, uf Deitschland, uf Esterreich, un in anri Ländr vun dr Welt. Aach do hann mer arweite misse, awr mer hann net umsunscht gearweit. Mer hat alles zu kaafe kriet un hat sich allerhand leischte kenne. Bei dr Politik hat mer kenne mitmache, odr des ganzi Drumm-und-dran im Fernsehe beowachte.

Mer hat bald bemerkt, dass bei de Wahle meischtens der gwinn, wu's meischti Geld hat. Der kann for die teiri Wahlpropaganda am beschte zahle: Radio, Fernsehe, Zeitunge, un Anrede im ganze Land, mit Leit wu bezahlt gin for klappe. Jemand hat mol behaupt, dass in're erbliche Monarchie wenichtens eenmol in hunnert Johr e gscheite un anständiche Mann ans Rudder kummt. Die Politiker wu gewählt sin gin, ob se am Anfang arm oddr reich ware, ware immer reicher, wann ihre Zeit an dr Kripp rum war.

Die Religion hat in unsrem Lewe immer ihre Platz ghat, wann's aach im Sozialismus net immer leicht war. Die Kinner sin getaaft gin, sie hann ihre Religionsunerricht ghat, wann's aach net in dr Schul war. Sie sin gfirmt gin un in dr Kerch getraut gin. Un am End sin se aach christlich begrab gin. Wu mer heit wohne, sin mer frei, mit so vill odr so wenixh Religion lewe, wie mer wille. Mir kenne am Suntach in die Kerch odr aach Keglscheiwle gehn, wie mer wille. In dr Kerch sin mer Fremde unner Fremde, un denke dran, wie schen's doch war, wie mer mit lauter Verwandte, Freind un Landsleit vrsammelt ware. Wann dann e Taaf, e Vrlowung, odr e begräbnis vrmeld is gin, hat mer die Betroffene gekennt un hat ihne Freed un aach ihre Trauer mitfiehle kenne.

Losse mer des e bissl luschticher ausklinge, mit 'me irländische Sprichwort: Ich winsch, dass mer alli in de Himml kumme, noch bevor de Teiwl gheert hat, dass mer gstorb sin!

Ins Kino gehn

Wie mer noch kleni Kinner ware, war aach 's Kino noch nei un hat etwas magisches in sich ghat. De erschte Film wu ich gsiehn hann, is im Wertshaus im große Saal vorgfiehrt gin. De Kriech war noch net bis ins Banat kumm un mir hann aach noch ke elektrische Strom ghat. Weit hinne in dr Scheier vum Wertshaus hann se so a klene Stromerzeicher ghat, wu vun so me klene Motor wie vun 'me Mottorrad angetrieb is gin. Der hat de Kinoprojektor un e kleni elektrischi Bier im Saal angetrieb. Weil mei Vattr grad Uhrlaab ghat hat, hat er mich am Owed mit ins Kino ghol.

An de Film kann mich net erinnere, die Wochenschau hat die Wehrmacht gezeicht, wu grad irgendwu gsiegt hat. Am End hann se Aufnahme vun dr Gmeinde un aach vun unsrer Schul gezeicht. Un in dr Pause hat mei Vattr mich mit 'me große Glas Himbeeresaft mit Sodawasser traktiert.

Noh'm Kriech is mol am Bahnhoff a Film gezeicht gin. Die Leinwand war an 'me Waggon angebrung un die Zuschauer hann runderum im Gras gsitzt. Der Film hat Mikluho-Maklai gheescht un hat vun 'me russische Afrikaforscher vrzählt. Anri Filme hann ich im Dorf net zu gsiehn kriet.

In Temeschwar hat's natierlich mehreri Kinos gin, in der Josefstadt, in dr inneri Stad un in dr Fabrikstadt, vun de Vororte wie Freidorf un Fratelia garnet zu redde. 's schenschti un beschti Kino war awr 's Capitol. Dort hann ich so manchi Filme erlebt, manchi sogar ohne zu zahle. An eene Sowjet Film kann ich mich noch gut erinnre: Der Fall von Berlin (auf rumänisch: Căderea Berlinului). E Kulleger hat drzu bemerkt: »Wann die Deitsche so tolpatschich gwen wäre, wie in dem Film, hätte se nie 's halwi Europa erowwert«. Un dann Stalin in Berlin, oddr wahrscheinlich in Potdam, hat eenfachi jungi Leit getroff, wu'm hann wille danke. Do druf hat der großi Mann eenfach gsaat: »Mir hann des for eich getun!« Do wär mer schun fascht geriehrt, wann's net so unmeglich, so unvorstellbar wär.

Dann ware DDR Filme vun DEFA hergstellt, awr ich muss gstehn, dass mer im Moment nor e eeenziche Titel infallt, nämlich «Rat der Götter» iwr IG Farben. Irgendwann sin aach Filme vum westliche Ausland gezeicht gin. Ich erinner mich an deitschi Filme mit Marika Rökk un Vico Torriani. Do ware englische Filme wie »Hamlet« (noh'm Drama von Shahespeare) un »Great Expectations« –»Große Erwartungen« (noh'm Roman vun Charles Dickens). Ich erinner mich sogar an e amerikanische Film, der hat »Lili« gheescht, mit dem Lied »Hi-Lili, Hi-Lili, Hi-Lo«.

Trinke mer noch e Bier

In dem Summer is in Bukarest e Jugendfestival vranstallt gin. Unser Lyzeum war in dr Temeschwarer Fabrikstadt, in dr Näh vum Haiplatz. An me Tach so gegr's End vum Schuljohr war unser Klass schun vor Mittach am End, un unser Zugg is so gegr finf Uhr weggfahr. 'S war a warme Tach, mei Freind un ich hann Dorscht ghat, so sin mer uf die Idee kumm, 's wär doch schen, wann mer e Glas Bier trinke kennte.

Mer hann also am Trajansplatz angfang e Lokal zu suche, wu grad Bier ausgschenkt hät. Mer hann awr kens gfun un sin gegr die Inneri Stadt weitergang. In dr Umgebung vun dr Medizinfakultät (die wu mol Banatia gheescht hat, was mer natierlich gwisst hann) hann mer net mol a Lokal gfun wu in Frage kumm wär. In dr Umgebung vum St. Georgsplatz, Domplatz un Freiheitsplatz hann mer mehreri Lokale gfun, awr Bier hat kens drvun ghat.

Ufm Korso hann mer 's im Lloyd, im Palace un im Bufet Expres versucht, awr e Bier war net zu finne. Mir sin dann iwr die Begabruck in die Josefstadt kumm un in dr Bahngass weitergang, mit dem selwe Resultat. Aach 's Bahnhofrestaurant war net besser. Wein war aach net zu hann, so hann mer e halwi Flasch Vermut mit Sodawasser bstellt un ausgetrunk, weil der langi Fußmarsch unser Dorscht noch vrgreeßert hat.

Ich erinner mich noch so wie wann's gischter war, dass mer in dem Johr wu in Bukarest, odr in Moskau, odr sunschtwu e Jugendfestival vranstalt is gin, mol vum Bade in dr Marosch hemgfahr sin un unsre Bizikle in Pesak vorm Restaurant abgstellt hann, weil mer große Dorscht ghat hann un a Kenichreich for e Flasch Bier gin hätte. Leidr war aach dort ke Bier un ke Wein zu fine. Mir hann widr mol misse Vermut mit Sodawasser trinke.

Des war sicher ke Zufall, dass des Bier in de Johre wu e Jugendfestival vranstalt is gin, noch mehr Mangelwar war, wie in anre Johre. Spätr is es awr vun eener beteilichti Person bestäticht gin. Eene vun mei Kullegre vum Temeswarer Polytechnikum war bei so eem Jugendfestival drbei. Sei Name war in dr Zeitung, mit dr Bemerkung, dass sei Studentekullegre ne zum Delegierte gewählt hann. Vun de Kullegre wu ich drno gfroot hann, hann keener etwas vun so eener Wahl gewisst. Wie er vum Jugendfestival zuruck kumm is, hat unser Delegierte, wu zufällich aach de Vorsitzende vun dr Jugendorganisation (UTM) for unser Johrgang war, gere vun seine schene Erlebnisse beim Festival vrzählt. Die Täch ware warm, un wie se so rumgsitzt hann, hat oft eener vun de Delegierte gsaat: »Trink mer noch e Bier, Genosse, 's Volk arweit jo!« Un so hat alles sei Ordnung ghat: die Arweiter hann gearweit, un die vum Festival hann Bier getrunk!

Im kalte Kriech

Noh'm Zweite Weltkriech, so um 1947, hat de Churchill irgendwu in Amerika e beriehmti Anred ghal. Er hat feschtgstellt, dass die Sowjets e Eiserne Vorhang iwr Eiropa runnerglosst hann, vun »Stettin an dr Ostsee bis Triest an der Adria«. So hat de kalte Kriech angfang, wu bis zum End vun dr Sowjetunion im Johr 1991 gedauert hat. Uf dr eeni Seit hat des »sozialistischi Lager« odr de »Ostblock« gstann, un uf dr annri Seit die kapitalistische Staate, also de »Westblock«. Villi vun uns hann alli zwaa Seite zu vrkoschte kriet un werre de Unerschid aach nie vrgesse.

In dere Zeit, also in de sechzicher Johre, war mei Boss, also dr Chef vun unsrer Abteilung, e Engländer wu awr mit eener Frau vun Osteiropa vrheirat war. Bei eener Party, wahrscheinlich e Weihnachtsfeier, sin ich mit dere Frau ins Gspräch kumm, aach iwr die Zuständ in unsre Geburtsländer. Am End hat se mich gfrot, ob se mich zu me Gschpräch bei dr nazionali Radio- un Fernsehgsellschaft inlade kennt. Weil ich schun immer e heflichi Person war, hann ich aach zugstimmt, hann awr ghofft, dass 's net drzu kumme werd.

Bald drnoo sin ich awr doch inglaad gin, un do war ke Auswech. Am vrabredde Tach sin ich so wie ich vun dr Arweit kumm sin direkt in des Studio gang. Die erschti Iwerraschung war, dass des Gschpräch natierlich uf Tonband ufghol is gin. Mer hat uns dran erinnert, dass die Tonbänder villeicht irgendwann in Sendunge for Osteiropa benutzt werre. Natierlich hat mer uns vrsichert, dass unsre Name nie genennt werre, so dass mer in unsre Geburtsländer net uf die schwarzi Lischt kumme.

E noch greeßeri Iwerraschung awr war, dass unsr Gschpräch uf franzeesich gfihrt is gin! Ufrichtich gsaat, die Frau hat mit dem Franzesische vill mehr Iewung ghat wie ich, awr weil ich wie gsaat e heflichi Person sin, hann ich ihr gere die meischte Anworten iwrloss. Ihre Erklärunge ware meischtens gut, ich hann ähnlichi Erinnerunge ghat, un so hann ich meischt jo un amen gsaat.

Ufrichtich gsaat, hann ich awr doch Ängschtre kriet. Ich hann mich an e Mitschiler vum Lyzeum erinnert, der wu angeblich e Mitarweiter beim Sender Freies Europa war, un drnoo vun Unbekannte in München ermord is gin. Mer hat ke Zweifl dran ghat, wer die Unbekannte ware! Ich hann mer im Stille vorghol, mich an solche Gschpräche net weiter zu beteiliche. Vum Kalte Kriech hann ich gnuch ghat, ich war froh, so weit wie meglich weg drvun zu bleiwe.

Eigntlich hann ich aach vorher Angscht ghat, mei Geburtsland zu bsuche, weil die doch Jede schnappe hann kenne, ob er was gegn sie gsaat hat odr net. Noh dem Gspräch im Studio hät ich mich noch wenicher getraut, dorthin zu fahre. Die Wende vun 1989 hat endlich die Erlesung gbrung: die Propaganda hat nohglosst, un mer hat endlich fahre kenne wuhin mer hat wille.

Iwr's Raache

Bei uns im Dorf hann die meischte Männer geraacht un die Weiwer hann net geraacht. Die Männer sin aach mol ins Wertshaus gang um eene zu trinke, awr die Weiwer hann des net gemacht. Des war mol so, des war die Tradition, in dere sin mer ufgewachst.

Hie un do war aach mol a Mann wu net geraacht hat, awr des war e selteni Ausnahme. Die meischte Männer hann Zigarettle geraacht, awr ich kann mich genau erinnre, dass manchi alti Männer Pheife geraacht hann; dann hann se wenichstens ke Zigarettlpapier gebraucht. Manchi hann aach de Tuwak net brauche kaafe, weil der uf ihre Felder gewachst is.

Des ware meischtens armi oddr mittleri Baure wu Tuwak gebaut hann. Der Tuwak hat vill Arweit gemacht. Net nor dass mer ne hat misse anbaue, ausgeize, un 's Unkraut vun'm wech halle, awr wann mer die große Blättr abgeroppt un hemgfiehrt hat, dann hat die richichi Arweit erscht angfang. Die ganzi Familje hat misse helfe die Tuwaksblätter in a Schnur ufreihe un am Hambar odr an 'me Zaun zum Truckle ufhänge. Wann'r trucke war, hat mer die Blätter misse zu Pakete mache un abliwre.

Bei dem Abliwre hann manchi Leit aach vrsucht, etwas for de eigene Gebrauch oddr for vrkaafe zurück zu hale. De Staat hat awr Inschpektore in die Häiser gschickt for des vrhinre. Die hann selle de vrsteckelte Tuwak finne un an de Staat abliwre. Jedr hat de Witz vun'm klene Hansi un'm Tuwakinschpektor gekennt. An dem Tach wu de Inschpektor ins Haus kumm is, hann die Eltre dem Hansi gsaat, wann de Inschpektor ne was froot, soll er nor saan »Ich sin klen un weeß vun nix«. Wie de Inschpektor awr kumm is un gfroot hat »Hansi, wu is dann dei Vattr?« hat de Hansi geantwort: »Ich sin klen un weeß vun nix, mei Vatter is ufm Bodde un versteckelt de Tuwak«.

Un doch is meischtens aach etwas schwarze Tuwak iwrich geblieb un is dann zum Zigarettletuwak oddr Pheifetuwak verschnit gin. Mer hat die zwaa Arte Tuwak aach im Gschäft kaafe kenne, awr dort ware se teirer. Aach Zigarettlpapier hat mer kenne kaafe, awr in schlechte Zeite sin aach mit Briefpapier oddr sogar Zeitungspapier Zogarettle gedrillt gin. Die Befreier vun der Roti Armee hann ihre Bumatschka gweenlich mit Zeitunspapier gedrillt.

Wann die Zeite halbwechs geregelt ware, hat mer kenne fertiche Zigarettle im Gschäft kaafe. Wie mir Buwe mol so zehn oddr elf Johr alt ware, hann mer natierlich des Raache vrkoschte wille. Zuerscht hann mer die truckene Tuwaksblätter ganz unne am Stamm zammgeriwwelt un drmit Zigarettle gedrillt. Bald sin mer awr uf gekaafte Zigarettle iwergang. Do war halt immer eener vun uns, wu e Paar Zigarettle im Gschäft kaaft hat, for sei Vattr, wie er dem Kaufmann gsaat hat. Die Zigarettle hat er dann ausgeteelt un mir hann nor so geraacht.

Die billichschte gekaafte Zigarettle ware die Plugar, dann ware die National un Mărăşeşti, wu etwas teirer ware un aach besser gschmeckt hann. Am beschte ware die Carpaţi, die hann schene geele Tuwak ghat. Weil merr die Zigarettle un Reibhelzer net hann kenne mit hem hole, hann mer bei dr Bahnsbruck uf dr Hutwed a Platz gfun for se versteckle.

Wie mer schun große Buwe ware un raache hann derfe, hann manchi Kumrade ihre Ziggarettlpack rumgereicht un jedr hat sich ens hole kenne. Des war so e Zeichn, dass mer alli ufgewachst ware, un aach dass de Austeeler Geld ghat hann. Heit muss ich awr ingstehn, dass ich an dem Raach ke Gfalle gfun hann un aach nie »uf die Bruscht« gezoo hann. Do hat mer schun gsiehn, dass ich ganz eenfach net zu 'me wirkliche Raacher gebor war.

Die Tuwakplanze sin vum amerikanische Kontinent uf Europa un uf die iwrichi Welt kumm, gnau so wie Paprika, Paradeis, Kukruz un Grumbiere. Heit stimmt die ganzi Dokterschaft iwrens, dass des Raache schädlich is. Awr so manchi Doktre sin aach heit noch Raacher, widr e Beweis for des alti Sprichwort: Mach was ich saan, net was ich mach.

Ärztlichi Prozedure domols un heit

Zu dere Zeit hann mer schun zwaa Doktre im Dorf ghat, awr noch ke Zahnarzt. In dr Schul hat de Lehrer uf die Tafl gschrieb: »Wer seine Zähne bürstet fleißig, behält sie alle zweiunddreißig«. So weit wie ich mich erinnre kann, hann mer des e zeitlang aach vrsucht, awr dann is die Front zu uns kumm. Dann hann mer zugschaut, wie die Russe ins Dorf kumm sin, un später hann mer im Keller gsitzt, un drauß is mit Kanone un Maschinegwehre gschoss gin. Mer hat nor wille iwrlewe, niemand hat ans Zähneputze gedenkt. Aach drnoo, wie unser Leit vrschleppt sin gin, wie die Enteignungskommissione un die Koloniste ins Haus kumm sin, hat mer kaum ums Zähneputze gekimmert.

Wie ich zum Temeschwarer Polytechnikum kumm sin, do war ich schun achtzen Johr alt. Dort war e Polyklinik for Studente, un die hat aach e Zahnklinik ghat. Dort hann ich de erschte Zahnarzt in meinm Lewe gsiehn. Sei Behandlung war ganz eenfach: Mei zwaa Zähn wu Lecher ghat hann, sin sofort gezoo gin. Des war jo net schlimm, 's sin mer noch immer dreißich iwrich geblieb.

Aach des mit de Impfunge war domols vill eenfacher wie heit. Des hat sich schun in dr Volksschul zugetraa. Mir Schiler hann – meischt brav – in unsre Bänk gsitzt un dem Lehrer zughert. Pletzlich is die Tihr ufgang un e Dokter odr sunscht e Assistent odr e Assistentin is ins Klassezimmer kumm. Mir hann alli gwisst: Jetz were mer geimpft. Wie die Name aus dem Klassekatalog vorgelest sin gin, hann mer e Arm freimache misse un hann e großi Nodl ringstoch griet.

An die Impfunge muss ich immer denke, wann ich heit heer, dass manchi Eltre ihre Kinner net impfe losse wille. In de alte Zeite sin se net gfroot gin un so manchi Krankheite sin so langsam aus dr Welt gschafft gin. Un heit sterwe die Leit schon wieder an Kinnerkrankheite, weil sie die Kinner net impfe losse.

Wann ich heit zum Zahnarzt geh – gell, mir Alte misse des noch immer mitmache – dann were aach »Rentgen«–Aufnahme gmacht.

Des dauert kaum e Sekund, awr e Scherz aus Blei werd iwr de Kerper geleet un de Techniker vrlosst 's Zimmer, weil die Rentgenstrahle halt so gfährlich sin.

In dr Volkschul war aach des annerscht. Do is so e Laschtauto vorgfahr, is bei dr Schul stehn geblieb un hat e ganzi Installation ausgelad. Mir Schiler hann unsre Himder ausgezoo un hann uns dr Reih noh an so e große Bildschirm (hat mer domols schun gewisst, was e Bildschirm is?) stelle misse. De Dokter hat uf der anri Seit von dem Bildschirm gstann, hat sich des Bild betracht un sei Bemerkunge ufgschrieb.

Heit kenne mer feschstelle, dass die Strahle uns net vill gschad hann, aach net iwr längri Zeit, weil mer jo heit – guti siebzich Johre später – noch immer uf dere Welt rumlaafe. De Dokter muss awr doch vill mehr Strahle kriet hann wie mir Schiler, un mir kenne nor hoffe, dass er e schenes langes Lewe ghat hat.

Die Armuhr

Wer erinnert sich noch an die alte Männer im schwarze Anzuch, mit 're silverne Uhrekett unne aus'm Jankl raushänge? Wann se dann die Uhr rausgezo hann un de Deckl ufgeklappt hann for uf die Uhr schaue, des war doch e feierliche Moment. Nohm Zweite Weltkriech sin awr die Armuhre ufkumm, un e jedr hat die Gschicht mit dem russische »Dawai Tschas« (her mit der Uhr!) gekennt. Manchi Zaldade hann alli zwaa Arme mit ufgebunneni Uhre gschmickt, for e Sibirier sicher e große Erfolg.

Wie mir Schwowe so um 1948 rum widr zu Mensche erklärt sin gin, hätt jedr vun uns junge Buwe halt aach gere e Armuhr ghat. Die ware awr domols schwer zu finne, un manchi Leit hann aach 's Geld drzu net ghat. Ehrlich gsaat, wär bei uns im Haus e Weckr wichticher gwen, awr die ware im Handl aach kaum zu finne.

Bei dr Firmung hann manchi Kumrade Armuhre vun ihrem Firmphat gschenkt griet, awr ich war net eene vun dene. Wie mei Vattr schun in Kanada war, hann ich'm gschrieb, dass ich doch gere e Armuhr hätt. Im näkschte Paket wu er mer gschickt hat, war a großes Stick Schmeckseef. Des war a großes, rechteckiches Stick Seef, schen im originale Papier vrpackt, mit dr Marke Ivory druf gedruckt.

Mir hann des Stick Seef ausgepackt un hann's vun alle Seite betracht. Uf eener Seit hat mer jo gsiehn dass 's angebohrt war. Dort hann mer dann mit'm Messer e bissl nohgholf un hann die Armuhr rausghol. Die war so rechteckich, hat wie Gold geglanzt, un hat e Ledderrieme for se anschnalle ghat. Die Uhr war vun dr Firma Timex hergstellt, des war ke teieri Uhr, sie hat mer awr johrelang guti Dienschte geleischt.

Wie ich schun in Arad im Dienscht war un guti Hoffnung uf mei Pass ghat hann – un e bissl zsammgspartes Geld drzu – hann ich mer e Doxa Armuhr gkaaft. Des war die eenzichi schweizer Uhr wu mer domols zu kaafe griet hat. Sie war rund, stark flach un mit'me Sekundezaicher. Wie ich dann mei Pass kriet hann, hann ich die Uhr in die neiji Welt mitghol un noch vieli Johre getraa.

Später sin ich in Pension gang un mir hann villi Reise gmacht. Uf eener solchi Reis hann ich mer e neiji Armuhr zugeleet. Die war vun dr schweizer Firma Omega un hat die Inschrift De Ville ghat. Sie is sehr genau gang un hat sich vun selwer ufgezoo. Die Uhr un ihre Armband ware sogar vun Gold un Platinum, des war also e wirkliches Schmuckstick, aach mei eenziches. Drhem hann ich se nor seltn getraa, awr uf Reise war se e zuverlässiche Begleiter.

Natierlich hat se ke Batterie gebraucht un des hat mer gut gfall, weil ich mit vill greeßri Batterieje schlechti berufliche Erfahrunge gmacht hann. Mit dr Zeit hat die Omega-Uhr uf eemol net mehr so genau funktioniert. 'S hat sich rausgstellt, dass ihre Werk gereinicht misst gin. Die Firma Omega war natierlich bereit, die Reinichung zu iwrholle, hat drzu awr mehr Geld vrlangt wie ich hann zahle wille. For des Geld hätt ich mer mehr elektronischi Uhre kaafe kenne wie ich im iwrich gebliebene Lewe noch gebrauche kennt. So hann ich jetz eeni vun dene moderne elektronische Uhre, wu ohne Batterie net funktioniere kenne. Un wann die Batterie leer is, kann ich die Uhr ganz eenfach wegschmeiße un mer e neiji elektronischi Armuhr kaafe.

's is schad, awr die Zeite vun de Armuhre sin aach schun fascht zu End. Wann die Leit jetz elektronischi Geräte wie Mobiltelefone (in Deitschland »Handys«) mit sich rumschleppe, wu die Uhrzeit jo sehr genau anzeiche, wer braucht dann noch e Armuhr? Die elektronischi Geräte hann aach ihre Batterieje, aber die explodiere jo wirklich net, oddr doch nor ganz seltn?

Un großi Kercheuhre git's jo aa noch un die were ufgezoo. Awr die Glocke were elektronisch ingstellt un leite vun selwer. Wenichschtens leite die Glocke, wenn aach die Kerche wegr dem Corona-Virus in dr Oschterzeit ganz leer bleibe misse.

De Rechnschiewer

De geweehnliche Rechnschiewer is (oddr war) so e dreißich Zenti-meter langes Lineal, voll mit drufgedruckte Striche un Zahle, mit 'me bewegliche Teel in dr Mitte un e Kursor aus dorchsichtichem Kunststoff owedruf. Mer hat des Ding for allerhand technische Be-rechnunge verwendt, bevor die elektronische Taschenrechner ing-fiehrt sin gin.

Beim Polytechnikum hat mer for des Inschenierdiplom finf Johre ge-braucht, awr schun im zweite Johr hat mer de Rechnschiewer ingfiehrt. Die Rechnschiewer hat mer domols net kaafe kenne un außerdem hann die meischte Studente kaum des Geld drzu ghat. Villi vun uns hann vun dr Fakultät e Rechnschiewer gelehnt kriet, mit dr Bestim-mung, dass mer 'ne vor dr Absolvierung widr zuruck gin muss.

Des is aach soweit gut gang, un ich hann so manchi Projekte mit dem Rechnschiewer berechnt un gut abgschloss. Vor dr Staatspriefung hann ich de Rechnschiewer in guter Vrfassung zuruck gin, hann awr jetz mei Stell in Arad ohne Rechnschiewer antrete misse. Zum Glick hat die Stell aach kaum Berechnunge gebraucht, weil ich meischtens mit knappem Material un »Prämien« for die Arweiter bschäfticht war.

Weil mei Vattr awr in Kanada war, hann ich 'ne e zeitlang beläschticht, mer e Rechnschiewer vun Kanada oddr vun Deitschland zu schicke. Wie ich dann mei Gsuch for uf Kanada auszureise ingereicht hann, ware mei Gedanke nimmi bei dem Rechnschiewer.

Wie ich awr Gottseidank in Kanada war, hann ich mer e wunnerschene Faber CASTELL Rechnschiewer vun Deitschland bestellt. Der hat mer dann vun de sechzicher Johre bis in die neinzicher Johre gute Dienschte geleischt. Vun dann an hann ich e gute elektronische Handrechner bis zu meiner Pensionierung benutzt.

Irgendwann in the achtzicher Johre hann ich dienschtlich in Huntsville (US-Staat Alabama) zu tun ghat. Dort hann mer aach e stark intressantes Raketemuseum bsucht. 's Arweitszimmer vun Werner von Braun (1912-1977), der wu die V2 un spätr die Rakete entwickelt hat, wu die erschte Mensche uf de Mond gebrung hann, war so gelosst, wie wann er's erscht vor paar Minute vrloss hätt. Mei greschti Iwwraschung awr war de Rechnschiewer uf seinem Schreibtisch: derselwi Faber CASTELL wie meine! Des hat mer mei eigene Rechnschiewer noch wertvoller gemacht, wann ich aach nie Mondrakete drmit ausgerechnt hann. Er werd immer sei Platz in meinem Schreibtisch hann, gleich newe dem elektonische Handrechner. Die zwaa erinnere mich jede Taa an de Fortschritt wu die Technik in meim Lewe gmacht hat.

Sich erre is leicht, vrzeihe is schwer

In me Schwowedorf solle sich zwaa Brieder mol verstrit hann, weil eener vun ihne e Bert Laab mehr geerbt hat wie de anre. Die hann dann im selwe Dorf weitergelebt, hann awr ihre Lebtach lang ke Wort mitnaner gered. Sie sin sich aus'm Wech gang wanns nor meglich war, un wann se sich doch mol getroff hann, sin se anenaner vorbei gang, hann sich net angschaut odr gegrießt. Un des alles weger a Bert Laab!

Ob des wirklich passiert is odr net, weeß ich net, awr an ähnlichi Fälle erinner ich mich noch. Mir ware mit de Familje G und N verwandt. Die hann newenaner gewohnt, die eeni in me große Haus mitm Gewl an dr Gass, un die anri in 'me große Zwerchhaus mit truckener Infuhr. Irgendwann hann sie odr ihre Vattre odr Grossvattre sich verstrit. So sin se aach gebliebe, hann sich nie Gutmorjet odr Guntach gsaat, hann sich nie angschaut un hann ke Wort mitnanner gered. Vor me Finschter wu vun eener Gerechtichkeit in de Hoff vum anre Haus gschaut hat, hann die Nochbre e Brettrmauer – so e Gstell aus Bretter un Phole – ufgstellt, so dass niemand vun dr Familje G in de Hoff vun dr Familje N hat kenne schaue.

E alte Phat vun mir, nenne mer ne mol T, war mit meiner God, die wu eigntlich sei Gschwisterkind war, sei Lewe lang verstrit. Er hat hinne uf dr Hutwed gwohnt, un wann'r ins Dorf gang is, hat er misse bei dr God vorbei gehn. Er hat awr immer nor vor sich hin gschaut un hat nie gegrießt odr a Wort gsaat.

Jetz mecht ich iwr's großi Wasser springe un e anri Welt anschaue. In so manche Wildwest-Filme schiese die gute Leit – des sin die mit weiße Hit – immer am schnellschte, un hann aach sunscht vieli gute Eignschafte. Wann zum Beispiel eene vun ihne e Kind hat, wu außrgweehnlich gut lernt, kennt sich die ganzi Vrwandtschaft zammstelle un des Geld ufbringe, for de Junge in dr Stadt in die Schule zu schicke.

Bei uns kenn ich awr ke Fall, wu des passiert is. Manchi Verwandte hätte wahrscheinlich gedenkt odr sogar gsaat: »Wann mei Sohn odr Tochter ufm Feld arweite muss, dann soll der aach die Hack uf de Buckl hole un in die Ferma arweite gehn!«

In Wirklichkeit hann die gute Leit im Wilde Westn, ganz anerscht wie in de Filme, aach net schneller un genauer gschoss wie die anre, wu schwarzi Hit getraa hann. Un dass se vun Natur aus net eifsichtich ware un Vrwandte gholf hann, is wahrscheinlich aa mehr in de Filme passiert, wie in Wirklichkeit. In de Filme is alles meglich, awr dass die weiteri Familje aach bei uns im Dorf net grad zum helfe ufgeleet war, drvun kann ich noh all de Johre schun vrzähle, weil am End jo doch alles so kumm is, wie's hat misse kumme.

Es is halt zimmlich spot for des, awr e Spruch hätt de Pharre vun dr Kanzl verkindiche kenne, un hat ne sicher aach vrkindicht: Dass mer sich errt is menschlich, vrzeihe awr is gettlich! 'S tut mer weh des zu saan, awr ich hann Mensche in dr Welt getroff, wu's sich mit dem Verzeihe leichter gemacht hann wie so manchi Leit in unrem Dorf im Banat.

Auszeichnunge

Vor ville Johre hat in 'me schwowische Dorf mol e Mann gelebt, wu villi Auszeichnunge im Haus ghat hat. Er hat alleen in 'me klene Haus gewohnt, in dr Reih Häiser bei dr Hutwed. Manchmol, wann er gut ufgeleet war, hat er die klene Buwe vun dr Hutwed ins Haus ingelad un hat ne die Auszeichnunge vum Erschte Weltkriech gezeicht. Des ware meischt ungarische Auszeichnunge, mer hat die Inschrift kaum lese kenne, un hat se aach net vrstann, awr die Medaille hann doch e große Eindruck gmacht. Mer hat sich allerhand vorstelle kenne, vun dem Mann wu die Auszeichnunge verdient un getraa hat.

Was kenner vrstann hat: Dr Mann vun dr Hutwed hat behaupt, dass er selwer nie im Kriech war, er hat awr net erklärt, wie er zu dene Auszeichnunge kumm is. Des hat mer aach nie genau feschtstelle kenne, awr mer hat sich so verschiedni Meglichkeite vorstelle kenne.

Johre drvor, noch vorem Erschte Weltkriech, hat e Bauer vum Dorf e Sohn ghat, wu e bissl annerscht war wie die anre Buwe. Wie der in des Alter kumm is, wu die meischte gheirat hann, hat er sich iwrhaupt net um die Mädl gekimmert. Vill Leit hann sich gewunnert, un die Weiwer, iwrhaupt die ältere Weiwer, hann oft iwr 'ne dischkutiert. Manchi

202

ware iwrzeit, dass so manchi Mädle ne ganz gere gheirat hätte: »Der schaut doch ganz gut aus« hann manchi gsaat. »Jo, un in dr Schul war er aach net dumm; er hat'm Lehre fascht immer die richtichi Antwort gin« hann anri gsaat, un hann drbei villeicht an ihre eigeni Antworte gedenkt. Manchi hann gleich e paar Mädle genennt, wu gut zu ihm gepasst hätte.

Manchi hann gemennt, dass er eeni vun wuanerscht heirate werd, weil im Dorf keeni ne hann will. Widr anri ware iwerzeit, er werd eeni vun wuanerscht heirate, weil em im Dorf keeni gut genuch vorkumm is.

Wie er is schun finfunzwanzich Johr alt war, hat em sei Vattr im Hoff die Levitte gelest: »Du sollscht heirate, wie alli anre, un ich mecht net heere das keeni dr gut gnuch is…« un so is des weitr gang. Der Bu hat nor gsaat »Losst mich in Ruh!« un is ins Haus gang.

Dort hat er sei Bindl gschniert, is am friehe Morjet zum Bahnhof gang un in de Zug ingstie. Vun dem Taach an, hat niemand etwas vun ihm gheert. Am Anfang hann manchi Leit de Bauer gfroot, ob er Nachrichte vun seim Sohn hat. Dann hat de Bauer nor korz gsaat: »Ich hann ke Sohn«, hat sich umgedreht un is weiter gang. Spätr hat dann niemand mehr noh seim Sohn gfrot.

Un doch hann manchi die Wohrheit gwisst odr geahnt: Er war uf Budapest gezoo, hat e ungarische Name anghol, un hat alli Verbindunge abgebroch. Wie de Große Kriech kum is, hat er misse zu dr Honved inricke. Dort muss er tapfer gekämpft hann un war villeicht aach was mer uf deitsch e Drufgänger nennt, jedenfalls hat er vieli Auszeichnunge verdient.

Bei em Angriff is er im Kriech gfall un sei Bataljon hat die Auszeichnunge an die enzichi Adress gschickt, wu se in seine Akte gfun hann: Die Adress vun dem Mann wu in seim Dorf bei dr Hutwed gewohnt hat.

Vum Neijohr zum Njujiehr und was drbei rauskummt

An 'me winterliche Taach im März sin ich in Montreal ankumm. De Flieger war e Boeing 707 un hat dr belgischi Fluggsellschaft Sabena gheert. In dem Flughafngebeid hann ich mei Vattr noh 17 Johre widr gsiehn. Aach mehreri anre Landsleit ware mitkumm un ich hann mich an dem Owed wie drhem gfiehlt.

Ich hann die Landsleit aach dr Reih noh bsucht un es is vill vrzählt gin, alles uf schwowisch. Mit dr Zeit is mer ufgfall, dass unsr Leit so manchi englischi Werter benutzt hann, meischt for Gegnständ wu mer drhem so jo net ghat hat. So war in dr Kich de elektrische Eiskaschte e »Fritsch« (engl. fridge oder refrigerator, aach rumänisch frigider) un de elektrische Sparherd un Owe e »Stoov« (engl. stove).

Weil die lokali Bevelkerung ihre Auto am libschte e »Kaar« (engl. car) genennt hann, do hann unser Leit, so wie anre Inwandrer, ihre neie odr net so neie Autos aach »Kaar« genennt, sogar wann se schwowisch gered hann. Aach unser franzeesischi Nochbre hann ihre Autos »mon Schaar« (franz. mon char) genennt. Mir hat des Wort gut gfall, weil ich mer drbei immer e Karre vorgstellt hann, aach wann's net immer e alte Karre war. Jedr hat natierlich e Telefon ghat, un des hat mer, wie die Kanadier, ganz eenfach »Fohn« (engl. phone) genennt. Dann hat de Mister X em Mister Y versproch »Ich fohn dich morje frieh« was natierlich gment hat, dass er ne am näkschte Morjet am Telefon anrufe werd. Wann se sich dann vrabred hann for irgend wuhin fahre, hat eener vun ihne gsaat: » Na gut, ich pick dich ab um zehn Uhr mit meiner Kaar.« (engl. to pick up = abholen).

Missis A hat bei Missis B angeruft un hat gfroot: »Was macht dr dann grad?« un Missis B hat geantwort: »Mir watsche Telewischn.« (engl. to watch television = fernsehen). Vor Weihnachte hat sich 's Gspräch um de Kristmastörki gedreht. Zuerscht hann ich net gwisst, was des Weihnachtsesse mit dr Türkei zu tun hat, awr bal sin ich druf kumm, dass des ganz eenfach war (turkey = Pujkl, also e Truthahn;

Turkey = Türkei). De Kristmastörki hat mer im Gschäft kaaft, wu er schun ausghol un ohne Fedre war. Mer hat dann e Fillung in sei Inneres getun, hat ne ingerieb, in a großes Reindl getun un in de Stoov gstellt. Wann er fertich gebrot war, war er ganz braun un knuschprich. Noh dem feschtliche Weihnachtsesse is noch vill iwrich geblieb, mer hat kenne Törki Senwitsche iwr die ganzi Wehnachtswuch esse.

Dann is de Silvesterowed kumm. Wie se noch net ganz alt ware, sin unser in dr ganzi Stadt verstraute Leit an Silvester immer zu eener Feier zsamm kumm. Wie mer awr schun e bissl älter ware, sin mer drhem geblieb un hann uns die Silvesterfeier liewer am Telewischn angschaut. Ich erinner mich noch, wie ich mich an so 'me Silvesterowed geärchert hann, weil alli kanadische un amerikanische Kanäle nix gbrung hann, wu halbwechs wie Unerhaltung ausgschaut hat. 's eenzichi Programm wu mer hat kenne Unerhaltung nenne, war e Kabarett vun Frankreich.

Die amerikanische Kanäle hann Musich un Gsang vun vrschiedeni Städte gebrung, awr do war so vill Reklame, dass die Musich odr de Gsang nor seltn dran kumm sin (un außrdem war se wirklich gar net gut). De Hehepunkt vun was se gezeicht hann war e beleichteti Kugl, wu vun 'me Gebeid in Times Square, im Zentrum vun New York, zehn Sekunde vor Mittenacht runner gelosst is gin, so dass se genau um Mittenacht die Erd beriehrt hat. Die villi tausend Mensche wu in der Times Square vrsammelt ware, hann dann mitgezäht: »nain, eht, sewn, six, faif, fohr, trih, thu , wan – Häppi Nju Jiehr!«

Des braucht mer jo net iwrsetze, drum mecht ich liewer alle Landsleit in der ganzi Welt weitr uf gut schwowisch frohi Weihnacht un e glickliches neies Johr winsche!

Mer werd halt alt in dr Fremd

Irgendwu in der Welt sitzt de Vettr Niklos uf 're Bank, un allerhand
Gedanke gehn em dorch de Kopp. Er denkt an e Bank wu drhem vorm
Haus gstann hat, drhem im Banat. Heit steht sei Bank in irgend eem
Park, weit weg vun dr Banater Heed. Er hat heit eene vun dene Täch,
wu die Welt iwrhaupt net in Ordnung is, wu mol widr garnix stimmt.
  Die Sunn scheint net un de Himmel hängt voll mit Wolke. Eigntlich tut ihm nix weh, an des bissl Rheuma hat er sich schun längscht
gweehnt un die paar Medikamente wu er inholt mache em nix aus.
Was macht 'ne dann pletzlich so unzufriede mit seinm Lewe, mit dr
Welt un mit dem ganze Drum un Dran?
  Anri Zeite un anri Mensche kumme em immer efter in de Kopp. Er
denkt jetzt oft an Freind, Kumrade, Nochbre un Landsleit.Vor Johre
ware die immer noch do, sie ware net nor in seinr Welt, sie ware sei
Welt. Mit manchi hat'r nor seltn was zu tun ghat, er hat se johrelang
net getroff. Vun Zeit zu Zeit hat'r mit eem telefoniert odr mol e Brief
gwechselt. Vor Weihnachte, Oschtre un Namestäch hat mer sich immer Karte gschrieb. Wann'r mit jemand gered hat, hat mer sich immr
iwr villi Anre erkundicht, un war froh, dass se alli irgendwu geland
sin un weiterlewe. Sie ware immer do, irgendwu in dr Welt. mer hat
sich druf vrlosse kenne.
  Dann sin die Johre kumm, wu se angfang hann sich vun dere Welt zu
verabschide, eener noh'm anre. Heit kann'r kaum noch mit jemand vun
dene Leit redde odr telefoniere. 's bleiwe halt immer wenicher uf dr Welt,
un die wu noch do sin wille odr kenne net mehr vill redde odr schreiwe.
Des macht 'ne traurich, un sei Gedanke gehn dann immer in dieselwi
Richtung: Was mach ich noch uf dere Welt, wann die alli nimmi do
sin? For was sin ich iwrich geblieb un steh jetz alleen in dr leeri Welt?
Was mach ich noch do? For was sin ich net mit de anre abgeruf gin?
  Ich sin mied, s'wär so gut wann mer eenfach inschlofe kennt! Er
macht die Aue zu un verfallt in so e Zustand zwischen Schlofe un

Wache. A zeitlang is er nirgends un fiehlt gar nix. Pletzlich git'r sich e Ruck un is widr wachrich. Die Sunn steht widr am Himml, die Blume bliehe, un in dr Näh spile Kinr. 's git doch noch etwas Schenes in dr Welt, denkt er sich. Er steht langsam uf un macht sich uf de Hemwech. Er werd jetz hemgehn un sich a bissl hinleje, villeicht in die Zeitung schaue. So lang wie mer noch 's Lewe hat, muss mer's halt noch a Weil weitrlewe.

Uf'm Hemwech kummt'em a Satz in de Koop, war's e Gedicht odr e Lied?: »Mer lebt doch nor so korzi Zeit un is so lange tot«... Er geht hem un schaut in de Briefkaschte. Der is leer, nor gut dass kenr vrstorb is, denkt er, geht ins Haus un schaut in die Zeitung. Unnr de Tote is kener vun seim Dorf, un des is aach gut.

Er hat in seim lange Lewe vill mitmache misse. Jetz hat er doch alles was er braucht, also wirklich ke Grund for ufgin; er werd alleen weiterlewe, so lang wie's dr Herrgott will. Schen wär jetz e Stampl Quetscheraki, awr de Dokter erlaubt des nor eenmol in dr Wuch un e Kafee soll doch bessr for die Gsundheit sin. Morje is e anre Tach, des hat schun sei Grossvattr gsaat. Alleen kummt mer uf die Welt un alleen vrlosst mer se. Nor gut, dass mer sich de Tach net wähle kann, denkt er sich. Aach an's Sterwe soll mer eigntlich net denke, des kummt vun selwer. Wann die Uhr abgelaaf is, dann bleibt se eenfach stehn. Uf des kann mer wenichstens hoffe, weil mer ment, dass mer's vrdient hat.

Schwoweschicksal

Was hat mer unsre Ahne vrsproch, dass se ins Banat kumm sin? Sie ware meischt ihre Herrschafte satt, un im Banat hann se solle ,freiji Baure' sin, nor ihrem »barmherziche Kaiser« unertan. Jede Bauer werd Land, Haus un Viech krien, un werd am Anfang frei vun Steier un Abgabe sin. Owwedruff war des Land angeblich fruchtbar, un 's Klima mild. Un so sin se alle kumm, aus dr Phalz, vun Lothringen un Luxemburg, vum Rheinland un vum Schwarzwald, manchi sogar vum Schwoweland. 's Banat war awr vrwildert un voll mit Gstripp, 's Klima war vun de ville Simpfe vrpest. Villi sin gstorb un manchi sin sogar zuruck ins Reich gang. Die Tirke hann widr angegriff un manchi Ansiedler hann misse flichte. Anri hann mit dem Sumpffiewer, mit Pest un Cholera zu tun ghat.

Im 1778er-Johr hann die Habsburger Kaiser 's Banat an Ungarn abgin un die neije Herre hann ke schwowischi Provinz wille ufbaue, nor e ungarisches Komitat. Irgendwann hann se villi Derfer for zwaa Millione Gulde an Privatleit vrkaaft. Die Baure sin so widr unner e Herschaft kumm, mit Zehent un Robot. Temeschwar is widr vun eener Provinzhauptstadt zu eener Komitatshauptstadt degradiert gin. Mit dr Zeit hat de ungarische Staat alles vrsucht for Madjare aus de Schwowe mache. In de Schule is ungarisch unnericht gin un 's deitschi Theater in Temeschwar hat nor ungarisch gspilt. Die Regierung in Wien hat dere Madjarisierung zugschaut, ohne was zu mache. Wie die Schwowe die Bogaroscher Petition in Wien ingereicht hann, hann se iwrhaupt ke Antwort kriet. Die Habsburger hann sich nor um ihre Monarchie Sorche gmacht, um die Leit, wu se ins Banat gebrung hann, hann se die Ungare sorche gelosst.

Schwowekinner hann in Szegedin gstudiert un hann dann in de schwowische Derfer ungarisch unnerricht. Nor wenichi Schwowe hann's Glick ghat for in Deitschland oddr in Wien studiere. Un nor wenichi, wie de Miller Vettr Adam aus Gutebrunn, sin in Wien geblieb un hann vun dort vrsucht ihre Landsleit im Banat zu helfe. Wie er uf Gutebrunn uf Bsuch kumm is, hann die Schandare ne beowacht, weil er for die Herre doch e gfährliche »Pangermanist« war! Wie die Revolution vun 1848 iwr Eiropa kumm is, hann die Schwowe net so richtich mit de Madjare halle kenne, weil se doch ke Madjare ware un aach net hann wille werre. Noh dere Revolution hann die Herrschafte endlich e End ghat un die Baure hann ihre eigenes Feld zuruckkaafe kenne. Sie sin zum erschtemol wirklich frei gwen. Jetz hann se ihre

Feld aach kenne vrkaafe odr uf ihre Kinner ufteele. Die Derfer sin gwachst, awr so manchi junge Leit hann net genuch Feld kriet for iwrlewe. Villi sin uf Amerika ausgwannert. Nor die wenichschte sin zuruckkumm, mit'm Geld for sich mehr Feld kaafe.

Wie des sich alles kaum beruhicht hat, is de Erschte Weltkriech ausgebroch. Die junge Männer hann misse inricke, zu dr Honved oder zum kaiserlichi Militär. Wie alles rum war, hat jedi Ortschaft ihre Gfallene zu beklae ghat. Neiji Grenze sin gezoo gin un die Schwowe hat mer uf drei Länder ufgeteelt. Uf ihre Wusch for zammbleiwe hann se aach desmol ke Antwort kriet.

Mit dr Zeit hat sich alles widr beruhicht, die Leit hann gearweit wie immer, un die Derfer hann sich ganz schen erhol. In de Schule is widr Deitsch unericht gin un in manche Derfer hat's kaum noch wirklich arme Leit gin. Manchi Leit ware reich gnuch un hann ihre Kinner in Deitschland odr Esterreich studiere glosst. Uf eenmol war die Volkgruppe do un alli Schwowe ware Mitglieder, ob se hann wille odr net. Dann is der unselichi Zweite Welkriech ausgebroch un im 1943er-Johr hann die Männer zu de Deitsche inricke misse, drzu hat mer 'se «Freiwilliche« genennt. Widr hat jedi Ortschaft ihre Gfallene zu beklaae ghat.

Wie der Weltkriech endlich rum war, hann die Schwowe die Zech gezahlt. Mer hat ne alles wegghol, zuerscht mol des Feld, wu ihre Ahne im vrwildetem Zustand iwrhol un zwaahunnert Johr verarweit hann. Die wu arweitsfähich ware, sin uf Russland vrschleppt gin, die wu aus dr Gfangenschaft hem kum sin, hat mer ins Gfängnis oddr in die Salzgruwe gebrung. Un im 1951er-Johr sin manchi Familje in de Baragan deportiert gin. Wer kann sich 's Schicksal vun me junge Bu vorstelle, wu mit 17 Johr uf Russland vrschleppt is gin, wie er hem kumm is, in die «Arweitsarmee« ingezoo is gin, un noher in de Baragan deportiert is gin?

In de sechzicher un siebzicher Johre hat sich in Rumänien die Wertschaft etwas erhol, un es war kaum zu glaawe, wie aach die Schwoweleit sich nochmol erhol hann. Mer hat widr Kerweih gfeiert, mer hat deitsches Theater gmach, die Kinner sin in deitsche Schule gang, mer hat deitsche Zeitunge un Bicher ghat. In de spote siebzicher Johre hann sich die Zuständ im Land widr vrschlechtert un immer mehr Schwowe hann sich ums Auswannre bemieht. Manche hann Schmiergeld gezahlt, anri hann ihre Lewe reschkiert un sin schwarz iwr die Grenz. Wie dr Diktator die Derfer mit Wohnblocks ersetze hat wille und aach vun eener «eenzichi sozialistischi Nation» gfaselt hat, hann die Leit nix mehr wille, wie raus. Sie hann uf gepackte Kupfre gsitzt, un wie dr Diktator endlich sei vrdientes End gfun hat, sin fascht alli, wu noch drhem ware, uf Deitschland ausgewannert.

Heit hann die, wu drhem geblieb sin, ihre Rechte un aach Unerstitzung vum Staat kriet, awr sie sin zu wenich un stehn uf vrlorenem Postn. Mit der letschti großi Auswannerung hat die schwowischi Odyssee ihre End gfun. Kimmert sich heit noch jemand drum, dass des e großes Unrecht war? Wem in dr Welt hat des etwas genutzt? Heit werre die schenschte Heiser in de Städt so langsam widr hergericht. Nor in de Derfer falle die schwowischi Heiser zamm, de Kerchhoffe geht's schlecht, un die Kerche misste repariert werre. Die Banater Felder, wu die Schwowe in zwaahunnertjohrelanger Schwerarweit so fruchtbar gemacht hann, gheere jetz anre.

Die ältere vun uns, wu ihre Kindheit un Jugend dort vrbrung hann, werre immer Erinnerunge an 's Banat im Herze traan. Was alli Schwowe, alte un jungi, net vrgesse därfe: sogar unser «Insel weit im Velkermeer' is in drei Teele verstickelt gin, un iwr des Schwoweschicksal hann schun immer anri Leit bestimmt. Was iwrich bleibt, was uns niemand weghole kann, is die Erinnrung an des, wu die Schwowe in dr Kultur geleischtet hann, in de Landwirtschaft un Literatur, in Musich un Baukunscht, in un Wissnschaft un Politik. Des soll nie vrgesse werre, un uf des kenne aach noch annere Generatione stolz sin.

For wen die Glocke leite

Vor so zwaahunnert Johr is net alles so noh dr Uhr gelaaf wie heit. Im Summer war for die Baure de Tach zu korz, awr im Winter hann se Zeit ghat for sich ausruhe. Wie dann die Eisebahn ins Dorf kumm is, hat mer schun pinktlich bei dr Station sin misse, wann mer de Zug net hat wille verseime.

Domols hann net alli Leit Hausuhre ghat un hann sich misse noh dr Kerchuhr richte. Die hat die Viertlstunde mit 'me Hammer an e kleni Glock, un die Stunde mit 'me Hammer an e großi Glock gschlaa.

Im Erschte Weltkrieg hat Schandrhaas zwaa bronzene Kercheglocke »em Vaterland iwrgin« (wie die Chronik so schen bericht), awr im Johr 1931 hann die Dorfleit (aach die wu zu dere Zeit in Amerika ware) zwaa neije Glocke gstift. So ware widr vier Glocke do un mer hat vrsucht se so gut wie meglich zu verwenne. Drbei is e zimlich kompliziertes 'Kommunikationssystem' (so tät mer's heit nenne) rauskumm. Ich will jetz vrsuche, des zu beschreiwe. Weil ke Mesner mehr zu finne war, kenne aach Fehler vorkumme, 's is jo e bewiesni Sach, dass 's Langzeitgedächtnis manchmol Fehler macht.

De Tach hat mitm Gebetleite angfang, um sechs Uhr morjets im Summer un um siwe Uhr im Winter, gleich nohdem die Turmuhr die Stund uf de Glock gschlaa ghat hat. Am Owed war des Gebetleite im Summer um nein Uhr (im Winter wahrscheinlich um acht – net jeder hat dieselwe Erinnerunge). Beim Gebetleite hann sicher net alli Leit ans Bete gedenkt, awr mit dem vrtrauti Leite hat doch ihre Tach e Anfang un e End ghat. Die Glocke hat mer aach drauß im Feld here kenne, so weit wie de Schandrhaser Hottar gereicht hat, un aach noch bei de Nochbre. Wann Leit sich in dunkle Nächte drauß im Feld vererrt hann, dann hann se sich noh dem Leite orientiere kenne un hann hemgfunn.

E anre feschte Teel vun de Dorfleit ihrem Tach war 's Mittachleite, immer um zwelf Uhr. Do hat de Messner e guti, vrlässlichi eigeni Uhr gebraucht, weil villi Leit ihe Uhre noh dem Mittachleite ingstellt hann.

Des esterreichischi Zusatzleite (mit de »Elferin«) um elf Uhr is noh dr Vertreiwung vun de Tirke vor Wien, 1683, ingfihrt gin.

Sunscht gilt die »Zwelferin«-Glock. For 's Gebetleite un 's Mittachleite hat mer an Wuchetäch die zweitgreschti Glock benutzt, an Sunn- un Feiertäch awr die großi Glock. Aach for 's Gebetleite am Owed vor Sunn- un Feiertäch hat mer die großi Glock gelitt, dass die Leit sich uf die Feiertäch instelle hann kenne (an des erinnre sich wenichstens noch manchi Leit).

's Hochamt am Sunntach war um zehn Uhr, an des hat die zweitgreschti Glock um nein Uhr, un die großi Glock um halwer zehn die Leit erinnert. For 's Zammleite um zehn Uhr sin alli Glocke e korzi Zeit gelitt gin. For die Wandlung hat de Mesner die zweitgreschti Glock korz gelitt, das alli Leit im Dorf die Mess mitrgrien.

Bei Prozessione ums Rondel rum oddr zu de Hottarkreize geger Billed, Lowrin oddr Uihel sin alli Glocke gelitt gin, do hat de Mesner schun Hilfe gbraucht. Un wann jemand im Sterwe gelee hat, hat mer de Pharre geruf for ihm die letschti Elung gin. Drzu hat de Pharre sei Stola umgebunn un is ohne Messdiener (in anneri Derfer mit Messdiener) in des Haus gang. Ob do aach e Glock gelitt is gin, hann ich bis jetz leidr net rausfinne kenne (wahrscheinlich net).

's Ziehgleckl (wenn jemand »in den letzten Zügen lag«) war die kleni Glock, un de Mesner hat se gelitt, wann er verständicht is gin, dass jemand gstorb is: Ene Absatz, wann e Kind gstorb war, zwaa Absätz wann e Weib gstorb is, un drei Absätz, wann e Mann gstorb is. Des Ziehgleckl is noh jedem Gebetleite widrholl gin, bis der Verstorweni begrab war. Des hat die Leit erinnert, ob se wille zu dr Totewacht odr zu dr Leicht gehn. Die wu Zeit ghat hann, sin immer mitgang.

Am Tach, wu die Leicht war, hat 's Ziehgleckl gelitt. wann de Pharre un die Messdiener ufm Wech vun dr Kerch zum Verstorwene seim Haus ware. Wann die Leicht vun dort zum Kerchhof gang is, hann alli Glocke gelitt (oder aach des Kerchhofgleckl, wenn ens in der Kerchhofkapell war). Die Glocke hann unser Leit dorchs ganz Lewe begleit.

Wann irgendwu im Dorf e Feier ausgebroch is, hat jemand alli vier Glocke korz nohenander angezoo. Mer hat gsaat »'s stermt«. Des hat e Schrecke im Dorf erzeicht un im Moment wu se gewisst hann, wu's brennt, sin die Leit dorthin gerennt wu 's Feier war. Jeder hat wille dr Feierwehr helfe, des Feier lesche. In ältere Zeite hat mer die Glocke gelitt, for die bese Geischter vertreiwe. Vielleicht ware Gewitter und schwere Krankheite wie Cholera solchi Dämone? Bei uns hann am neinte Mai 1945 alli Glocke gelitt, weil der unselichi Kriech endlich rum war.

So war 's in Schandrhaas, in anre Derfer war 's vielleicht e bissl annerscht.

Heit hat e Jeder allerhand Gerät, wu die Zeit angit: Radio, Fernseher, Mobiltelefon oddr anres elektronisches Gerät. Do braucht sich niemand mehr uf die Kercheuhre verlosse. Ke Wunder, dass se aach dernoh behandelt werre. Die Kercheglocke werre awer noch e guti Weil im Turm hänge und werre aach noch leite un in rumänische Derfer werd noch die »Toca« gschlaa gin.

Villi vun uns sin in die großi weiti Welt ausgezoo un werre dort irgendwu aach mol ans End kumme. Wann zu dere Zeit die Glocke vun drhem aus irgend 'me Grund mol leite (vielleicht erinnert sich aach jemand an uns, un dass mer gstorb sin), dann leite se aach for uns: Zum letschtemol!

Howwllied

eine Parodie von Nikolaus Tullius
(mit 'me Dankschen an Ferdinand Raimund 1790-1836)

Do streite sich die Schwoweleit
Um Erbschaft, Geld un Feld,
Der eeni nennt de anre dumm
Am End weeß kener was.

Der eeni ment, er is zu arm,
Der anri vill zu reich,
Der Kriech, der setzt sei Howwel an
Un howwlt alli gleich.

Der eeni bleibt in Russland dann
Der anri ufm Baragan
Die wenichschte sterwe drhem.
Un die wu draus in Deitschland sin
Fange vun vore an,
Die baue Heiser, spare Geld
Un streite sich, was kann mer saan,
Um Autos, net ums Feld.

Dann kummt der Sepp vun Deitschland hemm
Gleich mit seim Daimler-Benz
Dann laafe alli Nochbre zamm
Mer denkt: »Was is, wu brennt's?«
Dann saat der Nochber: »Sepp,
Du weescht, ich arweit aach,
Un do is gar nix dran;
Am Montach Morjet such mer an!«

Un kummt am End der Sensemann
Un saat: »Dei Zeit is rum!«,
Dann stell ich mich am Anfang dumm,
Weil ich nix heere kann.
Doch saat er: »Lieber Nikolaus,
Mach doch ke Umständ, geh«!
Dann schmeiß ich gleich mei Howwel hin
Un saa dere Welt: Adje!

Nikolaus Tullius, Ottawa 2020

Wurzeln im Herzen, Flügel im Geist –
Christa Albert, Hans Schuch

Banater Post 20. November 2020
Die HOG Alexanderhausen gratuliert dem Ehrenbürger Nikolaus
Tullius zum 85. Geburtstag

Wir würden Nikolaus Tullius nicht gerecht, unsere herzlichen Her-
zenswünsche vornehmlich anhand biografischer Daten in Dankbarkeit
zu überbringen. Und trotzdem versuchen wir es mit heimatlicher Ver-
bundenheit, angelehnt an seine Worte. Was der damals 26-Jährige
vom Banat nach Kanada mitnahm, das waren und bleiben seine ba-
natschwäbischen Wurzeln. Nikolaus Tullius erblickte als Sohn von
Titus und Barbara Tullius (geb. Lukas) am 23. Oktober 1935 in Ale-

xanderhausen das Licht der Welt. Als Einzelkind verbrachte er eine unbeschwerte Kindheit in diesem Dorf der Banater Heide, dem das Rondell mit der doppeltürmigen Kirche in der Dorfmitte Einmaligkeit verleiht. Doch der Zweite Weltkrieg mit seinen gravierenden Folgen für die Rumäniendeutschen wirkte sich auch auf das Leben des Jungen schicksalhaft aus. Nikolaus Tullius erlebte die Mobilisierung seines Vaters in die deutsche Armee sowie die Entrechtung, Enteignung und Verschleppung der Rumäniendeutschen zur Zwangsarbeit in die Sowjetunion, von der auch seine Mutter betroffen war. Sie verlor ihr junges Leben in der Fremde; während sein Vater als Kriegsgefangener nach England gelangte, um nach seiner Entlassung nach Kanada auszuwandern. Nikolaus Tullius' einzige Stütze blieb die betagte, gehbehinderte Großmutter Katharina Lukas, die »Lukasin«, wie sie von den Dorfbewohnern genannt wurde. Er schlug sich durch, ging unbeirrt seinen Weg und meisterte alle Herausforderungen, unter anderem das Erlernens der rumänischen Sprache, zumal der Unterricht ab 1945 in dieser Sprache erteilt wurde. Der begabte und kluge Junge war stets Klassenbester und besuchte nach Abschluss der Elementarschule auf Anraten von Direktor Alexa das rumänische Gymnasium in Temeswar. Das Abitur legte er bereits nach der zehnten Klasse, also ein Jahr früher ab, wonach er Elektrotechnik an der Technischen Universität »Politehnica« studierte. Für Freunde und Bekannte war das keine Überraschung. Da es kaum Radiogeräte gab, hatte er ein kleines Gerät gebastelt, mit dem er und seine Freunde Radio Temeswar empfangen konnten. Nachdem seine geliebte Großmutter 1957 verstorben ist, war Nikolaus auf sich allein gestellt. Er ließ sich jedoch nicht entmutigen, schloss sein Studium ab und trat eine Stelle als frischgebackener Diplomingenieur bei dem kommunalen Unternehmen ICOA in Arad an.

Nach langem Bemühen gelang Tullius 1961 die Ausreise zu seinem Vater, der in Kanada eine neue Familie gegründet hatte. Der Start in ein neues Leben zu beginnen und das Fußfassen in einer ungewohnten Welt waren mit den Schwierigkeiten verbunden, die das Einwandererdasein mit sich brachte. Doch das Leben meinte es gut mit ihm und führte ihn beruflich zu der damals größten kanadischen Firma im Bereich Fernmeldeindustrie in Montreal, anschließend zu seinem Traumjob in der neu gegründeten Abteilung für Forschung und Entwicklung in Ottawa, wo er maßgeblichen Anteil an neuen Entwicklungen in der Halbleitertechnik und der Anwendung von Software in der Fernmeldetechnik hatte. In Ottawa gründete Nikolaus Tullius auch eine Familie. Seiner Ehe mit Donna entstammen zwei Söhne hervor, Raimond und Konrad, von denen der Erste die renommierten Harvard University absolvierte [und der Zweite die Carleton University in Ottawa].

Seit seiner Pensionierung im Jahr 2000 widmet sich der Jubilar verstärkt dem Schreiben. Im Jahr 2011 legte er seine beeindruckende Lebensgeschichte in Buchform vor, die er auf englischer und deutscher Sprache und zwei Jahre später auch in rumänischer Sprache veröffentlichte. »Vom Banat nach Kanada. Aus dem Leben eines Migranten« ist die Bilanz eines reichen, erfüllten Lebens »zwischen Pipatsch und Ahorn«, wie es der Rezensent Hans Gehl auf den Punkt brachte. Die Pipatsch steht symbolhaft für Herkunft und Wurzeln, für die familiäre, kulturelle und soziale Prägung im Banat; das Ahornblatt als Wahrzeichen Kanadas, für die Verwurzelung in der Wahlheimat. Bei Nikolaus bilden Pipatsch und Ahorn eine symbiotische Einheit.

Seit vielen Jahren zählt Tullius zu den eifrigsten Mitarbeitern der »Banater Post«, für deren Mundartseite »Mei Mottersproch« er regelmäßig Beiträge in unserer Schandrhaaser Mundart zur Verfügung stellt. Im Jahr 2017 brachte das Demokratische Forum der Deutschen in Temeswar unter dem Titel »Gschichte vun drhem« eine Sammlung seiner Mundarttexte heraus, die zum Teil in der »Banater Post« und in der »Pipatsch«-Beilage der »Banater Zeitung« erschienen waren. Seine Geschichten erinnern an Orte, Ereignisse, Menschen und Erlebnisse aus seiner Kindheit und Jugend im Banat. Sie sind meist von Nostalgie durchdrungen und vergegenwärtigen einfühlsam, mitunter auch heiter, die untergegangene Welt seines Banater Dorfes. Tullius' Mundarttexte zeugen von Heimatverbundenheit, von Liebe zu dem Stückchen Erde seiner Geburt, von Wertschätzung für dessen Menschen.

Einen wertvollen Beitrag leistete der Jubilar zur Veröffentlichung unsere Ortsmonographie. Dafür sind wir zu Dank verpflichtet.

In dem Bemühen, die englischsprechenden Nachkommen für Geschichte sowie Erhaltung von Tradition und Kultur ihrer donauschwäbischen Vorfahren zu sensibilisieren, hat Nikolaus Tullius zahlreiche in deutscher Sprache vorliegende Artikel und Studien ins Englische übersetzt und im Internetportal DVHH (Donauschwaben Villages Helping Hands), das sich die Bewahrung des donauschwäbischen Erbes zum Ziel gesetzt hat, zugänglich gemacht. Es handelt sich vorwiegend um Beiträge zur Geschichte unseres Heimatortes und der Banater Schwaben, aber auch um literarische Übersetzungen, einschließlich eines Teils seiner Mundarttexte. Tullius arbeitet an der Banat-Sektion des Portals und betreut dort die unserem Heimatort gewidmete Seite www.dvhh.org/alexanderhausen. Sämtliche seiner Aufsätze und Übersetzungen sind unter www.dvhh.org/heritage/Tullius/index.htm abrufbar.

In Anerkennung seiner großen Verdienste um unseren Heimatort verlieh der Gemeinderat Nikolaus Tullius im Jahr 2017 den Titel »Ehrenbürger von Alexanderhausen«. Diese Ehrung hätte er ohnehin schon aufgrund dessen verdient, dass er auch nach fast sechzig Jahren fern der alten Heimat noch immer unsere Mundart beherrscht und durch seine Veröffentlichungen dazu beträgt, dass sie erhalten bleibt.

Nikolaus Tullius war, ist und bleibt ein Banater Schwabe. Wir sind dankbar, dass wir ihn einen Schandrhaaser nennen dürfen und wünschen ihm alles Gute für die Zukunft und Gottes Segen!

Die Redaktion schließt sich den Wünschen an und dankt Nikolaus Tullius für die treue Mitarbeit.